KB129151

정신증의 회복을 위한
수용전념치료

집단 기반 수용전념치료 실무지침서

Emma K. O'Donoghue · Eric M. J. Morris · Joseph E. Oliver · Louise C. Johns 공저

김은정 · 정나래 · 박혜연 · 김지영 · 전민정 공역

학지사

**ACT for Psychosis Recovery: A Practical Manual for Group-Based
Interventions Using Acceptance and Commitment Therapy**
by Emma K. O'Donoghue, DClinPsy, Eric M. J. Morris, PhD,
Joseph E. Oliver, PhD, and Louise C. Johns, DPhil

Korean Translation Copyright ⓒ **2021** by Hakjisa Publisher, Inc.
The Korean translation rights published by arrangement with
New Harbinger Publications, Inc.

Copyright ⓒ 2018 by Emma K. O'Donoghue, Eric M. J. Morris,
Joseph E. Oliver, Louise C. Johns, and New Harbinger Publications,
5674 Shattuck Avenue, Oakland, CA 94609

역자 서문

영화 〈쇼생크 탈출〉에서 중간 정도에 등장하는 조연 인물 Brooks는 오랫동안 수감되어 있다가 석방된 후 자유의 몸이 되었으나 '두려움 속에 사는 게 지쳤어. 나 같은 사람 사라진다고 소란이 일어나지는 않겠지.'라며 극단적인 선택을 하게 된다. 오랜만에 이 영화를 보면서 수용전념치료의 버스 승객 비유(Bus Passenger Metaphor)가 떠올랐다. Brooks가 버스 운전 기사(삶의 주인)라고 가정해 보니, 그가 운전을 하면서 얼마나 많은 괴로운 승객(장애물)을 태우고 있었을지가 그려져 안쓰럽게 느껴졌다. 또한 그가 용기 내어 운전을 잘할 수 있도록 스스로 혹은 그 누군가가 조금만 더 도와주었더라면, 험난하고 외로운 여정이지만 원하는 목적지까지 갈 수 있지 않았을까 하는 생각도 하게 되었다.

이는 병동에 있거나 지역사회에서 생활하고 있는 정신장애 당사자들에게도 마찬가지이다. 대한민국에서 정신건강의학과의 문턱이 예전에 비해서 낮아지고는 있으나 여전히 당사자들이 극단적인 선택을 하거나 방치되는 등의 비극적인 사건을 종종 접하게 되면서 마음이 복잡해질 때가 있다. 이러한 일들을 예방하기 위해서는 시스템과 정책적 관점에서의 개선도 필요하지만 그들이 적기에 치료적 도움을 받는 것이 무엇보다도 중요하며, 정신장애 당사자들이 삶이라는 버스 운전길을 무사히 갈 수 있게끔 도와주는 임상가의 적극적인 역할이 필요하다는 것을 다시금 깨닫게 되었다. 이 책은 정신장애를 지닌 이들이 만성적인 병에 수반되는 여러 난관에도 불구하고, 낯설지만 새로운 여행을 가 볼 수 있도록 그들에게 힘을 실어 주고, 낙관이 담긴 메시지를 깊이 전해 주기에 충분하다고 생각한다.

정신장애의 회복을 주요 내용으로 하는 정신 사회 재활(psychosocial rehabilitation) 패러다임은 1990년대 초 Anthony 등을 주축으로 시작되어, 현재까지 약 30년 가까이 중증 정신장애가 있는 사람들의 삶의 질을 향상시키는 것에 기여해 오고 있다. Anthony(1993)는 "정신장애로부터의 회복은 단지 증상이 없다는 것을 의미하는 것은 아니다."라고 하였다. 이는 수용전념치료(Acceptance and Commitment Therapy: ACT)에서 "인간의 고통은 정상적이며 ACT의 목표는 고통 없이 살 수 있도록 돕기보다는 내적 경험과의 투쟁에서 자유로워짐으로써 의미 있는 삶으로 나아갈 수 있도록 돕는 것이다."라고 Hayes(1994)가 언급한 부분과 맥락상 유사한 부분이 상당히 많은 것으로 보인다. 하지만 ACT가 2000년대 이후 제3동향의 인지행동치료로서 연구와 학문적 성장을 꾸준히 해 오고 있다고 하여도 처음부터 중증 정신장애에 초점을 맞추어 개발된 심리치료는 아니었다. 역자는 회복과 ACT라는 두 가지 이론적 관점을 서로 다른 시기에 따로 공부하였을 때 제각기 재미와 흥미를 느꼈으며, 두 가지의 굵직한 치료적 이론 사이에 중요한 연결성과 접점이 클 것이라고 예측하지는 못하였다. 우연히 호기심을 가지고 자료를 찾던 중 『ACT for Psychosis Recovery』를 발견하는 순간, 익숙하면서도 새로운 아이디어와 합일되는 지점에 대해 반가움과 가슴 벅찬 기분을 느끼게 되었다.

벌레에 물렸을 때 그 가려움을 바로 해소하기 위해서 환부를 긁으면 아픔이 더 커지고 피부에 붉은 자국이 생기듯이, 인간으로서 우리가 겪을 수밖에 없는 마음의 고통을 바로 없애려 노력하는 것은 고통의 완화를 바로 가져다주지 못하며 장기적으로는 더욱 문제를 키울 수 있다. 즉, 불편한 마음상태나 증상을 없앤 채 건강한 상태로 바로 돌아가려 애쓰는 것이 아니라 '장애에도 불구하고 그들이 선택하고 원하는 의미 있는 삶을 살 수 있도록 돕는다.'라는 관점에서 ACT와 회복 이론은 중요한 지향점을 공통으로 갖게 되어, 잘 연결되기에 충분하다. 만성적이고 심각한 정신장애가 있는 당사자들에게는 증상의 감소보다 오히려 스스로 선택하고 원하는 삶을 충실히 살아가도록 격려할 필요가 있기 때문이다. 결국 이들을 통합한 『정신증의 회복을 위한 수용전념치료』는 장애를 가진 당사자들이 주체적으로 자신의 삶을 돌보고, 지지하고, 원하는 바를 위해 행동할 수 있도록 도우며, 그 과정에 초점을 맞추고 있어 장기적인 관점에서 중요한 치료적 시사점을 가진다.

이 책은 여러 가지 면에서 장점이 있다. 첫째, 치료 지침에 대한 상세한 설명과 내용이 포함되어 있어 실용적이다. 그리하여 정신건강 관련 업무 종사자들이 실제적으로 현장에서 치료 지침서로 사용하기에 매우 적합하다. 또한 치료 시 중요하게 다루어야 할 고려사항이 상세하게 기술되어 있다. 둘째, 실제 지침뿐만 아니라 이론적 내용이 충실하게 포함되어 있다. ACT와 회복의 개념이 가볍지도, 어렵지도 않게 설명되어 있으며, 다양한 연구를 토대로 근거를 풍부하게 들고 있어 독자들이 쉽게 이해할 수 있도록 돕는다. 셋째, 기술된 지침서는 초진단적 접근에 기반하고 있으며, 정신장애가 있는 당사자뿐만 아니라 보호자와 동료 지원가에게도 적용이 가능하다. 실제로 보호자의 정신건강과 안녕감은 매우 중요할 뿐만 아니라 회복에 영향을 주는 요소이기 때문에 현장에서 활용도가 높을 것으로 예상되며, 체험적인 측면을 강조하였기 때문에 동료 지원가들을 위한 워크숍 내용으로서도 매우 적절할 것으로 보인다.

원서를 번역하는 과정에서 낯선 용어와 지침서의 미묘한 어감을 살리는 작업은 참으로 어려웠다. 많은 사람의 도움이 있었기에 이 책이 출간될 수 있었다. 용인정신병원 임상심리전문가 수련과정을 마치고 현장에서 활약 중인 박혜연, 김지영 선생과 현재 수련과정에 임하고 있는 전민정 선생에게 고마운 마음을 전한다. 번역 작업을 함께하면서 다시금 많이 배웠으며, 때로는 힘들기도 했지만 소소한 추억을 쌓을 수 있는 시간이었다. 원고 교정을 도와주고 코멘트를 제공한 전혜수 선생과 연구 프로그램을 도와준 유도원 선생에게도 고마운 마음을 전한다.

또한 용인정신병원에서 'ACT for Psychosis Recovery' 프로그램을 추진할 수 있도록 물심양면으로 지원해 주신 이유상 원장님과 김계희 전 원장님, 황태영 전 부원장님께 감사의 말씀을 드리고 싶다. 또한 황태연 전 원장님, 한은선 선생님, 최선 전 과장님, 이정식 선생님, 김성수 선생님, 신동근 선생님, 이용석 선생님, 안은숙 선생님, 우장훈 선생님, 서혜진 선생님, 신재공 선생님, 박소연 선생님, 이기경 선생님,

강유리 선생님, 김한성 선생님, 하라연 선생님, 조은정 선생님, 이미경 선생님, 박경민 선생님께도 감사드린다. 연구를 추진할 수 있도록 도와주신 이효진 이사장님과 김재자 선생님께도 감사의 마음을 전하고 싶다. 임상심리학회 학술대회 때 발표할 수 있는 좋은 기회를 주셨던 계명대학교 심리학과 윤혜영 교수님께도 감사드린다.

아주대학교 심리학과 박사 선생님들 및 후배들에게도 함께 즐겁게 공부할 수 있었던 것에 대해서 감사의 마음을 전하고 싶다. 출판의 기회를 주신 학지사의 김진환 사장님께도 감사드린다. 새로운 도전을 할 때마다 온화한 격려와 힘을 주시는 이민규 교수님께도 깊이 감사드린다. 마지막으로, 번역 작업을 함께해 주시고 새로운 연구와 교육 기회를 통해 성장할 수 있도록 따뜻하게 이끌어 주신 김은정 교수님께 깊이 감사드린다.

역자들을 대표하여
정나래

추천사

잘 쓰인 이 책은 유용한 도구, 기법, 전략과 지침으로 가득하여 효과적인 정신증 치료의 원천이라고 할 수 있다. 이 책은 여러분이 전문 분야에서 겪을 수 있는 여러 가지의 문제 해결에 필요한 모든 기술을 개발할 수 있도록 차근차근 도와줄 것이다. 만일 여러분이 정신증이 있는 내담자와 ACT로 작업을 한다면, 이 책 없이는 진행하기 힘들 것이다!

–Russ Harris(『The Happiness Trap』과 『ACT Made Simple』 저자)

『정신증의 회복을 위한 수용전념치료(ACT for Psychosis Recovery)』는 정신증을 경험하는 사람들이나 보호자들을 위해서 ACT를 제공하고자 하는 모두에게 환상적인 자료이다. 이 책은 이 영역의 선구자적인 전문가들이 저술하였고, 치료의 근거와 이론을 매우 상세하게 개괄하고 있다. 동료 지원 공동촉진(co-facilitation)과 관련된 장이 포함된 것이 반갑고, 이는 가치 기반의 지향점을 이어 간 것으로 볼 수 있다. 이 집단 기반 치료지침서는 매우 종합적이고, 각 회기를 상세하게 다루고 있으며 많은 활동지를 포함한다. 이 책은 실무자들이 자신감을 가지고 매뉴얼을 활용할 수 있게 도와줄 것이다.

–Clara Strauss(철학박사, 임상심리학 박사, Sussex Mindfulness Centre·Sussex 대학교·
Sussex Partnership NHS 신탁재단의 자문 임상심리학자/임상심리 연구강사/연구지도자)

이 책은 입원 병동 혹은 외래의 지역사회 장면에서 정신증적 경험으로 고통받는 내담자에게 근거 기반의 최신 케어를 제공하고 싶은 모든 정신건강 임상가가 꼭 읽어 보아야 할 책이다. 이 책에는 수많은 활동지 및 회기 내에서 ACT 비유를 실시하기 위한 상세한 안내문과 더불어 흔하게 나타날 수 있는 문제를 다루기 위한 유용한 조언이 포함되어 있다. 정신증에 영향을 받는 사람들에 대한 저자들의 자비(compassion)와 지식은 타의 추종을 불허할 정도로 깊다. 이것만으로도 이 책은 모든 정신건강 임상가의 서재에 있어야 할 핵심 도서라고 할 수 있다!

-Kirk Strosahl, PhD(ACT의 공동 창시자,
『The Mindfulness and Acceptance Workbook for Depression』 공저자)

ACT에 직접 참여하고 필수적인 교육 자료를 체험해 본 결과, 『정신증의 회복을 위한 수용전념치료』는 정신건강의학과 병동에 갇혀 긴 회기를 되풀이하던 나의 일상을 깨뜨렸다. 이 치료는 이전에 내가 외면하였던 입장, 즉 '정신건강 문제로 진단을 받고도 질 좋은 삶을 살고, 매일을 즐겁게 보내기 위해서 난관에 어떻게 건설적으로 접근하고 다룰지'를 생산적으로 확인하도록 도와주었다. ACT 치료 이전의 내 정신증은 실제로 너무 심하고 공격적이며 황량해서, 마치 감옥에서 시간을 보내는 것과 같은 정도였다. 정신증의 회복을 위한 ACT는 내가 마지막으로 시도한 치료가 되었다.

-Yvonne Patricia Stewart-Williams(예술가, 『Still On The Cusp Of Madness』 저자)

이 책은 정신증이라는 맥락에서 회복을 지원하기 위해 현장의 전문가들에게서 얻은 종합적이고 귀중한 자료이다. 매력적이고 접근하기 쉬운 방식으로 쓰였으며, 전체적으로 숙련된 전문가들과 긴밀히 협력하는 것의 중요성을 강조하고 있다. 정신증을 경험한 사람과 그들을 돕는 것에 전념하는 사람들이 공유하는 공통의 인간성을 깊이 있게 이해하는 접근을 개발한 것에 대해 칭찬받아야 한다.

-Ross G. White(임상심리학 박사, Liverpool 대학교 임상심리학 부교수)

정신증을 위한 ACT에 대한 유용성의 근거가 축적되고 있기 때문에, 임상 장면에

서 정신증을 위한 ACT를 어떻게 시행할 수 있는지에 대한 명료하고 실용적인 매뉴얼이 필요하다. 이 책은 정신증의 여러 단계에서 고통받고 있는 사람들과 그들의 보호자를 위한 4회기의 광범위하고 상세한 ACT의 집단 치료 매뉴얼을 제공하고 있다. 추가적으로, 훈련과 지도감독, 동료 지원 공동촉진자에 대한 정보를 담고 있으므로, 정신증이 있는 사람들을 위한 심리치료의 제3동향에 관심이 있는 임상가라면 반드시 읽어야 할 책이다.

–Inez Myin-Germeys(정신건강의학과 교수, 벨기에 KU Leuven의 맥락적 정신의학센터장)

ACT는 인지행동치료 분야를 헤아릴 수 없을 만큼 풍성하게 해 주었다. 이 책은 정신증과 투쟁하는 사람, 그리고 그들과 함께 ACT를 개발했던 지난 10년간의 작업을 상세히 다루고 있다. 『정신증의 회복을 위한 수용전념치료』는 정신증이 있는 사람들과 보호자들을 위한 집단 치료를 진행하는 방법에 대한 상세한 지침을 제공한다. 이 책은 ACT의 관용 정신에 입각하여, 임상 장면에서 이들을 대상으로 치료를 진행하는 데 필요한 모든 활동지와 비유, 측정치가 수록되어 있다.

–Katherine Newman-Taylor(Southampton 대학교 부교수,
영국 남부 국가보건서비스 신탁재단의 자문 임상심리학자)

『정신증의 회복을 위한 수용전념치료』는 어떠한 배경의 임상가에게든 특별한 재원이 될 것이다. 실무뿐만 아니라 연구 분야도 선도하고 있는 전문 임상가가 개발한 이 매뉴얼은, 희망을 촉진하고 더욱 만족스러운 일상을 살기 위해 행동하도록 하는 간단하면서도 강력한 집단 활동에 집단원들을 참여시키는 방법을 보여 준다. 핵심 비유와 직선적인 화법의 활용은 모든 능력을 다루며, 동료 촉진자와 보호자 집단 과정에서의 혁신은 새 지평을 연다. 우리가 현장에서 이를 실시했을 때, 치료 진행자들조차 참여자들의 변화에 놀랄 수밖에 없었다. 저자들은 특별한 결과에 다가가고 있다!

–John Farhall, PhD(La Trobe 대학교 임상심리학 부교수,
호주 멜버른 북서부 정신건강서비스의 자문 임상심리학자)

서문

정신증을 위한 수용전념치료(ACT): 때는 지금이다

사람들이 정신건강 문제의 대가(cost)에 대한 통계를 들먹일 때, 그 비용 중 상당 부분을 정신증(psychosis)이 차지한다는 것을 자주 누락한다. 이는 비단 금전적인 것만을 말하는 것은 아니다. 정신증과 투쟁하는 사람들은 그렇지 않은 사람들에 비해 훨씬 더 어린 나이에 사망하고, 대개 가난하며, 폭력범죄의 피해자가 되는 경우가 많다. 전반적인 신체건강 상태도 놀라울 정도로 좋지 않다.

그간의 정신건강시설에서는 심리사회적 개입이 부차적이고 보조적인 역할을 하며, 항정신병 약물치료만이 이러한 문제의 완전하고 준비된 해결책이라고 받아들여 왔다. 하지만 제공자(provider)와 가족 구성원들, 당사자 모두 점점 이러한 접근이 더 이상 효과적이지 않다는 것을 깨닫고 있다. 모든 항정신병 약물은 더 오래, 더 많이 복용할수록 부작용도 심해진다. 이 중 일부는 신진대사 문제와 심혈관 질환을 포함하며, 이는 건강 문제와 앞서 이야기했던 기대 수명의 저하를 야기한다. 항정신병 약물치료는 그것에 대한 데이터가 충분히 수집되기도 전에 지역사회의 실무에 섣부르게 수용되었기 때문에 장기적인 효과에 대한 연구가 이루어지지 않았고, 이는 우리가 채워 넣어야 할 지식 기반에 큰 맹점을 만들었다. 현재의 약물치료는 정신증 환자의 케어에 일정 정도의 역할을 하지만, 현장에서 제시하는 것에 비해서는 제한적이다. 치료를 위해 사용되는 약물요법은 근거 기반의 심리사회적 방법과 결합될 필요가 있다.

　지난 15년 동안, 수용전념치료(ACT)는 정신증의 치료에서 나타날 수 있는 여러 문제에 광범위하게 적용할 수 있는 심리사회적인 방법으로서 꾸준히 연구되어 왔다. ACT는 정신증의 징후나 증상을 제거하려고 고안된 심리치료가 아니다. ACT의 목표는 환청이나 관계 사고와 같이 여러 가지 힘겨운 경험이 수반되는 삶을 다룰 수 있도록 권한을 강화하는 것(empowerment)이다. ACT는 삶의 질 증진, 취업, 병원에서 나와서 생활하기, 고통과 증상에 빠져드는 것(entanglement with symptoms)을 감소시키기 등의 목표에 초점을 맞춘다. 하지만 사람들이 삶의 난관에 직면할 수 있도록 권한을 강화하는 것이 케어의 당사자에게만 적용되는 것은 아니다. 당사자의 가족 구성원들, 보호자들, 그리고 전문가들에게도 적용이 될 수 있다.

　이러한 영역의 전반에서 ACT를 뒷받침하는 근거가 많아지고 있다. 재입원(rehospitalization)을 예로 들어 보자. 현재 정신증이 있는 입원 환자를 위한 초단기 ACT 개입과 이 개입이 재입원에 미치는 영향력을 검증한 연구는 세 가지가 있으며, 이 연구들은 모두 완전히 독립적으로 이루어졌다.[1] 그들 모두는 4개월 동안의 생존 분석(survival analysis)을 사용하여 유의미한 재입원의 감소를 보여 주었다. 이렇게 여러 연구에 걸쳐 더 많은 근거를 모으게 되면서 우리는 매우 간단하지만 중요한 질문을 할 수 있게 되었다. 이를테면 'ACT는 정신증 환자들이 아예 입원을 안 하도록 돕는 것일까?'와 같은 질문 말이다. 이에 대한 대답을 간단히 말하자면, '그렇다'이다. 가장 보수적으로 가정하여 모든 결측치를 안 좋은 결과로 간주한다고 해도, 이 연구들에서 넉 달간의 재입원율이 통상적인 치료 조건에서는 46%였던 반면, ACT 조건에서는 28%로 나타났다. 이는 재입원율이 거의 40%가 감소했다는 것을 보여 주는 유의한 차이로(Fisher's exact, p=.037), 이 수치는 연구자들과 전 세계의 치료 공

1) 세 가지 연구는, Bach & Hayes (2002), Gaudiano & Herbert (2006), Tyrberg, Carlbring, & Lundgren (2017)이다. 앞의 두 문헌은 이 책의 주요 참고 자료로 활용되었고, 마지막 문헌은 Brief acceptance and commitment therapy for psychotic inpatients: A randomized controlled feasibility trial in Sweden. *Nordic Psychology, 69*, 110–125. Doi: 10.1080/19012276.2016.1198271에 수록되었다.

동체의 관심을 받게 될 것이라고 본다.

실제로 그러한 일이 일어나고 있다. 2017년에는 미국 물질남용 및 정신건강서비스국(Substance Abuse and Mental Health Services)의 근거 기반 프로그램 및 실무 등재목록(National Registry of Evidence-based Programs and Practices: NREPP)의 과학자들이 정신증을 위한 ACT 연구를 검증하였다. NREPP는 ACT를 재입원에 '효과적인' 수준의 영향을 미치는 것으로 분류하기로 결정하였다. 또한 ACT의 영향력은 심리사회적 장해 그리고 전반적인 정신과적 문제에 모두 '유망한' 것으로 목록에 들어가게 되었다.

지지 증거들은 단순히 결과치에서만 나타나지 않으며, 우리는 심리적인 유연성이 정신증을 위한 ACT의 결과치를 매개한다는 것도 알게 되었다. 횡단 연구 및 장기 종단 연구들은 환각과 망상이 인생에 미치는 영향을 보여 주었다. 이 모든 결과는 정신증을 위한 ACT에서 무언가 중요한 것이 일어나고 있으며, 15년간의 개발 끝에 이러한 방법이 케어 시스템 안으로 완전히 옮겨질 준비가 되었다는 것을 보여 준다.

이 책은 ACT를 이용한 정신증 치료와 관련된 여러 사안에 대한 종합적이고 실용적인 접근을 제시하는 최초의 책이라고 할 수 있다. 이 분야의 선구적인 개발자들이 쓴 이 책은 ACT 기저의 이론에 관한 논의, 이를 현재 케어 시스템에 적용하는 방법, 동료·공동 촉진자와 함께 ACT를 입원 장면에서 실행하는 방법, ACT를 보호자와 제공자(provider)에게 적용하는 방법, ACT를 훈련하고 감독하는 방법을 담고 있다. 이 책은 케어 시스템이 ACT를 최대한 활용하기 위해 알아야 할 다양한 실제적인 주제를 다루는 거의 유일한 자료이다.

이 책의 핵심은 정신증을 위한 집단 ACT 치료 프로토콜 자체라고 볼 수 있다. 잘 다듬어지고, 유연하며, 지혜로운 이 프로토콜은 적은 비용으로 다양한 치료 현장에 적용될 수 있다. 이 프로토콜은 적은 회기로 진행되도록 설계되었는데, 이는 이 분야에서 일하는 사람이라면 누구나 필요하다고 느끼는 점을 반영한 제한사항이다. 회기는 상세하게 기술되었으나 수정이 어렵지 않게 원리와 목적이 기술되어 있다. 회기를 시간 단위로 분해하여 집단 촉진자가 시간을 효율적으로 관리하고 있는지

점검할 수 있게 했으며, 이 프로토콜은 '직접 해 볼 때'만 배울 수 있는 맥락상의 세부사항 및 시행과 관련된 사안에 주의를 기울이게 해 준다.

여기서 여러분은 수년간의 시행을 통해 정제해 온 방법을 전문가들이 직접 제시하는 것을 보게 될 것이다. 이는 베타 테스트가 아니다. 이 집단 프로토콜은 치료 시행 시에 맞닥뜨릴 수 있는 거의 모든 문제를 미리 예상하고 있기 때문에 여러분이 자신 있게 사용할 수 있으리라고 본다.

우리는 이제 근거 기반의 심리사회적 방법이야말로 정신증으로 인한 인적 비용을 줄일 수 있는 열쇠임을 알고 있다. 이 분야는 성공을 향한 새로운 길을 모색하고 있다. 이 책은 여러분이 일하고 있는 기관과 여러분이 돕고자 하는 사람들의 삶에 바로 그 새로운 길을 제공할 수 있도록 도울 것이다.

리노 Nevada 대학교

Steven C. Hayes[2]

이 책의 소개

정신증의 경험은 한 사람의 삶에서 엄청나게 파괴적인 사건이다. 우리 중 3% 정도는 정신증의 영향을 받게 되는데, 이는 관계, 직장, 건강, 전반적인 안녕감을 포함하여 삶의 모든 영역에 영향을 끼친다. 가족과 보호자들도 그들이 사랑하는 사람들의 회복을 돕기 위해 최선을 다하면서 정신증의 영향을 경험하게 된다. 가슴이 찢어질 만큼 아픈 것은 회복을 장담할 수 없고, 심지어 성공했을지라도 약물과 같은 개입이 유쾌하지 않은 부작용을 낳으며, 정신증의 진단이라는 꼬리표가 남는다는 사실이다.

심리치료는 희망을 주며, 정신증이 있는 개인들을 위해 종종 필수적이고 중요한 치료적 선택지가 된다. 가족과 가깝게 지내는 내담자들에게는 보호자의 안녕감 및 보호자와 내담자 간의 상호작용 증진을 위해 치료 지침에 가족 개입이나 보호자 지원이 권고된다. 개인 심리치료는 복잡하고 그 기간도 길다. 이러한 치료를 제공하기 위해 정신건강 전문가들을 더 많이 훈련시키는 것에 더해서, 보급(dissemination)과 접근성(access)을 위해 단기 혹은 집단 형식으로 변형된 치료들이 개발되었다.

심리적 안녕감(psychological well-being)에 기여하는 공통적인 과정에 초점을 맞추는 것은 치료의 영향과 접근성을 향상시킬 수 있다. 정신적 안녕감의 핵심적인 요소는 심리적 유연성인데, 이는 마음챙김 알아차림 및 가치 기반의 선택과 행동을 통해 상황과 경험에 대해 유용한 반응을 발달시키는 것이라 볼 수 있다. 수용전념치료(ACT)의 초진단적 접근은 심리적 유연성의 증진을 추구하며, 이는 임상 및 비임상 집단에서 정신적·신체적 건강 문제의 넓은 영역에 성공적으로 사용되어 왔다.

ACT는 증상의 조절에서 나아가, 내담자의 개인적 가치로 연결시키거나 그들이 자신의 삶에 더 잘 참여할 수 있도록 변화시킴으로써 사회적이고 기능적인 회복을 촉진한다. ACT는 가치 기반의 삶을 향상시키는 것에 덧붙여, 정신증의 증상에 특히 유용할 수 있다. 고통스러운 목소리(환청)와 망상적 신념의 특징은 사람들이 이러한 증상을 회피하거나 몰두할 가능성을 증가시키는데, 이들 모두는 장기적으로 많은 개인적 손실을 가져다줄 수 있다. 유사하게, 보호자들은 케어에 대한 책임감과 걱정에 압도되어, 고통에 무익한 방식으로 반응하게 될 수도 있다. ACT의 목표는 사람들이 겪는 어려움의 영향을 감소시키고 가치 있는 행동에 더 집중하는 것을 돕기 위해서 그들의 증상, 걱정, 고통과 맺고 있는 관계, 그리고 이러한 어려움에 반응하는 방법을 변화시키는 것이다.

집단이라는 맥락은 ACT 개념과 기술이 습득되고 모델링될 수 있는 강력한 환경(setting)을 제공한다. 게다가 ACT 비유를 시연하기(acting out), 현재에 머물거나 기꺼이 경험하는 사람들을 관찰하기, 사회적 맥락에서 전념하기와 같은 치료의 요소들은 집단 장면에 유용하게 적용될 수 있다. 정신증이 있는 사람과 보호자에게 집단 치료는 정상화(normalizing)의 기회를 제공하며, 정신증의 경험을 수용하고 동료의 지지를 얻으며, 고립을 감소시키고 자기 자비(self-compassion)를 발달시키는 기회를 제공한다. 또한 정신증과 관련된 개인적이고 폭넓은 어려움에도 불구하고 자신의 삶을 확장시키기 위해 참가자가 쏟는 용기와 전념을 타당화할 수 있는 기회를 제공한다.

지난 10년 동안, 우리는 정신증이 있는 사람과 보호자를 위해 ACT 회복 집단 치료(G-ACTp)를 점진적으로 발전시켰다. 고통스러운 정신증에 영향을 받는 개인과 그들의 회복의 여정을 함께하는 보호자 및 가족 모두에게 성공적이고 매력적이고 효과적인 집단 치료를 만들고 싶었기에, 우리는 이 과정을 반복적이고 점진적으로 진행해 왔다. 이 엄청난 프로젝트를 진행하는 동안 받은 모든 피드백과 제안, 아이디어에 매우 감사드린다. 개인 및 가족 치료에 접근하기 어려운 사람들이 있다는 점, 집단적 접근의 이점이 있다는 사실을 고려할 때, 우리는 ACT 회복 집단 치료가 양질의 심리치료의 선택지와 유용성을 확장시킬 수 있다고 장담하며, 회복의 길에 서 있는 사람들에게 긍정적인 영향을 끼칠 수 있을 것이라고 믿는다.

이 책의 구성

이 책은 회복을 위한 ACT 집단 치료의 다양한 면을 상세하게 다루는데, 우리가 수정한 사항에 대해 기술하고 매뉴얼화한 회기의 내용을 제공한다. 제1장에서는 ACT와 정신증에 대한 적용을 소개하고, 집단 치료의 개발에 대해 개요를 서술한다. 제2장과 제3장은 보호자와 급성 입원환자들에게 사용할 수 있도록 수정한 프로토콜을 기술한다. 제4장에서는 동료 지원 공동촉진자를 훈련하고 지도감독(ongoing supervision)하는 방법, 동료 지원 공동촉진자를 포함하는 관점과 이때 실제적으로 고려해야 할 사항을 상세히 다룬다. 제5장에서는 성공적인 워크숍을 운영하기 위한 기술과 팁(tip)에 대해서 논의하는데, 이는 실제 치료와도 관련되고 이 워크숍을 촉진시키기 위해 다른 사람을 훈련시키는 것과도 관련된다. 제6장은 지속적인 지도감독과 이 모델을 잘 따르고 있는지 확인하기 위해 평가를 하는 것의 중요성을 강조한다. 또한 워크숍에서의 변화 과정과 결과를 측정하는 방법을 고찰한다. 제2부는 회복 집단 치료 워크숍을 위한 ACT 관리 프로토콜을 기술한다. 우리는 각 회기를 개괄하며, 여기에는 각 연습을 위한 대본과 이러한 자료를 어떻게 제시하고 논의를 확장시킬지에 관한 팁도 포함하고 있다. 또한 이 책의 웹사이트인 http://www.actforpsychosis.com에서 다운로드 가능한 자료가 제공되며, 여러분의 근무 환경에 맞게 자료를 만드는 요령도 함께 제시할 것이다.

여러분이 내담자와 함께 회복의 길을 걸을 때, 이 책과 부가 자료가 여러분의 임상적인 실무를 풍성하게 해 줄 수 있기를 바란다!

차례

제1부 치료 전 개관

제1부

치료 전 개관
PRETREATMENT OVERVIEW

제1장

정신증을 위한 수용전념치료의 소개

　이 장에서 우리는 정신증 그리고 심리치료적 접근에 대해 간략하게 개괄할 것이다. 우리는 수용전념치료(Acceptance and Commitment Therapy: ACT) 및 정신증에의 적용에 대해 소개하고, 회복을 위한 ACT 집단 치료의 개발에 대해 개요를 서술하고자 한다.

　항정신병 약물치료가 내약성이 좋지 않고, 효과가 부분적이며, 해로운 부작용도 생길 수 있다는 점을 고려하면(Furukawa et al., 2015; Lieberman et al., 2005), 심리치료는 내담자들에게 매우 중요한 치료 선택지를 제공한다. 국제 임상지침에서는 정신증이 있는 사람들에게 개인 인지행동치료를 실시할 것을 권고하나(CBT; Gaebel, Riesbeck, & Wobrock, 2011), 숙련된 치료자가 부족하기 때문에 일선 서비스에서는 이를 접하기가 어렵다. 이러한 수요를 충족시키기 위하여 한 번에 더 많은 내담자에게 제공될 수 있고, 매뉴얼화될 수 있으며, 서비스 장면 안에서 교육되어 치료 시행의 범위를 넓힐 수 있는 집단 기반의 인지행동치료(CBT)가 검토되어 왔다.

ACT는 맥락적 인지행동 개입으로, 단기 집단 치료 및 다양한 정신증의 양상에 적합하다. 특정한 평가에 초점을 맞추는 전통적 CBT와는 달리, ACT 접근은 증상 특정적인 것이 아니다. 이는 개인과 증상의 관계를 강조하며, 가치 기반의 삶을 살도록 격려한다(Hayes, 2004). ACT의 개념과 기술은 집단 형식으로 가르치고 모델링할 수 있으며, 이에 더해서 장기적인 개인 치료가 불가능하거나 이를 꺼리는 내담자들의 흥미를 끌 수도 있다. 이러한 ACT의 특징 이외에, 우리의 워크숍은 교육수준이 낮고, 권위자를 불신하며, 사회로부터 소외되었던 내담자들과 우리 지역사회의 환경에 주안점을 두고 개발되었다. 우리는 매력적이고 비위협적이며, 내담자들이 일상적으로 사용할 수 있는 단기 집단 치료를 제공하고자 하였다.

정신증

정신증(psychosis)은 여러 가지 경험에 대한 일종의 포괄적 용어로 넓은 개념이다. 임상가는 특이한 신념(망상), 비정상적 경험(환각 그리고 다른 지각적 변화), 사고와 언어의 장해와 같은 정신증적 장애의 양성 증상을 지칭하기 위해 이 용어를 사용한다. 정신증을 경험하는 개개인은 사람들이 자신을 어떻게든 해하려고 한다거나, 그들이 외적인 주체(external agent)에 의해 통제된다거나, 자신의 의지에 반해 무언가를 하도록 시킨다거나, 그들을 모욕하는 목소리를 듣는다고 말하기도 한다. 이들의 사고는 뒤섞일 수도 있고, 마음에서 생각이 빼앗기거나 주입된다고 느낄 수도 있으며, 사고 장해가 탈선(tangential)이나 우원증(circumstantial)의 형태로 나타날 수도 있다. 정신증적 경험은 조현병의 전형적인 특징 증상이지만, 기분장애나 성격장애와 같은 다른 장애에서도 나타나며, 정신과적 진단을 받지 않은 사람들에게서도 나타난다(Kelleher & DeVylder, 2017; McGrath et al., 2015). 정신증적 장애, 특히 조현병으로 진단된 사람들은 동기 결여, 감소된 정서 표현 등과 같은 음성 증상을 경험할 확률 역시 높고, 기억력과 집중력의 저하라는 인지적 문제도 동반된다. 이러한 모든 증상이 더 흔한 정서적 어려움인 불안이나 우울에 동반되거나 종종 선행될 수 있다는 것을 명심해야 한다(Birchwood, 2003). 정신증적 경험이 항상 원치 않거나 고통스러운 것으로 경험되지는 않으며, 정신증적 경험이 반드시 케어(care)를 필요로 하지는 않는다는 것을 아는 것 역시 가치 있는 작업이다(Brett, Peters, & McGuire, 2015; Linscott & van Os, 2013).

정신증에 뒤따르는 결과

전체 인구의 3%가 정신증적 장애로 진단받는다. 그러니까 100,000명 중에 3,000명이 정신증에 해당된다고 볼 수 있다. 정신증은 '심각한 정신장애'로 간주되며, 서비스 이용자 그리고 가족 구성원 모두의 삶의 질을 낮추고, 사회적으로 배제되고 고용기회를 감소시키는 경향이 있다(Schizophrenia Commission, 2012). 위기 개입에 비용이 많이 들고 내담자와 보호자가 자신의 잠재력을 충분히 발휘하지 못하게 되는 등의 사회적인 대가(cost)가 동반된다(Knapp et al., 2014). 정신증은 자살 위험 증가(Nordentoft, Madsen, & Fedyszyn, 2015)뿐만 아니라 신체건강 문제의 위험 증가와 조기 사망률 증가와도 관련되어 있다(Hjorthøj, Stürup, McGrath, & Nordentoft, 2017).

비록 정신증이 발현되는 개인들이 좋은 예후를 보일 수도 있지만, 회복률은 개인마다 다양하다. 또한 개인의 정신증적 증상이 개선되더라도, 사회적 회복과 기능적 회복을 완전히 이루지 못하는 경우도 있다. 영국의 AESOP-10 추적 연구에서(Morgan et al., 2014) 정신증의 첫 번째 삽화를 경험한 557명의 사회적인 결과치가 임상적인 결과치에 미치지 못했다. 연구에 참여한 사람들 중 거의 절반이 적어도 2년 동안 어떠한 정신증적 증상도 없었던 반면, 대다수는 사회적인 배제를 경험하였다(예를 들어, 일자리를 구하지 못하거나 대인관계를 맺지 못함). 정동 문제가 없는 정신증(nonaffective psychosis)에서의 회복에 대한 체계적 문헌 고찰에서, Jääskeläinen과 동료들(2013)은 7명 중 오직 1명만이 임상적 회복과 사회적 회복의 모든 기준을 충족시켰음을 발견하였다. 불행히도, 몇십 년간 새로운 약물치료와 심리치료라는 더 다양한 치료적 선택지가 있었음에도 불구하고, 완전하게 회복되는 사람의 비율은 시간이 지나도 높아지지 않았다.

회복은 "장애로 인한 한계에도 불구하고 만족스럽고, 희망적이고, 기여하는 삶을 사는 것"(Anthony, 1993, p. 527)으로 정의된다. 회복에서 중요한 요인은 목적과 방향 감각을 가지는 것(Deegan, 1988)과 가치 있는 사회적 역할을 발달시키는 것(Slade, 2009)을 포함한다. 이러한 요인들은 정신건강의 개인적 회복을 위한 CHIME 구조에 에 포함되었고(Leamy, Bird, Le Boutillier, Williams, & Slade, 2011), 이는 이 장의 중반 부에서 다룰 것이다. CHIME은 다음의 줄임말이다.

connectedness: 연결(다른 사람들과 교류하는 것)
hope: 희망(희망과 낙관주의를 발견하고 유지시키기)
identity: 정체감(긍정적인 정체성을 복구시키기)
meaning: 의미(삶에서의 의미를 발견하기)
empowerment: 권한 강화(자기 삶을 책임지기 혹은 자기 관리)

회복이 왜 정신증을 경험하는 많은 사람에게 힘겨운 도전(significant challenge)이 될 수 있는지에 대해서는 많은 이유가 있다. 특이한 경험, 음성 증상, 인지적 문제에 더하여 사람들은 정서적 안녕감과 정체감의 변화에도 고심할 수 있다. 게다가 심각한 정신장애에 대한 낙인으로 사람들은 수치심을 느끼고 지역사회에서 소외되기도 한다.

정신증을 위한 심리적 개입

내담자와 보호자를 위한 심리적 개입은 국제 건강 관리 지침(international health care guidelines)의 권고사항이며, 이제 일상적인 케어의 부분으로 받아들여졌다 (Dixon et al., 2010; Gaebel et al., 2011; National Institute for Health and Care Excellence,

2014). 정신증을 위한 인지행동치료(CBTp)는 정신증이 있는 사람들의 특수한 어려움에 맞추어 정서장애를 위한 CBT를 수정한 것이다. 치료는 개인적인 회복 목표를 향해 작업하는 것을 포함하며, 이에 대한 초점은 양성 정신증적 증상, 정서적 문제, 음성 증상을 포함한다. 전반적으로, 연구는 '작은~중간' 정도의 치료 효과로 비교적 좋은 성과를 보여 준다(Jauhar et al., 2014; National Institute for Health and Care Excellence, 2014; van der Gaag, Valmaggia, & Smit, 2014). 개별적 가족 개입은 정신증에 대한 이해, 문제 해결, 정서적 온정성, 가족 구성원 간 의사소통에 초점을 맞추며, 보호자의 안녕감 및 서비스 사용자의 상호작용을 증가시키고 재발과 재입원율을 줄이는 데 초점을 둔다(National Institute for Health and Care Excellence, 2014).

권고에도 불구하고, 정신증을 위한 심리적 개입 서비스를 효율적으로 이행하기에는 한계가 있다(Schizophrenia Commission, 2012). 치료자의 수가 적고, 적절한 훈련과 지도감독을 받기 힘들며, 개입을 실시할 만큼의 시간이 부족하기 때문에 일상적인 서비스 환경에서 이러한 치료는 제한적으로 시행될 수밖에 없었다(Ince, Haddock, & Tai, 2015). 수요만큼의 심리치료자를 훈련하고 지도감독하는 데에는 비용이 많이 들기 때문에 연구자와 임상가들은 치료 보급과 접근성을 용이하게 해 주는 단기 혹은 집단 형태의 CBTp로 관심을 돌렸다. 하지만 이러한 치료의 근거는 제한적이고, 정신증 전반이 아닌 특정한 증상이나 문제에 초점을 두고 있다(Freeman et al., 2015; Waller, Freeman, Jolley, Dunn, & Garety, 2011).

비록 초점화된 개입이 효율적이라도 이러한 치료가 잇따라 적용될 경우에는 치료가 길어질 수 있고 치료 실시를 위해 훈련된 치료진의 수가 적어, 바쁜 서비스 환경에서는 유용하지 않다. 게다가, 정신증을 지닌 사람들은 건강 염려, 외상, 정서적 문제와 같은 다른 문제도 가지고 있다. 치료의 영향력과 접근성을 증대하는 또 다른 방법은, 진단에 관계없이 심리적 안녕감에 기여하는 공통 과정을 표적으로 삼는 것이다. 정신적 안녕감의 핵심 요소는 심리적 유연성으로(Kashdan & Rottenberg, 2010), 이는 수용(acceptance), 마음챙김 알아차림(mindful awareness), 선택(choice), 가치 기반의 행동(values-based actions)을 사용하여, 상황과 경험에 대한 유용한 반응을 발달시키는 것을 포함한다. ACT의 초진단적 접근은 심리적 유연성을 향상시키는 것에 목표를 두며, 이러한 접근은 유연성 과정이 제한되거나 저하된 사람들을 위한 광범위한 정신적·신체적 문제에 성공적으로 적용되어 왔다.

🧩 수용전념치료

수용전념치료(ACT)는 제3의 동향 혹은 맥락적 인지행동치료의 한 부류에 속하며, 사고, 감정과 같은 내적 경험의 빈도나 형태를 직접적으로 바꾸려고 하기보다는, 사람들이 이러한 경험에 반응하는 방식을 변화시키는 것을 강조하는 접근이다(Hayes, 2004). ACT 모델은 관계망 이론(Relational Frame Theory: RFT; Blackledge, Ciarrochi, & Deane, 2009)이라 불리는 행동 분석적 설명에 기초하고 있으며, 이 치료는 개인의 가치 있는 삶의 행로에 따른 선택의 폭을 넓히기 위해 사고와 언어의 영향력을 줄이는 것을 목표로 한다.

ACT는 사람들에게 마음챙김과 알아차리기 기술을 개발하고, 가치 기반의 행동에 관여하며, 부정적인 감정을 심화시키고 기능을 제한하는 인지적 융합과 경험 회피를 줄임으로써 심리적 유연성을 증진시키고자 한다(Hayes, Luoma, Bond, Masuda, & Lillis, 2006; Hayes, Strosahl, & Wilson, 2012). ACT는 내담자가 (사고, 심상, 느낌, 기억과 같은) 내적 경험을 문자 그대로의 내용보다는 '마음속의 사건'으로 대하고, 이러한 경험을 마음챙김적인 수용(mindful acceptance)의 관점으로 바라볼 수 있도록 격려한다. 이러한 유형의 개입은 내담자가 통제할 수 없는 내적 사건으로 고심할 때, 혹은 이러한 사건을 통제하려고 노력하느라 일상생활에 문제를 초래할 때 특히 유용하다. 이 접근의 특징은 경험을 문자 그대로 이해하는 것이 유용하지 않을 때 이를 시도하려는 경향을 줄인다는 것이다. ACT는 내담자가 경험을 '이해하려는 시도'가 어려움을 지속시키며, 도움이 되지 않는 통제 방식이라는 것을 알아차리게 도와준다. ACT는 내담자가 내적 사건을 통제하려고 노력하는 것에 집중하는 것이 아니라 행동 변화 과정에 집중하고, 나아가 긍정적인 결과로 이어지도록 촉진한다.

　다양한 임상적 장애와 문제에 대한 ACT의 치료 효능은 경험적인 지지를 얻고 있다 (A-Tjak et al., 2015). 연구 결과, ACT는 통상적 치료(treatment as usual)나 활성 통제군 (active control intervention)에 비하여 더 효과가 있고, 몇몇 장애에서는 기존의 심리 치료(주로 CBT)의 효과와 상응한다는 것을 보여 주었다. 미국 심리학회의 12분과인 임상심리학회는 ACT가 불안, 우울, 정신증을 포함한 몇몇 정신건강 문제에 대한 '적 당한 연구 지지(modest research support)'를 보여 주는 심리치료라고 발표했다(http:// www.div12.org/psychological-treatments/treatments/acceptance-and-commitment- therapy-for-psychosis). 이에 더하여, ACT가 심리적 유연성 모델의 기제를 통해 작동 한다는 것이 연구를 통해 나타난다(Levin, Hildebrandt, Lillis, & Hayes, 2012).

심리적 유연성 모델

　ACT의 6개의 핵심 이론적 과정은 육각형(hexaflex) 모델로 설명할 수 있다([그림 1-1]). 이것들은 "의식이 있는 인간 존재(human being)로서 현재의 순간에 더 충분 히 접촉하고, 가치를 둔 목적을 위하여 행동을 변화시키며 이를 지속할 수 있는 능 력"으로 정의되는 심리적 유연성을 증진시키기 위하여 함께 작동한다(Hayes et al., 2006, p. 7). 비록 이 모델 안에서 6개의 과정이 구분되더라도, 이들은 상호의존적 이기 때문에 한 과정을 시작하는 것이 다른 과정에도 긍정적인 영향을 미칠 소지 가 크다. 최근에는 이러한 과정을 3개의 반응 양상으로 분류하는데, 이는 '개방하는 (open), 자각하는(aware), 능동적인(active)'이다(Hayes, Villatte, Levin, & Hildebrandt, 2011; 이 과정의 요약은 〈표 1-1〉 참조).

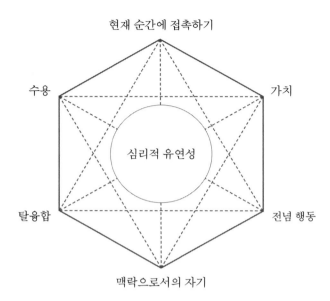

[그림 1-1] 심리적 유연성의 ACT 모델, 혹은 육각형

표 1-1   ACT의 핵심 과정(Luoma, Hayes, & Walser, 2007에서 수정)

과정	정의
개방하는(open)	
수용	심리적인 사건(사고, 감정)의 형태와 빈도를 변화하려는 불필요한 시도 없이 사건을 적극적이고 의식적으로 받아들임
탈융합	행동을 안내하는 것이 아닌 정신적인 경험에 대해 도움이 되지 않는 사고에서 벗어나고, 경험 그 자체로 반응하는 과정
자각하는(aware)	
맥락으로서의 자기	사건을 경험하지만, 이러한 사건과는 명확히 구분되는 지속적이고 안정적인 '나'
현재 순간에 접촉하기	내적인 사건(사고, 감정)과 외적인 사건이 일어날 때, 그 사건에 대해 판단하지 않고 지속적으로 접촉하는 것
능동적인(active)	
가치	바라고 선택한 삶의 방향
전념 행동	선택한 가치에 특정 행동을 연결하고, 효과적인 행동 패턴을 성공적으로 구축하는 과정

개방하는(open)

수용과 탈융합의 과정은 함께 작용하며 내적인 경험(사고, 감정, 기억)에 대한 개방성을 높이기 위한 여러 기술을 보조해 준다. **수용**은 내담자가 자신의 사고와 느낌에 대한 저항, 회피, 억제 없이 '기꺼이 받아들이는' 과정이다(경험 회피). 수용은 단순히 참거나 체념하는 수동적인 과정이 아니라, 정신증적 증상을 포함한 심리적인 현상에 쓸모없이 고심하지 않고 여유를 두고 여기에 전폭적인 의지로 다가가는 것을 의미한다.

수용의 과정과 더불어, 탈융합 또한 내적 경험에 대해 열린 자세를 취할 수 있도록 도와준다. 탈융합은 내담자가 사고, 기억, 특이한 경험에 대한 평가와 같은 내적 경험에서 '한 걸음 물러서게' 하고, 이 경험의 의미(행동에 대한 지침과 선택)가 아니라 그 자체(경험)를 보게 한다. 이는 내담자에게 도움이 되지 않는, 내적인 사건에 대해 문자 그대로의 규칙에 기반한 반응을 줄여 준다. ACT의 관점에서, 융합은 이러한 경험에 대한 반응으로 나타나는 행동의 레퍼토리를 줄이고, 결국 가치 기반의 행동을 할 기회를 앗아 간다. 탈융합은 개인이 제한과 회피를 야기하는 사고와 언어적 규칙에 대한 얽힘을 약화시킴으로써 행동의 레퍼토리를 확장한다.

자각하는(aware)

맥락으로서의 자기(self-as-context)는 모든 내적 경험을 관찰하고 포함하는 자기감(나, 여기, 지금)을 말한다. 이러한 관점은 현재 순간에 대한 마음챙김적인 접촉을 통해 기를 수 있으며, 이러한 관점을 알아차림으로써 고통스러운 사고, 심상, 신념, 혹은 환각과의 결합이 느슨해질 수 있다. 마음챙김(현재 순간을 자각하는 것)은 개인이 흘러가는 생각, 느낌, 심상을 판단하지 않고 알아차릴 수 있도록 도와주며, 결국 내적인 경험에 대해 탈중심화된 태도를 취할 수 있게 하고, 핵심 가치에 개입하도록 지원해 준다.

능동적인(active)

ACT 작업의 핵심은 내담자가 선택한 방식의 삶에 더 적극적으로 더 많이 개입할 수 있도록 보조하는 것으로, 내담자의 가치를 식별하고 구성하며, 여기서 얻은 정보를 의미 있는 목표와 구체적인 행동 계획을 위한 단계에 사용할 때 실현된다. 목표는 달성 가능성을 높이는 방식으로 설정해야 한다(예를 들어, 처음에는 작고 적당한 과제를 설정한 후, 이를 전념 행동의 더 큰 패턴으로 구성하는 방식으로).

ACT에서의 마음챙김(알아차리기)

마음챙김이라는 용어가 여러 맥락에서 사용되며, 독자의 개인적인 경험이나 임상 장면에 따라 의미가 달라질 수 있다는 점을 고려할 때, ACT에서 마음챙김이 어떻게 사용되고 있는지 좀 더 자세히 살펴볼 필요가 있다. 마음챙김은 보통 "의식적으로, 현재 순간에, 판단하지 않는 것과 같이 특정한 방식으로 주의를 기울이는 것"(Kabat-Zinn, 1994, pp. 3-4)으로 설명되며, 개인이 현재 순간의 경험에 대해 자비(compassion)와 호기심을 가지고, 판단하지 않고 수용하는 방식으로, 의도적으로 주의를 기울이는 것을 이른다(Kabat-Zinn, 2003). 우리는 이러한 마음 상태를 반추, 걱정, 계획, 공상과 같은 인지적 과정에 관여하는 것 또는 자각 없이 자동적으로 행동하는 것, 즉 자동조종(autopilot)이 되는 것과 대조하기도 한다(Baer, Smith, & Allen, 2004; K. W. Brown & Ryan, 2003).

마음챙김은 경계선 성격장애를 위한 변증법적 행동치료(Dialectical Behavior Therapy: DBT)에서부터 시작하여, 여러 인지행동치료 접근법의 구성요소로 사용되어 왔다(Linehan, 1993). 마음챙김 기반의 스트레스 감소(Mindfulness-Based Stress Reduction: MBSR)에서 사용되던 마음챙김은 반복성 주요우울증이 있는 사람들의 재발을 방지하기 위해 마음챙김 기반 인지치료(Mindfulness-Based Cognitive Therapy: MBCT)의 구성요소로 포함되었다(Segal, Williams, & Teasdale, 2002). 임상가들이 마음챙김을 이해할 때 생기는 난관 중 하나는, 우리가 마음챙김 기술을 어떻게 사용하는지를 배우기는 했지만, 마음챙김에 대한 정의는 여러 가지가 있다는 점이다. 마음챙김은 어떨 때는 심리적인 과정이고, 어떨 때는 결과치(outcome)이며, 또 어떨 때는 기술의 집합체이다(Hayes et al., 2012). 예를 들어, MBCT에서 마음챙김의 실제는 우울에서의 재발 위험을 높이는 인지적 과정의 종류와 양립할 수 없는 대안적인 인지적 양식을 이른다(Teasdale, 1999).

ACT에서 마음챙김의 이론적 원리는 ACT가 어떻게 융통성 있는 반응과 개인적인 가치에 기초한 행동을 촉진시킬 수 있는지에 초점을 둔다. 마음챙김은 심리적 유연성 모델의 네 가지 과정인 현재 순간의 자각, 수용, 탈융합, 맥락으로서의 자기를 사용한다(Fletcher & Hayes, 2005). 이렇듯 ACT에서 마음챙김을 기능적으로 정의하는 것은, ACT의 마음챙김이 특정 마음챙김 연습이나 기술과는 상관없이 이 과정을 변화시키는 어떤 방법이든 의의가 있다는 것을 말한다(Hayes & Shenk, 2004).

회복 치료로서의 ACT

ACT는 내담자가 증상을 통제하려 하지 않고, 다른 사람들처럼 혹은 내담자가 예전에 그랬던 것처럼, 삶에 참여하고 개인적인 가치와 연결하는 데 집중하도록 하여 회복과 사회적인 통합(social inclusion)을 촉진한다. ACT 접근은 이전에 언급되었던 회복 과정인 CHIME과 잘 연결될 수 있다.

- 연결(Connectedness): ACT의 친사회적 접근은 사람들이 다른 사람들과 연결되고, 그들의 경험에서 배우고, 그들의 관점을 이해하며, 자기 자신과 다른 사람들에 대한 자비를 기르는 것을 지향한다. 또한 우리 모두가 개인적인 회복과 목적을 위한 여정으로 나아갈 수 있다는 것을 받아들이게 해 준다.
- 희망(Hope): 희망을 가지는 것은 우리가 지속적으로 취할 수 있는 적극적인 자세이다. 또한 힘든 사고와 느낌이 나타났다가 사라지더라도, 사람들이 취하는 희망에 찬 행동은 긍정적인 삶의 변화를 만들 수 있는 확실한 방법이다.

- 정체감(Identity): 자각으로서의 자기(self-as-awareness)와 접촉하고, 우리의 마음이 스스로에 대하여 어떤 이야기를 만들어 내는지를 알아차림으로써 긍정적인 정체감을 다시 구축할 수 있다. 마음의 판단과 얽히는 대신, 우리는 이러한 판단이 우리가 선택한 삶의 방향에 유용한 것인지 관찰할 수 있다.
- 의미(Meaning): 의미를 찾음으로써, 우리는 마치 삶의 고통과 어려움이 중요한 일을 하는 과정인 것처럼 품위 있어 보이게 만들 수 있다. 개인적인 가치에 따라 행동함으로써 의미와의 접촉을 확대할 수 있다.
- 권한 강화(Empowerment): 이는 자기 관리와 자신의 삶에 책임을 지는 것을 포함한다. 우리는 사람들이 '반응할 수 있게(response-able)' 되도록 돕는데, 이는 자기 스스로와 자신의 경험에 개방적이고 자비로운 태도를 취하고, 경험에서 배우며, 공포가 아니라 가치에 근거해 행동하는 것을 말한다.

이렇게 회복 원리와 ACT 간에 합(fit)이 잘 맞는다는 것은, 맥락적 접근이 심각한 정신장애가 있는 사람들을 돕는 방식에 대한 정보를 제공할 수 있다는 것을 보여 준다. ACT는 사람들이 지속적인 정신증적 증상과 같은 현재의 증상과 상관없이 심리적 유연성을 개발할 수 있다고 가정한다.

정신증을 위한 ACT(ACTp)의 이론적 원리

정신증을 경험하고 정신증에서 회복하는 사람들에게 ACT 접근이 유용한 여러 이유가 있다. 궁극적으로, 삶의 질과 기능개선은 양성 증상의 감소가 아니라 행동 변화에서 비롯되며(Bach, 2004), 심리적 유연성이 이러한 변화를 중재할 수 있다. 안녕감의 증진에 더하여, ACT에서의 회피 감소, 가치 기반 삶의 증진, 심리적 유연성 촉진은 정신증의 특정 증상과 문제에 도움이 될 수 있다. 고통스러운 목소리와 망상적 신념의 몇몇 특징은(침투적이고, 통제 불가하며, 부정적이고, 공포스러운) 사람들이 이러한 증상을 억제하거나 회피하는 방식으로 반응할 확률을 높인다(Morris, Garety, &

Peters, 2014; Oliver, O'Connor, Jose, McLachlan, & Peters, 2012). 이와 반대로, 내담자가 의미 있는 행동이나 사회적 연결망이 없는 삶을 살고 있다면, 몇몇 정신증적 증상은 그 자체가 마술적이며 흥미롭고 개인적인 의미가 큰 경험이 될 수 있다. 그러므로 이러한 행동이 장기적으로는 큰 손실을 가져오더라도, 내담자들은 무료한 삶에서 탈출하기 위해 이러한 경험에 빠져들 수 있다. 양성 증상의 특징과 증상에 대한 사람들의 반응은 다음에서 더 자세히 논의될 것이다. 이에 더하여, 정신증이 있는 사람들은 부정적인 사건에 대해 남을 탓하는 경향(Martin & Penn, 2002), 작은 단서를 기초로 하여 성급하게 결론을 내리는 경향(Dudley, Taylor, Wickham, & Hutton, 2015), 자신의 경험을 대안적으로 설명하지 못하는 경향(Freeman et al., 2004)과 같이 심리적 유연성을 제한하는 특정한 추론 편향 또한 보일 수 있다.

목소리에 반응하기

정신증이 있는 사람들에게 환청은 저항하기 어려운 언어적 경험으로 보통 부정적이고, 개인적으로 의미가 크며, 매우 고통스럽다(Nayani & David, 1996). 목소리를 듣는 사람들은 이에 대처하기 위하여 목소리에 대한 자신의 신념과 관계 내에서 자신의 사회적 지위에 관한 대인관계적 신념에 기초하여 반응한다. 목소리를 호의적으로 인식하는지, 악의적으로 인식하는지에 따라서 목소리에 저항하기도 하고 빠져들기도 한다(Chadwick & Birchwood, 1995).

저항(resistance)은 목소리를 제거하거나 감소시키기 위하여, 이를 억제하고 통제하려는 시도이다. 적대적인 목소리에 대한 저항은 근본적인 **투쟁**(맞서려는 시도) 혹은 **도피**(탈출하거나 회피하려는 시도) 반응으로 나뉘며(P. Gilbert et al., 2001), 이러한 대처 방식은 장기적으로는 비효과적인 경향이 있다. 연구 결과, 목소리와 논쟁하거나 맞서서 대결하는 등의 투쟁 전략은 부족한 정서 조절 능력과 연관되어 있었으며(Farhall & Gehrke, 1997), 목소리를 차단하려는 시도와 같은 도피 반응은 우울(Escher, Delespaul, Romme, Buiks, & van Os, 2003), 감소된 자존감(Haddock, Slade, Bentall, Reid, & Faragher, 1998)과 연관되어 있었다. 또한 저항 전략은 장기적으로는 목소리와 목소리의 힘, 그리고 정체감에 대한 신념을 유지시킨다고 알려져 있다 (Morrison & Haddock, 1997). 투쟁 반응의 측면에서 보자면, 목소리에 대한 적극적이고 적대적인 태도와 행동이 심리적 각성을 증가시키고 다시 목소리의 빈도를 높이게 된다(P. Gilbert et al., 2001; Romme & Escher, 1989). (두려워하는 결과를 방지하기 위해서) 악의적인 목소리의 명령에 호소하거나 순응하는 등의 안전 추구 행동을 하는 도피 반응은 그 사람이 목소리에 대해 가지고 있는 두려운 신념을 반증하지 못하게 한다(Hacker, Birchwood, Tudway, Meaden, & Amphlett, 2008).

반면, 몰두(engagement)는 "선택적인 경청, 자발적인 순응, 목소리를 듣기 위해서 행동하는 것(Chadwick & Birchwood, 1994, p. 192)"을 뜻한다. 이는 목소리의 일부 혹은 전체를 주의 깊게 듣고, 그 목소리가 말하는 것을 직접적으로 수용하는 것을 포함한다(Farhall & Gehrke, 1997; Frederick & Cotanch, 1995). 하지만 목소리에 적극적으로 몰두하게 되면 목소리에 과도하게 밀착될 수 있고, 유연성, 자신감의 저하, 다른 활동이나 관계에 개입하지 못하게 만드는 것과 같은 간접 비용(hidden cost)이 생길 수 있다(Birchwood & Chadwick, 1997). 소극적인 개입에는 호의적인 목소리의 명령에 순응하는 것처럼 목소리에 복종하는 것이 포함된다(Braham, Trower, & Birchwood, 2004; Shawyer et al., 2008).

몰두와 저항, 이 두 반응 유형은 목소리를 듣는 경험을 의도치 않게 강화시키고, 내담자의 고통과 역기능을 악화시킬 수 있다. 두 반응 모두 내담자와 목소리를 가깝게 함으로써 목소리와 내담자의 관계를 영속시키며, 목소리에 대한 지속적인 몰두는 중요한 삶의 목적을 추구하는 데 방해가 된다(더 자세한 논의는 Thomas, Morris, Shawyer, & Farhall, 2013 참조).

망상적 사고

불안, 수치심, 굴욕감과 같이 망상적 사고와 관련된 경험은 사람들이 이러한 경험이나 이를 촉발할 만한 상황을 회피하도록 만든다. 경험 회피의 이러한 익숙한 유형은 소극적인 회피라고 불리며(García-Montes, Luciano Soriano, Hernández-López,

& Zaldívar, 2004), 사람들이 사적 경험을 회피하고, 특정 경험과 그 경험이 나타나는 조건을 줄이는 방식으로 행동하려는 것을 말한다. 그러나 어떤 망상은 **적극적인** 형태의 경험 회피로 더 잘 설명될 수 있다(García-Montes et al., 2004; García-Montes, Pérez-Álvarez, & Perona-Garcelán, 2013). 여기서의 경험 회피는 더 정교하며, 망상 증상 그 자체가 다른 문제(예를 들어, 낮은 자존감, 죄책감, 우울)를 회피하는 수단이 된다. 경험 회피의 '적극적인' 측면은 인지적 융합과 비슷하기도 한데, 개인이 언어로 대안적인 현실이나 세계를 구성하고, 걱정과 반추를 통해 여기에 몰입하고 융합된다는 점이 그렇다. 비록 망상이 항상 이런 식으로 시작되지는 않더라도, 이러한 과정이 유지 요인이 된다. 이 망상 내용에 대한 과몰두는 초기에는 정적인 강화가 되지만, 결국 개인의 가치를 둔 삶의 방향에 부정적인 영향을 미치게 된다.

수용 접근

억제와 회피 전략이 장기적으로는 부정적인 영향을 미친다는 점을 고려하면, 수용이 정신증적 경험에 더 적응적인 반응이 될 수 있다. Cohen과 Berk(1985)는 수용을 몇몇 조현병 환자가 사용하는 '아무것도 안 하는' 대처 반응으로 간주하였고, 이 환자들이 증상과 함께 사는 법을 배웠다고 제안하였다. 그들은 이러한 반응을 무기력과 포기 같이 덜 건강한 '아무것도 안 하는' 반응과 구분하였다.

치료자들이 수용을 촉진하기 위해 치료에서 사용해 왔던 방법 중 하나는 통찰 (insight)을 기르는 것이다. 이 유형의 수용은 정신증을 위한 인지행동치료(CBTp)의 일부였다(Kingdon & Turkington, 1994). 이 치료에는 목소리나 다른 가해자 (perpetrator)의 영향력과 정체성에 대한 신념을 평가하고, 궁극적으로는 자기(self)에 대한 특이한 경험을 재귀인하면서 정신증적 경험을 대안적으로 설명하는 과정을 포함하며, 이는 비직면적이고 개인화된 방식으로 논의된다(Garety, Fowler, & Kuipers, 2000). 치료자는 사람들에게 증상이 병의 일부이지 실제 사람들이 만드는 것이 아니라는 것을 받아들이게 함으로써, 목소리와 신념의 내용에서 분리되고 이를 덜 무서워하기를 바란다(Chadwick & Birchwood, 1994; van der Gaag, 2006). 그러나 치료자가 증상의 기능, 특히 앞서 기술한 것처럼 증상이 적극적인 형태의 회피인 경우를 고려하지 않으면 CBTp에서의 이러한 논의가 유용하지 않을 수 있다. 또한 인지나 의미 찾기에 너무 과도하게 집중하고, 효과적인 행동을 취하기도 전에 '생각을 고쳐야' 할 필요에 대해서 이야기하게 되면, 사고를 수정하고자 하는 치료적 노력이 오히려 회복을 방해하는 과정을 유지하거나 강화시킬 수 있다(Bach, 2004).

중요한 수용 접근의 선구자인 Romme과 동료들은 내담자가 개인적인 의미를 탐색하고 증상의 긍정적인 측면을 인정하며, 증상을 없애기보다는 삶에 포함하는 방법을 배움으로써 목소리를 수용하는 법을 배울 수 있다고 제안하였다(Romme & Escher, 1989; Romme & Escher, 1993; Romme, Honig, Noorthoorn, & Escher, 1992). 이러한 작업은 자조(self-help)를 위한 도서, 동료 지원 집단, 학술대회, 온라인 자료들을 통해 그리고 'Intervoice: The International Hearing Voices Network'와 같이 목소리를 듣는 사람들에게 큰 영향을 미쳤다. 더 최근에는 이러한 접근이 내담자들이 더 넓은 삶의 경험과 대인관계적 맥락에서 목소리 내용의 의미를 이해하고(Longden, Corstens, Escher, & Romme, 2012), 목소리를 수용하도록 돕기 위해 환청을 위한 사례 개념화 개입에 포함되었다(Corstens, Longden, & May, 2012).

각자 방식은 다르더라도, 수용에 관한 모든 치료적 형태는 개인이 정신증적 경험의 특정한 설명을 '수용하는' 것에 달려 있다. 그러므로 이 접근 방식을 포함하는 치료는 언어적으로 만들어진 정신증적 경험의 이야기를 고집하는 개인에게 적용할 수 있다. 증상을 새롭게 이해하는 것이 삶의 붕괴와 고통을 줄일 수 있을 것이다. 내담자가 만든 이러한 설명은 특정 대처전략의 사용으로 이어질 수는 있어도, 정신증적 경험이 나타날 때 그 경험 자체를 수용하는 기술이 될 수는 없다. 이는 내담자가 목소리나 다른 특이한 경험을 한 후에 이를 숙고할 수 있다고 하더라도, 증상이 나타나는 순간에는 그 경험이 진짜처럼 느껴지고 압도될 수 있기 때문에 중요하다. 결국 수용을 촉진하기 위해 만든 대안적인 설명과 토대가 오히려 내담자가 가장 도움이 필요한 순간에 효과가 없을 수도 있는 것이다.

정신증에 대한 ACT 접근

ACT는 정신증적 경험이 나타날 때 적용할 수 있는 기술을 기르는 수용을 강조한다. 이러한 마음챙김적 수용은 특정한 대처전략이나 의미를 제공하는 과정이 아니며, 통제할 수 없는 심리적 사건과 관계 맺는 방식이라고 할 수 있다. 여기에는 심리적 사건을 좋거나 나쁘다고 판단하거나 반응하지 않고, 사건이 일어날 때 그 사건을 의도적으로 관찰하는 **비판단적인 자각**(nonjudgmental awareness), 목소리와 망상의 문자 그대로의 의미와 거리를 두는 **분리**(disengagement), 즉 실제 경험(소리와 말)을 그 경험이 나타내는 것(문자 그대로의 현실)과 구분하는 것을 포함된다(〈표 1-1〉에서 '탈융합'의 뜻 참조).

광범위한 마음챙김과 정신증에 관한 여러 문헌은 ACT에서의 정신증적 경험에 대한 마음챙김적 수용에 대해 다루고 있다(Chadwick, Newman-Taylor, & Abba, 2005; Dannahy et al., 2011). 예를 들어, Chadwick(2006)의 인간중심 인지치료(Person-Based Cognitive Therapy: PBCT)는 정신증적 경험과의 얽힘, 경험 회피를 줄이기 위하여 마음챙김 연습을 통한 상위인지 자각(metacognitive awareness)의 발달을 강조한다. 여러 연구에서 마음챙김 기반 치료(Mindfulness-Based Interventions: MBIs)가 고통스러운 정신증 증상이 있는 사람들에게 유용하고 만족스럽다는 결과가 나타났다(Chadwick et al., 2016; Khoury et al., 2013; Strauss, Thomas, & Hayward, 2015).

ACT의 치료적 초점은 증상 자체가 아니라 증상과 사람 간의 관계를 변화시키는 것인데, 이는 증상의 영향을 줄이고 개인이 좀 더 가치 있는 행동에 집중하도록 돕는다(Pérez-Álvarez, García-Montes, Perona-Garcelán, & Vallina-Fernández, 2008). ACT는 개인 행동의 실행 가능성(workability)과 더불어 더 유연하고 다양한 반응 선택을 강조한다(Pankey & Hayes, 2003). 예를 들어, 환청과 싸우거나 환청 때문에 사회적으로 고립되던 개인이 수용 작업을 통하여 환청에 더 다양한 방법으로 반응하게 될 수도 있다. 여기에는 평소에 개인이 목소리를 통제하기 위해 늘 하던 반응과 더불어 집 밖으로 나가거나 다른 사람과 대화하기, 목소리의 음운 특징에 주의 기울이기,

가치 있는 행동하기 같은 활동이 포함될 수 있다. ACT의 임상적인 초점은 목소리를 듣는 경험에 새로운 긍정적 기능을 더하고 연합시키는 것이다.

ACTp의 근거 기반

다섯 개의 무선통제연구(Randomized Controlled Trials: RCTs)는 정신증이 있는 사람들을 대상으로 ACT 접근의 효능을 평가하였고(Bach & Hayes, 2002; Gaudiano & Herbert, 2006; Shawyer et al., 2012; Shawyer et al., 2017; White et al., 2011), 정신증 대상 ACT 접근에 대한 체계적 문헌 고찰 연구도 있다(Cramer, Lauche, Haller, Langhorst, & Dobos, 2016; Khoury et al., 2013; Ost, 2014). 비록 상기 연구들은 표본 크기가 작았으나, 해당 개입이 정신증적 증상의 영향을 줄이는 데 도움이 될 수 있으며, 특히 당사자들이 정신증적 증상에 대해 실제로 믿는 정도, 정서적 영향력과 기능의 손상을 경감시켜 줄 수 있다는 내용의 유망한 결과를 나타내었고, 연구 이후 추적 조사에서도 긍정적 결과가 나타났다(Bach, Hayes, & Gallop, 2012). 중요한 점은, 모든 연구에서 정신증이 있는 사람들에게 해당 치료법이 실행 가능하고 받아들이기 쉬웠으며, 내담자들이 겪는 특이한 경험에 심리적으로 유연한 방식으로 대응할 수 있음을 보여 주었다는 것이다. 내담자들은 압도되지 않았으며, 마음챙김을 비롯한 경험적 훈련이 그들의 어려움을 설명하는 데 적용될 수 있음을 배웠다.

초기 무선통제연구는 재입원율에 초점을 맞췄다. Bach와 Hayes(2002)는 양성 증상을 보이는 80명의 입원환자들을 통상적 치료 집단 또는 통상적 치료, 4회기의 개인 ACT를 실시하는 집단에 무선 할당했다. ACT는 받아들이기 어려운 사고나 감정, 정신증적 경험이 탈융합될 수 있도록 하고(증상이 진실 혹은 거짓인지를 다루기보다는 단지 알아차리기), 가치 있는 목표를 향한 행동을 확인하고 이에 집중하도록 교육한다. 4개월 후의 추적 관찰 시 ACT 참여자들은 통상적 치료 참여자들에 비해 재입원율이 낮았고, 이러한 차이는 퇴원 1년 후까지 지속되었다(Bach, Hayes, et al., 2012). 결과에서 주목할 만한 차이는, 해당 치료법이 망상이 있는 참여자들의 재입원율에는 거의 효과가 없었지만 환청을 경험하는 참여자들의 치료에는 큰 효과를 나타냈다는 것이다.

Gaudiano와 Herbert(2006)는 정신증적 증상을 보이는 입원 환자들을 대상으로 통상적 치료 집단과 ACT와 통상적 치료를 함께 적용한 집단을 비교하는 소규모의 연구를 진행했다. 연구 결과, 퇴원 시점에서 ACT 치료 집단이 기분, 사회적 손상, 환각과 관련된 고통에서 큰 향상을 보였다는 것을 발견했다. 4개월 후의 재입원율은 2002년에 진행되었던 연구와 유사하였으나, 집단 간 차이는 통계적으로 유의하지 않았다.

외래 정신증 환자의 표본을 대상으로 진행했던 무선통제연구는 정신증 이후에 나타나는 우울감이나 양성 증상의 지속에 대응하는 방식에 초점을 두었다. White와 동료들(2011)은 정신증 이후에 나타나는 정서적 기능장애에 개입하기 위한 ACT의 무선통제연구를 실시했는데, 해당 연구의 참여자들은 최근 정신증 삽화에서 회복 중이었으며 우울 또는 불안, 혹은 두 증상 모두를 경험하고 있었다. 연구자들은 10회기의 ACT와 통상적 치료(지역 정신질환 치료)가 합쳐진 집단과 통상적 치료를 단독으로 처치한 집단을 비교하였다. ACT를 실시했던 환자들에서는 우울과 음성 증상이 유의하게 경감되었으며, 연구가 진행되는 과정에서 위기 시의 접촉(crisis contact)을 더욱 적게 하였다. 최근에 White와 동료들은 정신증 이후에 나타나는 우울의 개입을 목적으로 하는 ACT 치료인 ADAPT(Acceptance and Commitment Therapy for Depression After Psychosis Trial)의 예비 무선통제연구를 진행하였고 ACT와 표준치료(standard care)를 함께 처치한 집단과 표준치료를 단독으로 받은 집단을 비교하여 ACTdp의 확정적이고 실용적인 효과를 검증했다(Gumley et al., 2016).

저항성 명령 환각 치료(Treatment Of Resistant Command Hallucinations: TORCH)에 대한 예비 연구에서는 15회기의 수용-강화 CBT(Acceptance-enhanced CBT: A-CBT) 치료와 친구되기(befriending) 기법을 처치받은 집단을 비교하였다(Shawyer et al., 2012). 맹검 평정을 실시한 결과, 수용-강화 CBT와 친구되기 집단 모두에서 향상된 결과가 나타났으나 집단 간 차이는 유의하지 않았다. 다만, 수용-강화 CBT

집단의 참여자들이 주관적으로 명령 환각이 크게 개선되었음을 보고했다. 연구의 질은 높았지만, 적절한 통계적 검증력을 갖출 만큼의 명령 환각이 있는 참여자 수를 모집하기 어려웠다. Lifengage 연구(Thomas et al., 2014)에서는 지속적이고 고통스러운 정신증적 증상이 있는 96명의 외래 환자들을 대상으로 8회기의 ACT와 친구되기 치료의 효과를 비교하였다. 두 집단의 참여자 모두 호전되었고, 전반적인 정신 상태에서의 집단 간 차이도 나타나지 않았다. 그러나 ACT 집단의 참여자들이 치료에 더욱 만족했고 더 큰 주관적 이익을 보고했다. 또한 추적 평가 시 치료에서 초점을 맞추었던 양성 증상이 크게 개선되었다(Shawyer et al., 2017).

매개분석을 사용하여 치료의 효과성을 검증한 결과, 심리적 유연성을 목표로 하는 과정을 변화시키는 것이 정신증을 위한 ACT(ACTp)의 긍정적인 임상 효과를 달성하는 요인임을 보여 준다. 마음챙김에서의 태도 변화는 정신증의 정서적 적응을 매개했고(White et al., 2011), 환각을 실제로 믿는 정도가 감소하는 것은 환각과 관련된 고통에 대한 ACT의 효과를 매개했다(Gaudiano, Herbert, & Hayes, 2010). Bach, Gaudiano, Hayes와 Herbert(2012)는 Bach와 Hayes(2002), Gaudiano와 Herbert(2006)의 연구 자료를 종합하여, 치료 이후 시점에서 정신증적 증상의 문자 그대로의 내용을 믿는 정도는 재입원율에 대한 ACT의 치료 효과를 유의하게 매개함을 확인했다. 임상가들은 증상에 대해 믿는 정도(believability)를 인지적 탈융합의 대용물로 여기고 있으며, 이는 다른 집단에서도 ACT의 효과를 매개하였다(Zettle, Rains, & Hayes, 2011). 매개 연구뿐만 아니라 내담자와의 면담을 통한 질적 자료에서도 마음챙김, 탈융합, 수용, 가치 작업과 같이 ACTp의 적극적인 치료 과정과 관련된 유사한 주제가 나타났다(Bacon, Farhall, & Fossey, 2014).

정신증이 있는 사람들에게 ACT를 적용하기

정신증을 경험하는 사람들에게 ACT를 적용할 때 참여 집단과 서비스 상황에 맞게 치료 방법을 조정할 필요가 있다. 저자들의 경험과 타 문헌을 통해 얻은 몇 가지 실제적 적용 방법에 대해 개괄해 보고자 한다.

치료적 관계

정신증을 대상으로 하는 그 어떠한 심리적 개입에서도 치료적 관계는 핵심적인 부분이다. 이는 정신증을 위한 인지행동치료(CBTp)의 핵심으로 강조되어 왔으며 (Johns, Jolley, Keen, & Peters, 2014 참조), 연구 결과 치료적 동맹이 내담자가 CBTp 를 통해 이익을 얻을 수 있는가를 결정하는 원인임을 발견하였다(Goldsmith, Lewis, Dunn, & Bentall, 2015). ACTp 내에서의 치료적 관계란 타당화하고, 정상화하며, 협력하는 것이다. 문자 그대로의 언어를 이용하여 문제를 해결하는 것의 한계점을 교육하고, 사적인 경험과 관련된 다양한 방법의 경험적 학습을 격려하는 동시에, 가치 기반의 행동을 확장하는 환경을 조성한다.

관계의 사회적 맥락은 한 인간에 대한 인정인 **철저한 수용**(radical acceptance)을 포함한다. 철저한 수용은 치료자가 내담자를 받아들이는 것뿐만 아니라, 내담자가 원치 않는 경험을 포함해서 스스로와 타인을 받아들이는 것을 의미한다. 치료자는 내담자를 쇠약하거나 이상한 존재가 아니라 정신증을 일부로 가지고 있는 완전한 인간으로 본다. 인간으로서 존재한다는 공통 경험이 있는 치료자-내담자 간의 연결은 '두 개의 산' 비유로 잘 설명될 수 있다(Hayes, Strosahl, & Wilson, 1999). 치료자는 내담자에게 ACT를 소개할 때 다음과 같이 이야기할 수 있다.

이것은 마치 당신은 그쪽에 있는 당신의 산을 오르고, 저는 이쪽에 있는 제 산을 오르는 것과 같습니다. 제가 여기 있는 제 산 위에 있으면, 당신이 당신의 산 위에 있어서 볼 수 없는 것들을 볼 수 있습니다. 더 쉬운 길을 볼 수도 있고, 당신이 곡괭이를 잘못된 방식으로 쓰고 있거나 눈사태가 일어나려 한다는 사실을 알게 될 수도 있죠. 하지만 저는 당신이 제가 이 산 정상에서 아무런 문제나 어려움 없이, 편하게 앉아 인생을 즐기고 있다고 생각하지는 않았으면 좋겠습니다. 저는 여기에서 제 산을 오르고 있습니다. 그리고 우리는 모두 죽는 날까지 각자의 산을 오르겠죠. 그렇지만 좀 더 효과적으로, 좀 더 효율적으로 산에 오르고, 그 과정을 즐기는 방법을 배울 수는 있습니다. 잠깐 휴식을 취하고, 충분히 쉬며, 경치를 감상하고, 얼마나 멀리 왔는지를 생각해 보는 방법을 배울 수 있습니다. 우리는 둘 다 한배를 탔고, 인간사를 헤쳐나가고 있는 것입니다.

이러한 비유는 우리가 심각한 정신질환에서 회복하는 사람들과 같은 상황에 놓여 있다는 것을 강조한다. 우리는 모두 원치 않고 혼란스러운 경험에도 불구하고, 스스로의 가치에 따른 삶의 난관을 마주한다. 그러나 정신증이 있는 사람들이 삶에서 다뤄야 할 경험이 더 많다는 점(강도 또한 높다)을 인지해야 한다. "저는 당신이 어떤 느낌으로 산에 오르는지를 모르는 상태에서도, 당신이 어디로 발을 내딛을지 혹은 어떤 길로 가면 더 좋을지를 살펴볼 수 있습니다."와 같은 말로 비유를 마칠 수 있다. 촉진자가 자신들이 투쟁하는 방식이나 회기 사이에 착수할 전념에 대해 보여주는 등의 자기개방은, 집단 ACTp의 중요한 요소가 된다. 이러한 모델링은 집단원들을 참여시킬 뿐만 아니라, 상기한 보편적인 감각과 조망 수용(perspective taking)을 격려한다.

개방하는 과정

수용과 탈융합은 내적 경험에 대한 개방성을 발전시키는 다양한 기술에 도움을 준다. 내담자들은 자신의 사고와 감정에 저항하거나, 회피하거나, 억제하려 하지 않고 이를 받아들이도록 격려받는다. 이러한 수용의 형태는 인내나 체념과 같은 수동적인 과정이 아니며, 치료를 받아도 정신증에서 지속될 수 있는 경험을 온전하고 기꺼이 받아들이는 것이다. ACT는 아주 고통스러운 경험을 조절하는 데 단기적으로는 효과적일 수 있는 대처 방식을 고수하는 내담자들에게서 '대체하기보다는 더하는 방식을 통해 배우는 법(learning by addition)'을 강조한다. ACTp 집단에서 참여자들이 인생의 문제를 해결하기 위해 과거에 어떤 전략을 사용해 왔는지를 이해하고, 기꺼이 경험하기가 추가적인 수단이 될 수 있음을 안내하는 것이 유용하다. 치료자는 내담자들이 이러한 접근이 더욱 가치 있는 행동으로 이어질 수 있는지를 확인하기 위해 '기꺼이 경험해 보는' 경험 학습을 장려한다.

자각하는 과정

불쾌한 목소리나 심상, 편집적 사고와 관련된 경험을 고려할 때, 정신증이 있는 사람들에게 마음챙김 기법을 적용할 때는 약간의 수정이 불가피하다(Chadwick et al., 2005). MBSR 프로토콜에서와 같이 우리는 주로 호흡에 초점을 두며, 호흡과 몸을 자각하는 것에서 시작한다. 불안 수준이 높거나 해리 경험이 있는 일부 내담자의 경우 호흡에 초점을 두기 어려운데, 발바닥에 초점을 두도록 하면 내담자를 현재 순간에 집중하도록 도울 수 있다. 저자들의 마음챙김 과정에서는 집단원들에게 정신증적 경험과 이와 관련된 사고나 기분을 지속적으로 인식하도록 한다. 이러한 훈련은 환청의 발병에 영향을 줄 수 있는 '몰두' 상태가 되지 못하도록 제한하며(Chadwick, 2006), 기존의 MBSR과 MBCT보다 간결하고 '대화가 많은' 마음챙김 활동을 활용한다. 집단원들이 경험하는 고통스러운 증상에 압도되지 않도록 하기 위하여 모든 마음챙김 활동은 10분 이하로 실시된다. 집단원들이 침묵을 견디기 어려워하며 정신증적 경험에 대한 반응에 빠질 수 있으므로, 초기 회기에서는 자주 지시를 내리며 침묵이 10초 이상 지속되지 않도록 한다. 후반부 회기에서는 침묵이 약간 연장된다. 마음챙김 활동은 '알아차리는' 훈련으로 불리며, 이러한 훈련에는 마음챙김 먹기 및 스트레칭, 걷기와 같은 다양한 방식이 포함된다. 워크숍에서 사용된 활동의 녹음본을 활용하여 집에서 훈련하도록 권장하지만, 이를 완료하지 못하더라도 수용하는 자세를 취해야 한다.

다른 마음챙김 활동과 마찬가지로, 집단원들이 알아차린 것에 대해 보고하도록 요청하는 단계가 가장 어렵다. 특히 자신의 경험을 통제하는 방법을 배우려고 열심히 노력하는 내담자나, 이완과 같은 훈련의 직접적인 효과를 빠르게 알아차리는 내담자들에게서 이러한 어려움이 더 두드러진다. 우리는 긍정적이든 부정적이든 간에 참여자가 알아차린 경험의 범위를 강화해야 한다는 것과 ACT와 일치하는 과정을 강조하는 반응 간의 균형을 잡는 것을 목표로 한다. 나머지 집단원들에게 이와 같은 과정을 부드럽게 강조하고, 피드백 과정에서 이를 모델링한다.

능동적인 과정

이러한 내담자 집단, 특히 정신증으로 진단받은 사람들에게서, 가치를 확인하고 명료화하는 것은 상실과 놓쳤던 기회에 대한 주제를 꺼내 볼 수 있도록 한다. 일부 집단원들은 스스로가 가치 있게 생각하는 것에 대해 명확하게 파악하지 못할 수 있는데, 특히 비수인적인 개인적 경험 혹은 외상이 있거나, 정신증에 대처하기 위해 노력을 쏟느라 가치에 접촉하지 못했을 경우 더욱 그렇다. 비록 과거의 경험이 집단 작업뿐만 아니라 사람들이 현시점에서 더욱 효과적으로 행동할 수 있는 방식에도 영향을 미치지만, ACTp는 과거보다는 오늘부터 의미 있는 삶을 구성해 나간다는 발상에 초점을 맞춘다. 가치와 연결하는 것은 계속해서 진행해 나가는 작업이자, 새로운 것을 시도하는 발견의 여정이다. 우리는 이 과정을 패션이나 새 옷을 입어 보는 것으로 설명하기도 한다. 처음에는 낯설고 불편하지만 시간이 지나면서 점차 편안해지는 것이다. 다른 저자들과 마찬가지로, 우리는 가치 있는 삶의 방향으로서 자기 및 타인에 대한 자비를 강조한다(White, 2015).

전념 행동은 치료의 필수적인 부분이다. ACTp 워크숍에서는 가치에 기반을 둔 목표를 설정하도록 권장하는데, 가치와 밀접하게 관련되고 한 회기와 다음 회기 사이에 완료할 수 있을 만큼 작은 활동을 찾아보도록 한다. 이를 완료하는 것만이 전념 행동의 유일한 목적은 아니며, 그 과정에서 나타날 수 있는 사고와 감정, 감각, 그리고 결정적으로는 이에 대한 자동적이고 쓸모없는 반응을 알아차리는 능력 또한 중요한 과정임을 강조한다. 숙제를 '정하는' 과정은 사람들을 행동 활성화(behavioral activation)에 참여시키는 것을 주제로 했던 선행 연구에서 영향을 받았는데, 숙제를 작은 단위로 나누고, 작은 단계에 충분한 강화를 제공하며, 강렬한 경험을 다루는 데 필요한 통제(control)와 기꺼이 경험하기(willingness) 사이의 균형을 이해한다.

치료 방식

CBTp와 마찬가지로, ACTp도 내담자의 속도에 맞춰져 있으며, 온화하며 담화적인 형식을 취한다. 비계작업(scaffolding)[1]은 워크숍에서 중요한 요소이다. 촉진자가 예시를 사용하여 시범을 보여 주기 때문에, 내담자가 스스로에게 활동을 적용해 보는 기반을 구축할 수 있다. 영상과 모의사례를 제시할 경우 집단원들이 자신의 경험과 대처 방법, 가치를 더욱 쉽게 공유할 수 있다. 치료에 활기를 더하고 학습의 요점을 인상적으로 전달하기 위하여 최대한 경험적이며 물화적인(physicallizing) 훈련이 활용되었다. 핵심 비유인 '버스 승객 비유'를 시연함으로써, 집단원들이 고통스러운 사고 내용을 다른 방식으로 관련짓는 방법을 회기 내에서 시도해 보도록 한다.

정신증이 있는 사람들을 위한 ACT 집단 치료(G-ACTp)

정신증을 경험하는 사람들을 대상으로 집단 기반의 ACT(G-ACTp)를 개발하는 데에는 많은 이유가 존재한다(추가적인 논의는 McArthur, Mitchell, & Johns, 2013 참조). 인간으로서의 공통적인 경험과 ACT의 초진단적 기저 모델 모두 집단 시행에 적합하다(Hayes et al., 2011; Walser & Pistorello, 2004). 뿐만 아니라, 치료의 특정 측면은 집단 형식에 적합한데, ACT에서 사용하는 많은 비유는 상호적이며 참여 집단원이 많을수록 혜택을 받을 수 있다. 다른 사람들이 현재 순간에 존재하고 기꺼이 하는 마음을 가지는 것을 관찰하며 스스로에게도 이를 촉진할 수 있고, 대인관계적 맥락에서 전념을 시도할 경우 실제적인 행동으로 이어질 가능성이 높다. 집단 치료는 정신증적 경험을 정상화하고 동료의 지원을 얻고 새로운 관점을 취하는 기술

---

1) 역주: 치료에서 내담자의 삶에서 부정적인 영향을 미치고 있던 문제적 이야기와 그 부정적인 영향을 감소시킬 수 있는, 혹은 그 부정적인 영향력 아래에 있지 않은 독특한 결과와의 차이를 메우기 위해 내담자를 격려하는 것. 김춘경 외(2016). 상담학 사전. 학지사.

을 개발하는 기회를 제공하므로 정신증이 있는 사람들에게 특히 가치가 있을 수 있으며, 이 모든 것은 특정한 치료적 전략을 증대시킨다(Abba, Chadwick, & Stevenson, 2008; Dannahy et al., 2011; Jacobsen, Morris, Johns, & Hodkinson, 2011; Ruddle, Mason, & Wykes, 2011). 워크숍에서는 공유된 인간성(shared humanity)을 중심으로 집단원과 촉진자를 연결하고, 낙인을 줄이도록 도우며, 자기 자비를 증가시킨다. 또한 재발을 두려워하고, 목소리를 진정시키며, 타인의 동기를 지속적으로 염려하고, 사회적 스트레스 요인에 대처하는 것과 같이 정신증과 관련된 어려움을 경험하면서도 스스로의 삶을 확장하려는 참여자들의 용기를 타당화한다.

치료자와 내담자의 비율이나 제공되는 집단 회기의 진행 횟수를 고려해 보면, 치료자는 개인 치료보다 집단 치료에서 시간을 더욱 효율적으로 사용할 수 있다. 워크숍을 통해 다양한 전문가 집단의 정신건강 담당자를 훈련시켜 집단 기반의 치료를 실시할 수 있다(Oliver, Venter, & Lloyd, 2014; Wykes et al., 2005). 뿐만 아니라, 집단은 치료진들이 공동촉진을 통해 발전할 수 있는 훌륭한 기회를 제공한다. 그러므로 단기 집단 ACT(G-ACT) 형식은 치료진 훈련을 통해 손쉽게 보급될 수 있으며, 비용 효율성과 전달 범위에 있어 잠재력이 높다.

회복을 위한 ACT 집단 치료 및 매뉴얼 개발

G-ACTp는 런던 남부 지역 자치구의 도심에 거주하는 정신증이 있는 내담자들을 위한 치료 집단을 만들려는 시도에서 발전되었다. 개인 CBTp를 쉽게 이용하기 어렵다는 점과 집단 치료의 이점을 고려하면, G-ACTp는 심리치료의 선택지와 가능성을 확장함으로써 유망함을 보여 주었다. 이러한 개입은 문화적·사회경제적 배경이 다양한 정신건강서비스 이용자들에게 적합하고 도움이 되는 것으로 보였다.

우리는 몇 년에 걸쳐 지역사회 및 입원 장면에서 적용할 수 있는 치료 매뉴얼을 개발하였고, 이를 정신증이 있는 사람들의 재발을 줄이기 위한 단기 ACT 개입과 마음챙김 집단에 활용했다. 정신증 조기 개입 및 지역사회 집단(early intervention and

정을 정신건강서비스 안팎의 개인적 회복의 여정과 연결하려는 우리의 노력에 타당성을 더해 줄 것이라고 믿었다. 제4장에서 정신건강 문제를 체험했던 워크숍 공동촉진자와 함께 작업했던 것에 대해 다룰 것이다.

예비 연구에서 서비스 사용자와 보호자는 즉시 G-ACTp를 받거나 12주간 대기 이후 받았고, 이 개입이 안녕감 개선에 얼마나 효과적인지 평가했다(Jolley et al., in press). 예비 조사 결과, G-ACTp가 자기보고식으로 평가된 전반적인 안녕감을 향상시킨 것으로 나타났는데, 치료 직후나 12주 이후에 차이가 없었고, 서비스 사용자나 보호자 간에도 차이가 나타나지 않았다.

요약

정신증은 당사자와 가족 구성원 모두의 삶의 질을 저하시킬 수 있는 심각한 정신질환이다. 정신증이 있는 사람들에게 인지행동치료가 권장되어 왔으나, 일선의 서비스에서 쉽게 접하기 어려웠다. ACT와 같은 집단 기반의 인지행동치료는 접근성과 보급 모두를 개선할 수 있는 잠재력을 가지고 있다. ACT는 맥락적 인지행동치료로, 단기 집단 치료와 다양한 정신증의 발병 양상에 적합하다. 이러한 치료적 접근 방식은 내담자 자신과 증상의 관계를 강조하고, 마음챙김적 수용의 관점을 발달시키도록 도우며, 가치 기반적 삶을 장려한다. 정신증을 비롯한 정신건강 문제에서부터 신체건강에 이르기까지 ACT의 근거 기반은 점점 확대되고 있다. ACT의 핵심 과정들은 개인의 심리적 유연성을 향상하기 위해 함께 작용하며, 이러한 접근법은 정신증적 증상 및 이와 관련된 인지적 편향의 특성에 기인하는 정신증을 경험하는 사람들에게 특히 유용할 수 있다. ACT는 정신증 경험이 발생할 때 적용할 수 있는 마음챙김적 수용 기술을 촉진하고, 증상에 덜 신경 쓰고 가치 있는 행동에 더욱 관여하도록 돕는다.

우리는 G-ACTp에 대한 접근 방식을 내담자 집단에 적합하도록 개발하고 수정했으며, 다양한 지역사회 및 입원 환경에서 집단을 평가하였다. 우리가 이 분야에서 경험하고 배웠던 점을 통해 여러분이 각자의 서비스 환경에서 흥미롭고 효과적인 집단을 이끌 수 있기를 바란다.

제**2**장
- - - - - - -

정신증이 있는 사람들의 보호자에게 ACT 워크숍을 적용하기

Suzanne Jolley 공저

여기서는 정신증이 있는 사람들을 케어하는 이들에게 우리가 제공했던 ACT 회복 워크숍을 개괄한다. 우리는 정신증이 있는 사람들을 주로 다루는 장면에서 이러한 보호자를 지원하는 것의 이점을 강조하며, 우리가 보호자 워크숍에서 사용한 저수지 비유(Reservoir Metaphor)를 소개한다. 그다음, 보호자 워크숍을 위해 우리가 만든 수정사항을 설명하고, 그들을 촉진하는 경험에서 얻은 유용한 관찰과 제안사항을 논의한다. 그리고 마지막으로, 회복을 위한 ACT 보호자 워크숍 연구에서 얻은 양적 · 질적 결과를 요약한다.

⌨ "케어하기가 너무 힘들어요"
−심각한 정신장애가 있는 사람들을 케어하기

제1장에서 개괄하였듯이, 정신증의 영향은 광범위하며 지속적일 수 있어, 정신증으로 고통받는 개인뿐만 아니라 사랑하는 사람과 지지 체계에 영향을 끼치게 된다. 정신증을 경험하는 사람들은 건강과 사회적 케어의 필요성을 충족시키도록 도와주는 가족 구성원, 친구, 친척이 무보수로 돌보아 주는 것에 주로 의존할 수밖에 없다. 이러한 비공식적인 보호자는 정신증이 있는 내담자의 회복 과정에 필수적인 역할을 한다(Lester et al., 2011; Pharoach, Mari, Rathbone, & Wong, 2010).

비공식적인 보호자는 "도움 없이는 지낼 수 없는 배우자, 자녀, 친척, 친구 혹은 이웃을 무보수로 돕거나 지지하는 사람"(Carers Trust, 2015)이며, 다른 말로는 질병이나 건강 문제에 대처하는 개인을 도우면서 보수를 받지 않는 사람을 말한다(Hileman, Lackey, & Hassanein, 1992).

정신증이 있는 많은 개인은 비공식적인 보호자와 함께 살거나 밀접한 관계를 유지하는데, 흔히 가족 구성원, 그리고 가장 흔히는 부모 혹은 배우자가 비공식적인 보호자가 된다(Lauber, Eichenberger, Luginbühl, Keller, & Rössler, 2003). 보통은 보호자가 정신증이 있는 사람들의 사회적 접촉의 주요 자원이 되는 경우가 많다(Albert, Becker, McCrone, & Thornicroft, 1998). 이들은 재발의 조기 징후를 발견하거나 약을 복용하도록 격려하고, 환자들이 임상 서비스에 접근하거나 연결할 수 있도록 도움으로써, 사랑하는 사람이 정신증에서 회복되는 데 중요한 지원자 역할을 한다(Onwumere, Shiers, & Chew-Graham, 2016).

케어하는 관계의 중요성

보호자의 지원은 정신증이 있는 사람들을 위해 유용하며, 연구에서는 케어하는

의 특정한 요구에 굴복함으로써, 사랑하는 사람과 겪을 수 있는 문제나 잠재적인 갈등을 적극적으로 회피한다고 말하기도 한다.

인지적 융합(탈융합 혹은 맥락으로서의 자기가 아닌): 이는 보호자가 케어하는 역할에 대해 비유연성과 투쟁으로 이어지는 식으로 생각을 '믿을 때' 발생하게 된다.

보호자들의 수치심이나 죄책감, 자기 비난이 너무 커서, 고통이 증대되고 보람된 순간을 회피하거나 정신증을 보이는 사람들이 나타내는 변화에 적응하기 힘들 때, 인지적 융합이 나타날 수 있다. 또한 보호자가 보호자로서의 역할에 휩싸이거나 갇혔다고 느낄 때도 인지적 융합이 나타날 수 있다. 우리는 종종 보호자가 사랑하는 사람의 어려움에 대해 극도의 죄책감과 자기 비난을 표현하는 경우를 보게 되는데 이는 특히 부모에게서 뚜렷이 나타난다.

가치와의 연결이 단절됨(가치에의 전념이 아닌): 보호자는 때때로 가치 있는 방향과의 연결을 희생한다. 우리는 보호자가 돌봄(caring)이라는 가치와 자신의 안녕감을 유지하는 가치 사이에서 큰 갈등을 겪는 것을 보아 왔다. 보호자는 흔히 사회적 접촉을 줄이고, 취미와 운동을 그만두며, 극단적인 예로는 사랑하는 사람을 돌보는 데 더 많은 시간을 쏟기 위해 직장 일을 포기한다고 이야기한다. 우리가 워크숍 내에서 전념 행동을 격려할 때, 보호자는 사랑하는 사람이 아닌 스스로에게 시간을 쓰는 것에 대해 염려하거나 죄책감을 종종 표현한다.

우리는 원치 않는 감정과 생각에서 한발 물러나, 개인적인 가치에 따라 행동할 동기를 증진시키는 데 초점을 둔 단기 개입을 통해 보호자들의 안녕감이 개선되고, 일상에서 더 많이 현재에 머무를 수 있게 되리라 본다.

회복을 위한 보호자 ACT 워크숍

우리는 정신증이 있는 개인들을 케어하는 사람들의 심리적인 요구를 다루기 위해 회복을 위한 ACT 워크숍을 개발했다. 우리는 다양한 건강 장면에서 보호자를 위한 ACT 개입의 유망한 결과에 영향을 받았고, 단기 ACT 워크숍이 지역사회 정신증 장면에서 얼마나 효과적으로 보호자의 안녕감을 증진시킬 수 있는지를 검증하는 것을 목표로 연구를 진행하였다.

제1장에서 논의한 바 있듯이, 우리는 이 치료가 회복에 초점을 맞추고 기술을 구축한다는 점을 강조하기 위해서 집단 회기를 '워크숍'이라는 용어로 설명하였다. 이 용어는 또한 보호자가 개입에 참여하는 데 있어 스스로를 심리적 지원이 필요하다고 생각하지 않아도 된다는 점을 내포한다. 다음에서 제시한 것처럼 몇몇의 사소한 수정을 제외하고는, ACT의 초진단적 특징으로 인해 우리는 내담자와 보호자를 위한 워크숍에서 모두 동일한 프로토콜을 제공한다. 하지만 집단 프로토콜의 내용은 유사하지만 참여자들과 촉진자가 자료(material)를 처리하고 논의하는 방식은 보호자가 워크숍에 가져오는 문제에 따라 다양해지는 경향이 있다.

보호자를 회복을 위한 ACT 워크숍에 적응시키기

다음에서는 정신증이 있는 이들을 케어하는 사람들의 회복을 위한 ACT 워크숍을 진행하는 데 필요한 몇 가지 수정 및 제안 사항에 대해 다룰 것이다.

모집

우리는 워크숍에 보호자를 모집하는 것이 간혹 어려울 수 있음을 알게 되었다. 예를 들어, 워크숍이 '더 좋은 보호자'가 되는 방법을 가르쳐 주는 것이 아니라고 느끼거나 혹은 정신증을 겪고 있는 사랑하는 이를 더 잘 지원하기 위해 사용할 수 있는 기술을 제공하는 것이 아니라는 것을 알게 되면 많은 보호자는 참여하기를 거부한다. 이에 관한 피드백을 살펴보면, 보호자들은 자신들이 심리적 지원이 필요할 정도는 아니라고 생각하고, 사랑하는 사람이 아니라 자신의 안녕에 초점을 맞추는 개입에 참여하는 것이 죄스럽거나 사치스러운 일이라고 생각하는 경우가 많았다. 우리는 저수지 비유(다음 내용 참조)를 다루면서 이러한 문제를 극복했는데, 이 비유를 통해서 보호자들은 스스로의 욕구와 안녕을 다루는 것이 케어하는 역할의 중요한 부분이라는 것을 이론적으로 이해할 수 있게 되었다.

보호자 워크숍을 홍보하기 위해, 우리는 정신증이 있는 사람들을 케어하는 데 있어 보호자가 차지하는 필수적인 역할을 알리는 포스터와 전단지를 고안하였다. 이 자료에서 우리는 보호자가 자신의 역할에 대해 지원받을 수 있다는 것을 확실히 하고자 한다는 점을 강조하였다. 또한 이 전단지와 포스터는 ACT에 대해서도 설명하며, 워크숍의 목표는 힘든 생각과 감정에 대해 반응하느라 정작 중요한 것이 방해되는 것보다는 진짜로 중요한 것을 추구하도록 돕는 것임을 강조하였다.

초반에 촉진자가 워크숍의 내용을 잠재적인 참여자들과 논의하고, 그들이 하는 여러 질문에 대해 답해 주는 것이 유용할 것이다. 전화나 면대면으로 보호자와 직접 이야기하는 것이 참여에 도움될 수 있으며, 특히 자신의 안녕감에 초점을 맞춘 집단에 참석하는 것에 대해 보호자가 과민하다면 더욱 그렇다. 내담자 워크숍과 마찬가지로, 우리는 소개 혹은 시범 회기에 잠재적인 보호자 참여자를 초대하는 것이 필요하다는 것을 믿는다(제1장, 제2부 참조).

우리는 연구가 기반이 된 임상 서비스 현장인 런던 남부 및 모즐리 국가보건서비스 신탁재단(South London and Maudsley NHS Foundation Trust)에서 참여자를 모집했다. 우리는 정신증 서비스의 영역 내에서 내담자의 모든 보호자에게 워크숍을 제공하지만, 그들이 사랑하는 사람이 꼭 내담자 ACT 회복 워크숍에 참여해야 한다고는 생각하지 않는다.

보호자만을 위한 워크숍

우리는 내담자와 보호자 워크숍을 분리하여 제공한다. ACT가 정신증이 있는 내담자와 보호자 모두의 안녕감을 증진시키는 것을 목적으로 하는 초진단적인 접근임에도, 우리는 보호자가 비슷한 상황에 있는 사람들과 케어에 관련된 난관을 이야기함으로써 도움받을 수 있다고 믿는다. 그리고 우리는 보호자들이 안전하고 개방적인 환경에서 스스로를 표현할 수 있다고 느끼기를 바란다. 비슷한 이유로, 예를 들어 한 가족 안에서 부모와 같이 두 명의 보호자가 있는 경우에 각기 다른 워크숍에 참여할 것을 권한다. 우리는 워크숍에 부부가 있을 때, 워크숍의 다른 참여자들의 역동을 변하게 할지도 모른다고 생각한다. 하지만 다른 장면에서는 이러한 점이 문제가 되지 않을 수도 있다.

저수지 비유를 소개하기

시범 회기와 첫 회기 동안, 정신증을 가진 누군가의 보호자가 되는 것은 중요하면서도 소진될 수 있는 역할이라는 것을 강조하기 위하여 우리는 저수지 비유(Kroeker, 2009)를 소개한다.

우리는 모두 다른 '감정 저수지(emotional reservoirs)'를 가지고 있습니다. 저수지의 일부는 에너지를 공급하고, 또 다른 일부는 고요함과 행복, 안녕감을 공급합니다. 저수지가 가득 찼을 때는 스트레스를 받더라도 고요함이나 안녕감을 유지할 수 있습니다 . 불쾌한 날이나 주간, 혹은 다른 형태의 스트레스 같은 일종의 가뭄이 와도, 우리는 저수지에 비축해 둔 것으로 건강한 상태를 유지할 수 있습니다.

보호자가 되는 것은 때로는 어렵고 까다롭기 때문에 저수지의 물이 모두 말라버릴 수 있다는 것을 압니다. 저수지가 말라 있다면, 우리는 스트레스에 취약해질 수 있습니다. 약간의 에너지나 행복이 있을 수는 있지만, 매일같이 모든 일이 잘 진행될 때만 그럴 것입니다. 안 좋은 날에 저수지가 메말라 있다면 문제가 생길 수 있으며, 정서적인 붕괴, 평정 상실, 좌절과 같은 어려움으로 이어질 수도 있습니다.

이 비유는 케어하는 역할을 계속하기 위해 저수지를 채워야 할 필요성을 강조한다. 우리는 이 비유를 통해 보호자들이 워크숍 참여의 정당성을 확인하고, 보호자로서의 역할이 매우 힘들지만 중요하다는 것을 이해하게 된다는 것을 발견하였다. 이 비유를 워크숍의 초기에 소개하게 되면, 보호자가 자신을 위해서 워크숍에 참석하는 것이 사치스럽다거나 죄스럽다는 주제를 꺼낼 때, 촉진자들이 이 비유를 언급할 수 있게 된다. 이 주제는 전념 행동을 연습할 때 종종 나타나는데, 많은 보호자는 스스로의 안녕에 초점을 맞추지 못하고, 자신이 사랑하는 사람들을 케어하는 것과 관련 없는 전념 행동을 파악하는 것이 어렵다고 보고한다.

우리가 워크숍에서 저수지 비유를 반복하였을 때의 예시를 이야기해 보려고 한다. 어떤 어머니가 건강 문제로 합병증을 겪고 난 후에 신체건강을 유지하는 것과 관련된 가치를 알게 되었다. 그녀는 산책이나 자전거 타기와 같은 신체적 운동과 관련된 목표를 세웠다. 그녀는 자신이 케어하는 당사자(아들)가 그녀와 시간을 보내지 못했을 때 불행해했고, 엄마가 직장에 가지 않고 자신과 함께 집에 있을 수 있어서 자신이 아픈 것을 아들이 좋아하는 것 같다고 보고하였다. 보호자는 아들과 떨어져서 시간을 보내고 싶고, 신체건강을 개선하고 싶다는 바람에 죄책감을 느꼈다. 우리는 저수지 비유를 통하여, 그녀가 운동에 시간을 할애함으로써 신체적인 건강을 유지하였고(즉, 저수지를 보충함), 이를 통해 보호자라는 고된 역할을 해낼 수 있었다는 것을 강조하였다.

저수지 비유는 당신으로 하여금 이 워크숍의 목표가 그들의 저수지를 유지하고 보충하는 다양한 방법들을 가르쳐 줄 수 있다는 것을 보호자에게 제안할 수 있고, 이는 안녕감을 촉진시키며 그들로 하여금 인생에서 더 중요한 것을 하도록 도와줄 수 있다.

🖥 회복을 위한 ACT 연구 결과 요약하기

다음에서 우리는 보호자 참여와 관련하여 회복을 위한 ACT 연구 결과를 간략하게 요약하였다.

단기 ACT 워크숍은 보호자의 안녕감을 증진시킬 수 있다

우리의 회복을 위한 ACT 연구에 정신증이 있는 사람들의 보호자 52명이 참여하였다. 그들은 회복을 위한 ACT 집단 회기에 바로 참여하거나 12주의 대기 기간 후에 참여했다. 주요한 결과 측정치는 자기보고의 안녕감이었고 워크숍 시작 시점과 (기저선, 혹은 0주 차), 치료 후(4주 차), 2회의 부스터 회기(12주 차 추수) 후에 측정하였다. 바로 워크숍에 참여했던 보호자는 대기자 명단의 참여자들과 비교해 전반적인 안녕감이 상승되었음을 보고하였다. 이러한 안녕감의 개선은 3개월 후에도 유지되었다. 워크숍에 바로 참여한 사람의 경우, 워크숍 동안 심리적 유연성과 마음챙김이 개선되었다. 우리의 워크숍 결과를 살펴보면, 단기 ACT 개입은 정신증이 있는 이들의 보호자의 안녕감을 개선시키는 데 유용하다고 생각된다.

보호자의 피드백

안녕감, 심리적 유연성, 마음챙김을 측정하는 것에 이어, 워크숍 종료 후, 몇몇 보호자에게 피드백을 받기 위해 면담을 시행했다. 그들은 워크숍에서의 몇 가지 긍정적인 경험을 확인하였다.

워크숍에 대한 전반적인 피드백

많은 보호자는 워크숍에 참석하면서 기분과 심리적 안녕감이 증진되었다고 이야기했다. 어떤 참여자는 "저의 안녕감은 확실히 나아졌어요. 저는 제가 하는 일에 대해서 덜 걱정되고, 덜 불안합니다."라고 말했다.

두 명의 참여자는 워크숍이 신체건강에도 부가적으로 도움이 되었다고 보고하였다. 한 보호자는, "저는 최근에 몸이 좋지 않았어요. 하지만 워크숍에서 배운 기술로 이제는 더 잘 관리할 수 있게 되었어요."라고 말했다. 이는 보호자들이 자신의 욕구에 더 많이 주목하여, 이로 인해 고통이 감소하고 신체건강에서 상당한 개선이 나타난 것일 수 있다(하지만 이는 가설일 뿐, 연구에서 우리가 신체건강을 직접적으로 검증한 것은 아니다).

마음챙김(알아차리기) 연습에 대한 설명

보호자 참여자들은 특히 알아차리기 연습의 결과로 자기 자각이 증가하였고, 더 많이 반영하는 능력이 생긴 것에 대해 이야기하였다. 예를 들어, 그들은 알아차리기 연습이 그들로 하여금 대상을 다르게 바라보고, 이완하며, 내적 경험에 다르게 반응하도록 허용한다고 보고했다.

저는 일상에서 마음챙김을 하려 해요. 그리고 제 느낌을 알아차리는 데 정말 많이 도움이 됐어요.

알아차리기 연습으로 고요한 반영(calm reflection)의 느낌이 들었어요.

자각을 통해 제가 삶에서 성취하고 싶은 것을 생각하고 거기에 집중할 수 있게 됐어요.

전에는 한 번도 알아차리기를 연습해 본 적이 없기 때문에, 우리가 처음 알아차리기 연습을 소개할 때 대다수의 보호자들은 긴장하는 경우가 많다. 이때 자동조종의 개념이나 알아차리기가 어떻게 현재 순간에 집중하도록 할 수 있는지를 설명하면서, 우리가 알아차리기 연습을 사용하는 이유에 정당성을 줄 수 있다는 것을 발견했다. 우리는 알아차리기 연습을 안내해 줄 것이며, 약 5분에서 10분 정도 걸린다는 것을 설명하였다. 우리는 참여자들에게 눈을 감으라고 하고, 감고 싶지 않다면 앞에 있는 한 지점에 집중해 달라고 요청하였다. 그다음, 우리는 사람의 주의가 이리저리 움직이고 방황한다는 것이 얼마나 자연스러운지를, 또 이러한 일이 반복적으로 발생할 수 있으며, 그들이 알아차린 것에 우리가 관심을 갖고 있다는 것을 강조하였다. 연습이 끝난 후에는, 참여자들이 알아차린 것에 대해 논의하였고, 촉진자가 참여자들이 알아차린 것과 관련하여 ACT와 일치되는 반응을 모델링하였다 (자세한 논의는 제5장 참조).

가치와의 연결

보호자들이 이야기한 알아차리기 연습의 이점에 더하여, 몇몇 참여자는 워크숍이 얼마나 그들이 가치와 연결하도록, 목표를 향해 나아가도록 동기를 부여하였는지에 대해서 이야기했다. 참여자 두 명의 회고를 수록하였다.

> 워크숍은 제 삶에서 무엇이 중요한지를 생각하고 회고할 수 있는 발판 (platform)을 제게 마련해 줬어요.

> 워크숍은 제게 장기적인 목표를 설정하도록 도와줬어요……. 제가 인생의 목적을 다시 찾을 수 있도록 도와줬죠.

또한 보호자는 무엇이 중요한지를 확인하고 가치의 개념을 이해하는 것이 처음에는 어려웠다고 회고했다. 많은 참여자는 각 회기의 종료 시에, 가치와 관련된 전념 행동을 설정하는 것이 특히 중요한 연습이었다고 보고하였다. 그러나 몇몇은 케어를 제공하는 역할과 자신의 가치를 향한 목표 사이에서 갈등이 있음을 확인하였다. 한 참여자는 다음과 같이 말했다.

만일 제가 목표를 따라간다면, 딸의 곁에 있어 줄 수 없어요. 이게 저의 가장 중요한 딜레마입니다……. 딸의 곁을 지키면서 제 직업적인 목표를 추구할 수는 없는 거죠.

우리는 이 장에서 이러한 갈등을 우리가 어떻게 다루었는지에 대해서 논의할 것이다.

버스 승객 비유

'버스 승객'은 보호자와 당사자의 회복을 위한 ACT 워크숍에서 사용된 핵심 비유이다. 대부분의 보호자 참여자들은 이 비유가 유용하다고 느꼈다. 참여자들은 '버스 승객 시연하기' 연습(연습 시행 방법은 제2부 참조)을 특히 좋아했는데, 왜냐하면 이 연습이 사람들이 각자의 승객에게 각기 다른 방법으로 반응한다는 것(예를 들어, 싸우거나 투쟁하고, 포기하고, 기꺼이 반응함)과, 각 반응의 이점과 결과에 대해서 강조하였기 때문이다. 몇몇 보호자는 이 비유가 자신의 승객을 더 많이 알아차릴 수 있는 기회를 제공한다고 말하였으며, 힘든 내적 경험을 '승객'이라고 명명하는 것이 유용하다고 하였다. 많은 사람은 이 연습이 어려운 승객들에게 다르게 반응하는 방식을 알려 주며, 자신의 인생을 더 많이 통제할 수 있다고 말하였다. 다음은 한 참여자가 했던 이야기이다.

승객이 있다는 게 나쁜 건 아니에요. 단지 그들을 수용할 필요가 있는 거죠. 걱정을 그만두도록 하지 않고, 내가 걱정을 한다는 것을 받아들여 보세요. 더 이상 죄책감을 느끼지 마세요. 스스로와 함께 평화로워지세요. 승객을 수용하고, 버스 뒤에 탈 수 있도록 허용해 보세요. 저는 저일 뿐입니다. 나 자신과 내가 인생에서 했던 좋은 일들도 받아들이고요.

집단 과정

보호자 워크숍에서 나타난 주제 중 특히 주목할 만한 것은 전반적인 집단 과정과 관련되어 있다. 면담한 모든 보호자는 자신과 같이 케어를 제공하는 입장의 사람들과 함께 숙고할 수 있는 시간과 기회, 공간이 주어졌다는 것 자체가 좋았다고 보고하였다. 몇몇은 다른 보호자가 케어의 역할에서 발생할 수 있는 어려움과 이를 극복한 것에 대해 듣는 것이 타당화(validating)와 안심(reassuring)을 주었다고 언급했다. 또 다른 사람들은 워크숍이 그들에게 감정적인 부담을 덜어 주는 지지적인 통로를 제공해 주었음을 보고하였다.

ACT 워크숍에 보호자를 참여시키는 것과 관련된 고려사항

회복을 위한 ACT 워크숍에 보호자가 참여하도록 촉진하면서, 우리는 이러한 워크숍을 계획하는 데 도움이 될 수 있는 몇 가지 사항을 확인하였다.

보호자 워크숍의 내용

내담자의 회복을 위한 ACT 워크숍과 보호자를 위한 ACT 워크숍 간의 주요한 차이점 중 하나는 논의의 요점이다. 내담자들은 정신증에 대한 자신의 경험과 이에 어떻게 대처할지에 더욱 중점을 두는 경우가 많았던 반면, 보호자 참여자들은 워크숍을 케어와 관련된 부정적인 경험에 대해 논의하거나, 이에 대한 부담을 덜기 위한 토론의 장으로 활용하고자 하는 경향이 있었다.

앞서 언급했듯, 정신증이 있는 사랑하는 사람을 돌보는 것은 어려울 수 있으며, 보호자들은 자신의 경험을 논의할 공간을 갖는 것이 도움이 된다고 느끼는 경우가 많다. 워크숍을 시작하기 전에 촉진자가 참여 가능성이 있는 사람들과 직접 만나는 것이 유용할 수 있다. 실제 워크숍이 시작되기 전에 '자신의 케어 경험을 이야기'하고 부담감을 덜 기회가 있었던 보호자들은 워크숍에 더욱 편하게 임하며, 토론을 장악하려 하지 않는다.

가끔 우리는 보호자의 워크숍 프로토콜을 유연하게 적용해야 했다. 시작할 때에는 참여자들에게 기술을 배우고 경험할 수 있는 곳이 '워크숍'이라고 설명함으로써 워크숍의 분위기를 조성하려 했다. 나아가, 우리는 참여자들에게 활동과 관련된 자신의 경험을 생각해 보고, 이러한 경험이 본인이 케어하는 역할과 어떻게 연관되는지에 대해 질문할 것이라는 점을 명시한다. 집단원들의 논의가 주제에서 벗어났다고 생각될 경우, 잠시 중단하자고 동의를 구하고, 다음 활동으로 넘어간다. 우리의 경험에 비춰 보았을 때, 세심한 방식으로 중단하자고 이야기하면 그렇지 않았을 때에 비해 보호자가 잘 수용하는 경우가 많았다. 그러나 보호자들이 공유하는 어려운 경험에 대해 타당화하는(validate) 것은 중요하다. 이를 위한 한 가지 방법은 워크숍이 끝날 때, 필요에 따라 회기에서 발생했던 그 어떤 것에 대해서든지 이야기할 시간을 주는 것이다. 한편, 집단원 모두가 함께 의제를 정하고, 워크숍에서 다룰 내용에 대해 협력적으로 결정하는 등 회기 일부를 자연스러운 흐름에 맡기는 것 또한 유용하다.

정신증이 있는 사람들의 보호자는 종종 자신의 역할에 고립되었다고 느끼고, 자신의 사회적 체계(social system) 밖에 있는 사람들과 경험에 대해 이야기하는 것을 꺼릴 수 있다. 우리는 보호자들이 워크숍에 참여함으로써 비슷한 입장에 처해 있는 사람들과 연락처를 나누고 강력한 유대감을 형성하는 것을 보았다. 우리는 이러한 관계를 적극적으로 격려한다.

비밀 유지

종종 워크숍에 참석하면서 보호자들은 종종 자신이 돌보는 내담자와 같은 기관에서 치료받기도 한다. 이와 관련하여 비밀 유지의 문제가 생길 수 있다. 우리는 시작할 때 워크숍은 정신증을 경험하는 누군가를 케어하는 사람들을 위한 것이라고 명시한다. 비밀을 유지하기 위해서, 참여자들에게 자신이 케어하는 사람의 실명 전체를 이야기하지 않고, '아들' '배우자' '엄마' 등으로 언급하도록 요청한다. 이와 비슷하게, 특정 치료 기관의 명칭이나 정신건강 전문가의 이름을 말하지 않고, 대신 '케어 코디네이터(care coordinator)'나 '의사'라고 이야기하도록 한다.

가치를 확인하기

제1장에서 설명했듯, 워크숍의 필수적인 요소는 가치와 무엇이 중요한지를 확인하는 것이다. 우리는 가치를 확인하는 것이 어려울 수 있다고 생각한다. 예를 들어, 보호자는 종종 가치의 개념을 파악하기 어려워하거나, 가치가 아닌 목표를 확인하기도 한다. 내담자와 보호자에게 목표와 가치를 구분하도록 돕기 위해서, 이를 삶의 방향을 알려 주는 나침반 위의 지점에 빗대기도 한다(Hayes et al., 1999). 우리는 종종 다음과 같은 비유를 사용한다.

우리의 가치는 나침반 위의 지점과 같습니다. 만일 여러분이 길을 잃었는데 나침반이 있다면, 실제로 여러분이 원하던 방향으로 나아가고 있는지를 확인하기 위해 그것을 사용할 수 있습니다. 예를 들어, 남쪽으로 가기를 원했다고 가정해 봅시다. 여러분은 먼저 남쪽으로 향하고 있는지를 확인하기 위해 나침반을 사용할 것이며, 그다음으로 남쪽 지평선에 있는 산봉우리와 같은 주요 랜드마크(landmark)를 찾아 앞으로 나아가기 위한 목표로 삼을 수 있습니다. 계속해서 시야에 산봉우리가 보인다면, 남쪽을 향해 가고 있는지를 확인하기 위해서 나침반을 사용할 필요가 없겠죠. 이제 여러분이 산봉우리에 도착했다면 어떤 일이 벌어질까요? 여러분은 남쪽에 있는 건가요? 아니면 앞으로 나아갈 수 있는 남쪽 길이 아직도 더 남아 있나요? 만약 남쪽으로 가는 것이 헌신적인 부모가 되는 것(혹은 다른 가치)과 같다면 어떨까요? 헌신적인 부모가 되는 방법에는 여러 가지가 있고, 그 방향으로 나아가는 데 여러 가지 목표를 세울 수 있죠. 하지만 이게 끝이 날까요?

여러분이 '인생에서 이루고자 하는 일 목록'에서 '헌신적인 부모 되기'를 끝낼 수 있는 때가 올까요? 아니면 계속 이어지는 것일까요? 만약 이것이 인생에서 실현되기를 원하는 핵심적인 부분이라면, 살아 있는 한 계속 그렇게 할 수 있나요? 만약 여러분이 자식들보다 오래 산다 해도, 여전히 그 가치를 존중할 수 있나요?

　우리는 또한 보호자들이 자신의 케어하는 역할과 연결된 가치를 자주 강조하는 것을 보기도 했다. "저는 아들을 위해 더 나은 보호자가 되고 싶습니다." 또는 "저는 배우자가 투약에 순응하는 방식으로 도움을 주고 싶습니다."와 같은 예를 들 수 있다. 보호자 참여자들에게 우리의 견해를 강요하지 않도록 주의하면서, 우리는 그들 스스로에게 진정으로 중요한 것을 확인하기를 원한다고 강조한다. 우리는 회복을 위한 ACT 워크숍에 참여하면서, 이들이 이미 사랑하는 사람들을 지원하는 것과 관련된 가치와 연결되어 있다고 이야기한다. 우리는 또한 보호자가 스스로의 안녕감을 증진시키고, 이를 통해 자신의 저수지를 보충할 수 있는 가치를 확인하도록 지원하고자 한다.

　우리는 모집 과정에서 가치와 관련된 논의를 시작하며, 종종 보호자에게 현재 하고 있는 가치 있고 중요한 활동이 무엇인지를 물어본다. 우리는 보호자들이 현재 하고 있지는 않으나 하고 싶은 것(목표)이 있는지(장애물을 확인하는 것을 시작하기)뿐만 아니라, 그것이 왜 중요한지(목표 이면의 가치 확인하기)를 묻는다.

　집단원 전체를 대상으로 가치를 확인할 때의 문제를 극복하는 또 다른 방법은 촉진자가 자신이 지향하는 몇 가지의 가치를 공유하며 공통적인 가치의 예시를 말하는 것이다. 우리는 각 회기에서 가치에 대해 반복적으로 논의하면서 참여자들의 가치에 대한 인식과 접촉이 회기가 진행될수록 발전하는 경향이 있음을 알게 되었다. 예를 들어, 한 보호자는 특정 가치와 연관된 전념 행동(이를테면 구직활동)을 계속하여 확인했으나, 매주 전념 행동(예를 들어, 이력서를 제출하는 것)을 실천하는 것이 힘겨웠다고 보고했다. 몇 주가 지난 후, 그는 어쩌면 목표가 그렇게 중요했던 것이 아니라, 외부의 기대로 인해 이러한 가치를 향해 나아가야 한다고 느꼈음을 깨달았다.

촉진자는 참여자들이 자신에게 진정으로 중요한 것이 무엇인지, 그리고 이러한 가치를 향해 어떻게 나아갈 수 있는지를 확인하도록 돕는다.

또 다른 문제는 보호자가 가치 사이에서 갈등을 겪을 때 발생한다. 예를 들어, 휴식을 취하기 위해 카페에 가서 편하게 책을 읽는 전념 행동을 확인한 보호자가 있다고 가정해 보자. 이 사람이 죄책감과 염려를 표현하면서 갈등이 발생하는데, 가치와 관련된 전념 행동(즉, 심리적 안녕감을 증진시키기 위해 시간을 보내는 것)에 관여함으로써 자신이 돌보는 사람과 함께하지 않게 되어 보호자 역할을 등한시하게 된다는 것이다. 이와 같은 상황에서는, 이러한 걱정에 공감하는 동시에 저수지 비유에 대해 언급하고, "자신의 안녕감을 향상하는 데 집중하기 위해 잠깐 휴식을 취하는 것이 당신의 저수지를 보충하는 방법이 아닐까요? 이것이 당신의 케어하는 역할에 어떤 영향을 미칠까요?"와 같이 질문한다. 더불어, "다른 가치 있는 방향에 시간을 쓰는 것은 여러분을 어떤 것과 연결해 주나요?"와 같은 질문을 할 수도 있다. 우리는 보호자들이 이러한 경험을 단지 '경험'으로 바라볼 수 있도록 돕기 위해 워크숍에서 배운 기술을 활용할 수 있는 방법을 탐색한다.

영상

우리는 정신증이 있는 누군가를 돌볼 때 마주할 수 있는 몇 가지 어려움에 대해 연기하는 배우의 영상을 활용한다(http://www.actforpsychosis.com에서 다운로드할 수 있음. 대본은 부록 A7에 제시되어 있음). 영상을 본 이후, 보호자 참여자들은 자기 속도에 맞게, 자신의 케어 경험에 대해 점차 논의하기 시작한다. 이후의 회기에서는 영상의 내용과 워크숍 참여자들의 케어하는 역할 간의 유사성이나 차이점에 대해 생각해 보기 위해 영상에 대하여 다시 이야기한다.

보호자들은 종종 영상 속의 이야기와 스스로를 관련지으며, 이들 중 일부는 영상을 보면서 영상에서 묘사된 것이 자신이 사랑하는 사람이 위기를 겪었을 때의 경험과 유사하며, 이를 떠올리는 것이 고통스럽다고 언급하며 감정적인 반응을 보이기도 한다. 마음을 가라앉히기 위해 잠시 자리에서 벗어나고 싶어 하는 참여자들과 동행하기 위해 워크숍에 충분한 인원(예를 들어, 2~3명)의 촉진자가 참석하는 것이 도움이 된다. 워크숍이 시작될 때, 우리는 참여자들에게 워크숍의 내용이 고통스럽다고 느낄 때 언제든지 자리를 벗어날 수 있다는 점을 명시한다. 우리는 참여자들이 자리를 벗어날 수 있다는 것을 확실히 하기 위해 촉진자가 가끔씩 상태를 점검할 것이라고 설명한다.

이 영상은 정신증이 있는 누군가를 돌볼 때 몇 가지 일반적인 어려운 점이 발생할 수 있다는 것을 강조하는 데 유용하다. 그러나 이것이 모든 정신증 보호자에게 적합하지 않을 수 있으므로, 향후에 촉진자가 자신의 특정 서비스에서 나타나는 문제들에 적용할 수 있는 영상을 편집할 것을 제안한다.

얼마나 오랫동안 보호자 역할을 해 왔는지를 고려하기

우리는 정신증으로 진단된 사람들의 보호자를 대상으로 회복을 위한 ACT 워크숍을 제공했으며, 참여자들 모두가 일정 기간 케어하는 역할을 해 왔다. 질병의 단계와 케어하는 역할을 했던 기간별로 보호자를 매칭하는 것이 도움이 될 수 있다. 예를 들어, 초기 정신증을 가진 젊은이의 보호자는 해답을 찾는 데 집중하고 있을 수 있으며, 정신증의 첫 삽화가 마지막이 되기를 희망할 수 있다(물론 이 또한 가능하다). 이들은 장기적인 케어가 필요한 보호자의 요구에 맞춘 지원 방식에는 관심이 없을 수 있으며, 오랜 시간 동안 케어하는 역할을 해 왔던 사람의 경험을 들은 후 낙심할 수도 있다.

케어하는 관계의 특성을 고려하기

보호자 참여자와 그들이 돌보는 사람들 간의 케어하는 관계의 본질에 대해 고려하는 것도 가치 있을 수 있다. 우리는 정신증이 있는 사람들의 부모들이 배우자를 돌보는 사람들과는 다른 기대를 하고 있다는 것을 알게 되었다. 이와 유사하게, 보호자 역할을 하는 성인이 된 자녀들은 다른 기대와 어려움을 가지는 경향이 있는데, 이들은 자신의 역할에 대해 더 많은 두려움과 좌절을 표현하는 경우가 많다. 워크숍에서 보호자가 어려운 이야기를 할 것을 대비하기 위해, 시작하기 전에 이러한 문제들에 대하여 다른 보호자와 논의해 보는 것이 도움이 될 수 있다.

추수 집단

회복을 위한 ACT 연구는 보호자의 안녕감과 심리적 유연성을 위한 비교적 짧은 4회기 프로토콜의 이점을 강조한다. 그러나 이렇다고 해서 우리가 기술한 단기 ACT 프로토콜을 장기적인 지지 집단 모델의 구성요소로 사용할 수 없는 것은 아니다. 회복을 위한 ACT 워크숍을 마친 대부분의 보호자들은 다른 보호자를 만나는 것이 사회적인 측면에서 매우 유용했다고 보고하였으며, 회기가 더 많았으면 좋겠다고 요청했다. 이에 따라, 우리는 회복을 위한 ACT 프로토콜을 느슨하게 적용한 간편 회기(drop-in session)를 도입했다. 참여자들의 요청에 따라 매 간편 회기에 이전의 전념 행동을 복습하고, 몇 가지 알아차리기 및 탈융합 활동을 연습했다. 또한 케어하는 역할에서 발생하는 문제를 논의할 수 있는 시간을 제공하기도 했다. 회복을 위한 ACT 워크숍 촉진자의 지도감독하에 제5장에 기술되어 있는 훈련 프로토콜을 활용하여 몇몇 보호자가 간편 회기에서 주도적인 역할을 하도록 훈련했다. ACT의 간편 회기에 참여한 보호자들은 알아차리기와 탈융합 활동의 연습을 포함하여 기술에 기반한 요소들을 연습하는 것과 집단 장면에서 전념 행동을 일으키는 과정, 참여자가 지속적으로 서로를 지원하는 것이 매우 유용하다고 보고했다.

실질적인 문제

케어하는 역할의 특성상, 회복을 위한 ACT 워크숍의 시간과 장소를 고려하는 것이 중요하다. 시간의 경우, 많은 보호자가 낮에 일하므로 주간과 야간에 모두 워크숍을 진행하는 것이 중요하다. 우리는 다행히도 내담자들이 일상적인 치료를 받는 곳과 분리된 장소를 확보할 수 있었다. 그러나 이것이 모든 서비스 상황에서 여의치 않을 수도 있으므로, 보호자가 자신이 돌보는 사람이 치료받는 같은 장소에서 워크숍에 참석할 경우 발생할 수 있는 문제를 고려할 필요가 있다.

가끔 보호자들은 자녀들을 케어하는 문제나 자신들의 케어하는 역할과 관련된 문제로 인해 워크숍에 참석하지 못하기도 한다. 이럴 경우, 우리는 이들에게 다음 회기에 일찍 와서 놓쳤던 내용을 촉진자와 함께 따라잡을 수 있도록 한다. 우리의 경험상, 보호자가 집단 프로토콜의 워크숍에서 첫 번째와 두 번째 회기 중 적어도 한 회기 이상에 참석해야 하는데, 이때 워크숍의 가장 중요한 측면에 대한 논의가 이루어지기 때문이다. 보호자가 이를 놓칠 경우, 이후에 새로 시작하는 워크숍에 참석하도록 요청한다.

요약

정신증이 있는 사람을 케어하는 것에는 여러 부담과 어려움이 따르며, 정신건강기관에서는 보호자에게 심리적 지원을 제공하는 것이 필수적이라는 입장이 증가하고 있다. 정신증이 있는 내담자의 보호자는 회복을 위한 ACT 워크숍에 긍정적으로 반응하였으며, 예비 연구 결과에서도 참여자들의 안녕감과 심리적 유연성이 향상되었음을 확인하였다. 또한 보호자들도 4주 정도 참여할 시간을 낼 수 있었으며, 이러한 간략한 형식으로 정신증을 대상으로 하는 서비스는 쉽게 회기를 촉진할 수 있었다. 그러므로 회복을 위한 ACT 워크숍은 보호자의 안녕감을 향상할 수 있는 비용 효율적인 지원 및 심리적 개입방법일 수 있다.

제4장에서 기술하였듯, 회복을 위한 ACT의 프로토콜은 동료 지원가와 보호자가 워크숍에서 공동촉진자의 역할을 할 수 있도록 훈련하는 데 도움이 된다. 워크숍을

마친 보호자 참여자들에게 워크숍에서 배웠던 기술을 적용하고, 이러한 기술이 케어하는 역할과 안녕감에 어떠한 영향을 미쳤는지와 관련된 경험을 제시하는 '체험한 참여자' 역할로서 협력하도록 초대할 수 있다.

제**3**장

급성기 병동 환경에 ACT 워크숍을 적용하기

Rumina Taylor & Georgina Bremner 공저

이 장에서는 입원 기간이 짧은 정신건강의학과 병동에 입원한 정신증이 있는 사람들에게 회복을 위한 ACT 워크숍을 적용했던 우리의 경험을 공유하는 데 초점을 맞춘다. 우리는 원래의 개입방법을 더욱 간결하게 수정하여, 단기적이며 예측할 수 없는 입원 병동에 용이하도록 적용한 방식에 대하여 설명한다.

정신건강의학과에 입원하는 것에 개인 및 사회적인 비용이 소모되기 때문에, 입원 일수를 줄이기 위해 치료의 질을 향상하는 것이 핵심이다. 우리는 심리치료의 접근성을 높이는 것이 치료의 질을 향상시키는 중요한 단계라고 생각한다. 집단치료는 참여자들이 자신의 경험을 공유하고 정상화하도록 하며, 보편감(sense of universality)을 촉진할 수 있다는 점에서 유리하다. ACT가 초진단적인 접근이라는 점에서, 우리는 급성기 입원 환자들에게서 나타나는 이질적인 증상의 발현에 ACT가 매우 적합할 것으로 생각한다.

이 장에서는 낯선 환경에 놓여 있고 기회가 제한되어 특별히 고통을 경험하는 내

담자 집단을 치료에 참여시키는 방법, 그리고 심리적 유연성을 촉진하고 병동의 치료적 환경을 개선하기 위해 더 많은 병동 치료진과 작업하는 방법 등과 같이 체계상의 어려움에 대하여 논의한다.

환경 조성하기: 급성기 정신건강의학과 병동 환경의 특성

영국을 비롯하여 국제적으로, 지난 50년 사이에 급성기 정신건강의학과 병동에서의 단기 입원에 변화가 있었다. 정신건강에 대한 태도 변화와 생활환경에 대한 염려는 탈시설화(deinstitutionalization) 과정으로 이어졌다. 이는 이러한 환경을 개선하고, 양질의 치료를 제공하기 위함이었다. 탈시설화는 병원에서의 장기 입원이 아닌 지역사회에서의 관리와 치료에 초점을 맞춰 왔다. 이러한 과정은 영국(Csipke et al., 2014), 유럽(Taylor Salisbury, Killaspy, & King, 2016), 그리고 다른 국가(Lamb & Bachrach, 2001; Rosen, 2006; Sealy & Whitehead, 2004)에서 다양한 비율로 발생했다. 그럼에도 대부분 국가에서는 병원 기반의 정신건강 관리가 지역사회로 옮겨 가며 유사한 어려움에 직면했다. 일부에서는 이러한 변화가 정신건강 문제가 있는 사람들에게 더욱 큰 외로움과 신체건강 저하(Novella, 2010), 노숙, 부적절한 체포 및 감금(Lamb & Bachrach, 2001; Rosen, 2006)을 초래했다는 비판도 제기되었다. 탈시설화는 불충분한 재정적 지원과 지역사회 서비스에 접근하기 어렵다는 점(Lamb & Bachrach, 2001), 그리고 지역사회에서 지속적으로 관리를 제공할 정신건강 전문가가 부족하다는 점(Taylor Salisbury et al., 2016)으로 인해 지장을 받고 있다.

우리는 입원 병동이 지역사회에서 관리하기 어려운 질환을 가진 사람들에게 지속적인 관리와 안전한 장소를 제공한다는 것을 알고 있다. 또한 우리의 경험상 병동 치료진은 환자와의 관계를 중시하며 치료적이며 신뢰할 수 있는 관계를 발달시키고자 한다. 게다가 치료진은 환자와 관계를 형성하거나 치료적인 활동을 하는 등의 시간을 보내고, 자신의 역할을 통해 환자의 회복을 도울 때 높은 만족감을 보고

한다(Mistry, Levack, & Johnson, 2015). 연구 결과 또한 급성기 정신과 병동에서의 현대적인 간호법은 '분업형 사고방식(production line mentality)'[1]의 위험이 있는데 (Crawford, Gilbert, Gilbert, Gale, & Harvey, 2013, p. 725), 간호 시간 중 절반 이상이 행정, 업무 조율, 관리 작업에 소모되어, 환자의 이야기를 듣거나 대화를 나누고, 공감적인 케어를 제공할 시간이 부족한 실정이다(McAndrew, Chambers, Nolan, Thomas, & Watts, 2014).

병동 치료진들은 치료에 잘 참여하지 않으려는 내담자들과 함께 작업할 만한 시간이나 자신감, 기술과 훈련이 부족하다고 자주 이야기한다. 또한 정신건강 실무자들도 '병원에 입원한 심각한 정신건강 문제를 가진 사람은 치료적 관계에 관여하지 못할 것'이라고 흔히 생각할 수 있다(McAndrew et al., 2014). 최근에는 지역사회 서비스로 신속하게 퇴원하여 치료적 개입 시간이 제한될 것이라는 예측도 나오는데 (H. Gilbert, 2015), 우리의 경험으로 볼 때 약물치료와 안정화에 초점을 맞추게 되고 이외의 것들을 할 시간은 거의 남지 않게 된다. 당연하겠지만, 많은 환자와 가족들이 급성기 병동을 안전하지 않으며, 회복을 촉진하기보다는 정신건강에 부정적인 영향을 미친다고 기술한다(Schizophrenia Commission, 2012). 과거에 비해 한 환자당 치료진의 비율이 높아졌지만, 불행히도 50년 전보다 오늘날에 치료 활동에 참여하는 시간이 줄었고, 환자 중 4분의 1이 정식 치료 활동에 참여해 보지 않았다고 보고하였다(Csipke et al., 2014). 급성기 입원 환자의 관리를 개선하기 위해서, 우리는 우선적으로 약물치료와 안전한 장소를 제공하는 것에서부터 효과적인 치료(약물치료, 심리치료, 사회적 개입)를 제공할 수 있는 기회로 입원을 활용하는 것에 이르기까지, 회복을 촉진하는 변화가 필요하다고 믿는다.

---

1) 역주: 대규모 조직에서 일하는 사람들이 지시받은 '자신의 일'에만 집중하는 경향. 사일로 효과라고도 부름.

왜 수용전념치료를 입원 환경에서 활용해야 하는가

우리는 단기 입원 급성기 병동에 심리적 개입을 제공하는 것이 정신건강의학과 입원 환자들의 치료 기준과 질, 결과를 향상하는 데 중요하다고 생각한다. 그러나 우리는 이러한 개입을 실시하는 것이 어렵다는 것을 알고 있다. 환자들의 입퇴원이 잦다는 것은 개입이 상대적으로 단기화될 필요가 있음을 의미한다. 우리는 일부 보호자가 입원 환자의 정신병리 심각도가 치료에 참여하기에는 문제가 된다고 생각한다는 것 역시 알고 있다. 또한 경험을 통해 볼 때, 그들은 주로 강제로 입원하게 되어 치료에 관여하기를 원치 않을 수도 있으며, 반드시 치료를 찾지는 않는다. 급성기 입원 환경에서 제공되는 치료에 환자들이 참여를 원하게 하기 위해서는, 개입이 흥미롭고 의미 있으며 난이도가 적당해야 한다(Newell, Harries, & Ayers, 2012).

급성기 병동에서 환자들과 일하면 지역사회 환경에서 일하는 것에 비해 더 많은 시간을 환자들과 함께 보낼 수 있으므로 개입의 기회가 더욱 많다. 우리는 고립을 줄이고 구조화와 사회적 지지를 제공함으로써 병동 환경에 중요하게 기여하고, 정상화와 대안적인 관점을 제공할 수 있는 집단 개입에 관심을 둔다. 우리는 집단 치료가 치료자의 시간을 더욱 효율적으로 사용하도록 하며, 치료 환경을 개선하는 것과 같은 추가적인 이점을 가지게 한다는 것을 알게 되었다.

우리는 심리적 유연성을 향상하는 수용전념치료 접근이 급성기 입원 환자군에서 특히 적합하다고 생각한다. 첫째, 수용전념치료가 초진단적인(transdiagnostic) 접근이기에, 전반적인 심리적 기술을 향상시킬 수 있으며(Clarke, Kingston, James, Bolderston, & Remington, 2014), 이는 입원 환자들의 이질적인 정신증의 발현을 다루는 것에 적합하다.

둘째, 회복과 관련된 접근에 대한 이해가 증가하고 있음에도 불구하고, 우리의 경험상 이에 대한 주류적인 관점은 계속해서 정신건강과 관련된 증상(특히 정신증적 증상)을 용인할 수 없는 것으로 보고 있다는 것이다. 이는 많은 정신건강 장면에서 회복이 증상의 제거와 동일시되고 있다는 것을 의미하는데, 이것은 해로운 결과를 낳을 수 있다. 우리는 병원에서 퇴원하기 위해 정신증적인 혹은 다른 고통스러운 경험을 드러내거나 공유하기를 꺼리는 환자들을 보아 왔다. 이는 병동 환경에 있는 개인이 증상을 회피하거나 억압할 가능성이 크다는 것을 의미할 수 있으며, 결국 내적 세계와 더욱 강하게 융합되어 자신의 질병에 지배당하게 되고, 이전에 가치를 두었던 활동과 포부에서 철수하는 결과로 이어질 수 있다(Mitchell & McArthur, 2013). ACT는 원치 않는 경험을 제거하는 데 초점을 두지 않으므로, 오랫동안 지속되어 온 문제를 가지고 자주 입원 치료를 받았던 환자들에게 흥미로울 수 있다고 생각한다. 이러한 집단에서 지속적이며 반복되는 증상에 수용적인 태도를 발전시키는 것(증상을 경감시키는 것이 아닌)과 더욱 의미 있는 생활에 관여하는 것은 매우 유익할 수 있으며, 어쩌면 더욱 적합한 과정일 수 있다. 우리는 ACT가 구체적인 과정에 초점을 맞추는 것이 장점이라고 생각하는데, 단기 입원 병동에 필수적인 단기적 개입을 가능하게 하기 때문이다.

런던 남부와 모즐리 지역의 입원 환자 ACT 프로토콜

입원 환자들을 위한 ACT 프로토콜을 개발하면서, 우리는 제한적이었던 근거 기반을 확장할 뿐 아니라 급성기 케어를 받는 사람들을 위한 심리치료의 접근성이 향상되기를 바랐다. 따라서 우리는 두 곳의 남성 급성기 입원 환자 병동에서 회복을 위한 ACT 워크숍의 수정 및 단축 버전을 개발하고, 실현 가능성, 수용성 및 잠재적 이득을 평가하였다. 병동은 단기 입원 병동이었으며, 대다수의 환자가 정신증을 경험했다는 것이 특징이었다. 우리의 적용사례를 다음에 기술하였다.

입원 장면을 위한 수정사항

회복을 위한 ACT 워크숍을 입원 병동에서 성공적으로 운영하기 위해서는 광범위한 수정이 필요하다. 거기에는 ACT에 대한 인식과 친숙성을 높이고(병동 치료진과 환자 모두), 워크숍 개입을 지원하도록 치료진들을 독려하며, 병동 사람들의 요구와 짧은 입원 기간에 맞게 워크숍의 형식과 내용을 수정하는 것이 포함된다.

병동 치료진들에게 워크숍 홍보하기

워크숍을 준비하면서, 우리는 ACT에 대한 정보를 제공하고 적합한 참여자들을 확인해 달라고 요청하기 위해 병동 치료진들을 만났다. 우리는 회의 일주일 전과 당일 아침에 이메일을 보내 이에 대해 상기시켰고, 병동 일지에 회의 시간을 적어 두었다. 회의 당일, 오전 교대근무가 시작할 때와 회의 시작 15분 전에 병동을 방문하여 참여율을 최대한 높였다. 우리는 회의를 가능한 간략하게(1시간) 하면서 워크숍에 참여하는 다양한 치료진이 회의 내용을 쉽게 이해하도록 노력하였다. ACT와 ACT 철학, ACT 과정에 대한 정보를 담은 프리젠테이션 슬라이드를 사용하였고, 워크숍이 어떤 것인지 시범을 제공하기 위해 짧은 마음챙김 활동을 촉진하였다. 우리는 워크숍을 공동 촉진하기를 원하는 치료진들에게 회의가 끝나고 남거나 이메일을 보내도록 독려했다. 회의 동안 우리는 ACT 워크숍을 통해 이득을 얻을 수 있는 환자의 유형에 대해 논의하였고, 치료진들에게 가능성 있는 참여자를 확인해 달라고 요청한 후 추가 조사하였다. 또한 매주 다학제간 팀 논의에 참여하여 모든 환자에 대해 동료들과 논의하고 적합한 환자를 확인하였다.

워크숍 참석률을 높이고 이질적인 입원 환자 집단을 수용하기 위해, 포함 기준을 광범위하게 정하고, 특정 진단을 위한 워크숍으로 설정하지 않았다. ACT의 초진단적인 특성은 이러한 다양한 진단과 문제를 가진 환자들이 참석할 수 있는 환경에서 특히 적합하다. 워크숍에 대한 우리의 목표는 개인 간의 상호 존중을 장려하는 환경에서 환자들에게 심리치료에 접근할 수 있는 기회를 주는 것이다. 환자와 치료진이 치료를 입원 및 치료 과정의 일부로 이해할 수 있도록, 우리는 병동 치료진에게 환자와 협력적으로 치료 계획을 세울 때 워크숍을 고려해 보도록 독려하였다.

환자에게 워크숍 홍보하기

우리는 병동에 워크숍을 광고하는 포스터를 걸어 두고, 워크숍에 관심이 있는 적합한 참여자들에게 설명문을 주었다. 우리는 의도적으로 증상이나 문제에 대처하는 방법보다는 병동에서 벗어나 의미 있고 충만한 삶을 살기 위해 워크숍에 참여하도록 홍보하였다. 많은 환자가 퇴원 후 무엇을 해야 할지 염려하기 때문에, 이렇게 했을 때 환자들이 메시지를 잘 받아들이고 워크숍에 대해 설명을 더 들어 보려고 한다는 것을 알게 되었다. 우리는 적합한 참여자들을 만나 결과 측정치(outcome measure)를 완료하도록 요청하였다.

우리는 퇴원이 임박한 환자를 참여시키는 데 관심이 있었는데, 이 단계에서는 퇴원을 삶에 갇혀 있다는 것에서 벗어나는 느낌과 연관 지을 수 있기에 회복과 앞으로 나아가는 것에 초점이 맞추어진 워크숍이 그들에게 도움이 될 수 있다고 느꼈기 때문이다. 우리는 과도기적 퇴원(transitional discharge)의 방식으로 참여에 접근했는데, 이는 입원과 지역사회 서비스가 맞물리는 시기를 의미하며 치료진들은 환자들이 지역사회로 돌아간 후에도 그들과 협력하고 그들을 지원한다. 이러한 방식으로 퇴원할 경우 병동에서 맺었던 관계가 갑작스럽게 상실되는 것을 보상한다. 과도기적 퇴원이 재입원율을 낮추고 진료와 약물 순응도를 개선했다는 근거가 있다(Price, 2007; Reynolds et al., 2004). 이러한 이유로 참여자들이 ACT 워크숍을 마치기 전에 퇴원할 때, 촉진자들은 남은 회기에 참여하도록 요청하고 적극적으로 독려한다(예를 들어, 전화 알림이나 교통비 제공).

병동의 침상 수가 부족하기 때문에 갑작스럽게 퇴원하게 되는 경우가 흔하며, 이럴 경우 남은 워크숍 참여자에게 문제가 생길 수 있다. 퇴원한 참여자들에게 워크숍을 위해 병동에 오도록 독려하였지만, 반쯤만 성공할 수 있었다. 더욱이, 급성기 입원 치료 장면에서는 회복 중 환자의 상태가 자주 바뀐다. 때때로 참여자들의 상태가

변해 더 이상 워크숍에 적합하지 않게 된다. 예를 들어, 환자가 더 논쟁적으로 변하
거나, 워크숍 자료들을 더욱 의심하거나, 혹은 토론을 장악하려고 하게 될 때가 있
고, 이는 워크숍의 다른 참여자들에게 파괴적인 영향을 미친다. 병동 치료진이 인수
인계를 해 준 덕분에, 워크숍 시작 전에 문제가 될 만한 환자의 상황을 알 수 있었다.
이럴 때, 환자를 개인적으로 만나서 한 주간 어땠는지, 기분은 어땠는지를 살폈다.
환자가 참여하기 어렵다고 생각되면, 우리의 가치를 염두에 두면서 가능한 한 조심
스럽게 그들에게 이에 대해 터놓고 이야기했다. 워크숍이 끝나고 그들과 만나서 회
기에서 다루었던 것을 공유하고 복사한 자료를 제공하겠다고 제안했다. 만일 워크
숍 중에 차질이 생기면, 참여자들에게 집단 규칙과 다른 사람을 존중하며 작업하는
것의 가치를 상기시켰다. 힘들어하는 환자들에게는 일대일로 더 많은 지원을 해 주
고 공동 촉진하는 병동 치료진에게도 똑같이 해 달라고 요청했다. 필요시에는 때때
로 병동 간호 치료진에게 워크숍에 참여하여 지지하는 역할을 해 달라고 요청했다.

드물게 참여자들에게 워크숍에 더 이상 참여할 수 없다고 이야기해야 할 때가 있
었으나, 가능한 조심스럽게 전달하였으며 그들과 만나 우리가 다루었던 것을 워크
숍이 끝나고 공유하기로 합의하였다.

워크숍 형식 수정하기

우리는 회복을 위한 ACT 워크숍의 지역사회 형식 프로토콜에서처럼 4주에 4회
기 진행이 아니라, 일주일에 두 회기씩 2주 이내에 완료하도록 진행하였다. 이는 전
형적인 급성기 정신건강의학과 병동 환자들의 단기 입원에 적용하기 위함이었다.

각 회기의 구조는 동일하였다(〈표 3-1〉에서 설명됨). 우리는 회기마다 같은 참여
자들이 참석하여 라포와 신뢰를 형성하도록 폐쇄 집단 형식으로 워크숍을 진행했
다. 이는 또한 워크숍 평가를 용이하도록 했다.

폐쇄 집단을 운영하면서 몇 가지 체계상의 어려움이 있었는데, 특히 병동 내 다른
집단 워크숍의 대부분이 개방형의 초진단적 집단 대상이며 다양한 입원 형태와 높
은 회전율(turnover)에 맞추기 위해 개별 회기들을 독립적으로 구성하였기에 그러했

다. 개입 시작 이후 입원한 환자들은 안타깝게도 워크숍에 참여할 수 없었다. 이런 경우, 환자들과 워크숍에 대한 정보를 공유하고, 참여에 흥미가 있다면 대기자 명단에 이름을 올려 두었다. 그리고 그들은 3주 후에 있는 다음 워크숍에 참여하게 했다. 3주가 지나면 환자들은 보통 퇴원을 앞두게 되어, 우리의 참여 기준에 적합해지기 때문에 이 과정이 잘 이루어졌다.

폐쇄 집단을 운영하면 두 가지 장점이 생긴다. 첫째, 지난 회기 자료를 바탕으로 각 회기가 가능하며, 둘째, 참여자들에게 유대감을 주고 사적인 경험을 공유하는 안전하고 지지적인 공간을 제공할 수 있다. 폐쇄 집단은 임상적 양상이 어느 정도 동일해야 하며(즉, 더 혼란스러운 임상 양상은 적절하지 않다), 병동 치료진과 환자 모두가 이를 이해하도록 하는 것이 중요하다. 환자들이 임상적인 양상으로 인해 참여에 적합하지 않은 상황에서 치료진들이 회기 중간까지라도 참여하기를 권유할 경우 매우 혼란스러웠으며, 일부 환자들에게는 그들이 참여하지 못하는 이유를 설명하기 어려웠다. 참여자들의 상태가 갑자기 안 좋아졌다면, 우리는 참여자들에게 더 정기적으로 집단 규칙을 상기시키고 앞에서 설명한 것과 같이 더 많은 일대일 형식의 작업을 하여 이를 관리하려고 했다.

각 워크숍에 두 명의 치료자와 4명에서 6명의 참여자들이 참여하는 것을 목표로 하였다. 각 회기는 급성기 환자의 증상에 더 잘 맞고 인지적 어려움을 보완하기 위해 50분으로 진행하였다. 만성적이고 고통스러우며, 치료가 잘 되지 않는 정신증적 증상을 경험하던 대부분의 참여자들은 50분간의 회기를 견디고, 과제에 참여하며 개인적인 경험을 돌아볼 수 있었다.

우리는 참여자들이 http://www.actforpsychosis.com에서 다운로드할 수 있는 버스 승객 영상을 시청하고 회복을 위한 ACT 워크숍 원판에 포함된 개인 활동지에 개인적인 가치, 장애물, 목표, 전념 행동 계획을 기록하게 하였고(제2부 참조), 플립 차트에 핵심 사항을 적어 줌으로써 회기 내용을 보충하였다. 다과를 제공하고 편안하고 환영하는 분위기를 만들어 이후의 참석을 독려하였다.

급성기 상황에서는 퇴원율이 상대적으로 높아서 부스터 회기의 실현 가능성이 적다고 여겼기 때문에 추후 부스터 회기는 실시하지 않았다. 추가적으로, 우리의 경험에 따르면 환자들은 일정 기간이 지나면 병동과 관련된 힘든 기억 때문에 병동에 별로 돌아오고 싶어 하지 않았다.

워크숍에 병동 치료진 포함시키기

치료진 참여는 적합한 참여자를 식별하는 데 도움이 되었으며, 치료진은 환자들에게 일정을 알려주고 다른 일정이 워크숍과 겹치지 않도록 함으로써 출석을 독려하였다. 치료진 공동촉진자들(staff cofacilitators)은 다른 팀원들에게 워크숍이 폐쇄집단 형식이고 누가 참여해야 하는지를 알려 주었다. 간호사실이나 병동 일지에 워크숍에 참여하는 환자의 이름을 적어, 적합하지 않은 환자들이 참여하는 것을 막을 수 있었다. 우리는 치료진들의 지원이 참여율을 높이는 데 중요한 역할을 한다고 믿는다.

병동 치료진을 워크숍의 공동촉진자로 참여시키는 것은 공통의 인간성(common humanity)에 대한 개념을 장려하고 '그들'과 '우리'라는 인식의 차이를 줄이는 데 유용하다. 병동 팀의 다른 구성원들과 작업하면 워크숍 참여가 치료와 병원 입원 과정의 일부라는 메시지를 강화할 수 있다(Radcliffe & Smith, 2007). 따라서 우리는 병동 치료진들을 워크숍에 참여자나 공동촉진자로 참여하도록 초대하여, 워크숍에 대한 주인의식을 높였다. 특히 입원 환경에서 개인 및 단체 개입을 통해 다른 치료진을 지원하는 것이 적절하다고 여겨지며, 이 경우 심리적인 효과가 기관의 전체 이념으로까지 확대될 수 있다(McAndrew et al., 2014; Radcliffe & Smith, 2007).

많은 간호사와 작업치료사들은 워크숍을 공동 촉진하는 것에 관심을 표현했다. 처음에 치료진들은 워크숍에 참여자로 참석하고, 이후 우리는 그들에게 워크숍에서 주 촉진자와 함께 공동촉진자로 더 참여해 보도록 독려했다. 워크숍을 관찰하고 마무리한 이후, 치료진들에게 ACT에 대한 정보와 핵심 요소를 알려 주었다. 워크숍 전에, 치료진 공동촉진자와 주 촉진자 중 한 명을 만나 회기를 계획했다. 각 워크숍 이후 논의 및 지도감독이 제공되었다. 우리는 회복을 위한 ACT 워크숍에 기반하여 매뉴얼을 만들고, 각 회기는 이를 따라 진행되었다.

　병동 치료진 중 일부는 워크숍에 공동 촉진하는 것을 불안해했다. 계획하고 논의하는 회기가 필수적이었고, 일부 치료진은 준수할 매뉴얼이 포함되어 있고 공동 촉진을 가능케 한다는 것에 주목했다. 특히 일부 치료진은 자신의 평소 역할과 다르게 환자들과 더욱 치료적으로 접촉하도록 독려되고, 자신의 실무경험을 향상시키는 기술을 배웠기 때문에, 집단 개입에 참여하는 것을 즐거워했다. 집단 개입을 전달하는 데 치료진을 공동촉진자로 활용하는 것은 심리치료의 시행에 대한 전문성과 기술을 전파하는 유용한 훈련 모델로, 이는 결국 더 치료적인 병동 환경을 조성하는 데 도움이 될 수 있었다.

　우리는 모든 치료진을 초대하였으나, 그중 많은 사람이 업무 중에 자리를 비워야 해서 참여하기 어렵다고 하였고, 몇몇은 집단 심리치료를 경험하는 것에 관심이 없었다. 앞으로 해결해야 할 과제는 ACT 원칙을 더 포괄적인 병동 환경으로 통합하는 것이다. 어려운 내적 경험에 대해 비판단적으로 인식하는 것과 같은 ACT 원칙은 증상의 통제 및 감소를 강조하며 입원 환경을 주도하고 있는 의학적 모델과 상충될 수 있다. 이 원칙을 통합하는 핵심 요소는 병동에 기반한 교육 회기 그리고 모델링과의 협업을 통해 심리치료 기술을 공유하는 지속적인 치료진 교육이다.

워크숍 회기 내용 수정하기

　사람들은 위기 상황에서 가치 기반의 행동을 덜 하게 되기에(Mitchell & McArthur, 2013), 우리의 4회기 프로토콜은 회복을 위한 ACT 프로토콜보다 참여자들의 가치를 더 강조한다. 또한 이 환경에서 환자들과 라포를 쌓는 것이 어려울 수 있으므로, 회복 목표와 생활에서의 가치에 집중하는 것은 환자들에게 워크숍 참여에 대한 동기를 부여하고 그들을 더 많이 참여시킬 수 있다. 각 회기는 개인적인 가치를 중심으로 구성되어 있다. 예를 들어, 각 회기는 가치가 무엇인지, 개인적인 가치를 추구하는 데 방해가 되는 내적 및 외적 장애물이 무엇인지, 장애물을 작업하는 것에 대한 생각에 대해 살펴본다. 그리고 참여자들에게 한 주간 노력할 수 있는 가치 기반 목표를 설정하도록 요청한다. 이는 모든 회기에서 다시 검토되었다.

　회복을 위한 ACT 프로토콜에서 설명한 바와 같이, 개입은 주로 버스 승객 비유에 기초를 두었으며, 영상과 논의, 역할극의 방식으로 매 회기에서 다루어졌다. 비유는 일관적인 이야기 맥락으로 환자들이 개인적인 가치, 전념 행동, 장애물, 사고 융합, 마음챙김과 같은 문제들을 탐색하도록 했다. 참여자들은 회기에서의 비유를 시연해 보는 것이 특히 도움되었다고 보고하였다(Johns et al., 2015). 이전 연구가 급성기 입원 환자를 위한 마음챙김 기술의 실행 가능성, 수용성, 가치를 검증하였으므로(Jacobsen et al., 2011), 우리는 이러한 경험적인 활동을 포함하는 것에 관심이 있었다. 권고대로 매뉴얼의 구체적인 활동을 골라 5분가량으로 단축하였고(〈표 3-1〉 참조), 회기에서 더 많이 언어적으로 안내하고 토론하는 등 치료자가 더 많은 도움을 제공하였다.

　각 회기는 다음과 같은 형식을 따른다.

1. 가치를 확인하는 활동(가치 카드 분류 활동; Harris, 2014)
2. 가치에 대한 장애물 활동
3. 버스 승객 비유
4. 원치 않는 경험에 머물며 가치를 추구할 수 있도록 하는 마음챙김 연습 소개. 이러한 연습은 탈융합 또는 수용을 촉진하며, 3분 호흡 공간법, 나뭇잎 명상, 타인의 가치 알아차리기, 폴더 밀치기 비유를 사용한 기꺼이 경험하기의 개념, 마음챙김 케이크 먹기를 포함한다.
5. 이전 회기에서 전념 행동에 대한 논의
6. 회기 간 전념 행동 설정하기(〈표 3-1〉 참조)

　참여자들은 회기 사이에 마칠 수 있는 의미 있고 관련 있는 전념 행동을 설정하기가 정말 어렵다는 것을 알게 되었다. 이는 급성기 입원 환경에서 특정한 목표를 추구할 수 있는 기회가 제한적이기 때문인 것으로 보인다. 예를 들어, 수많은 환자가

표 3-1 급성기 입원 환경에서 회복을 위한 ACT 워크숍 회기 내용

회기	내용 요약
1	• 소개와 기본 원칙으로 시작하기 • 플립 차트, 가치 카드 분류 활동(Harris, 2014), 버스 승객 영상, 활동지를 사용해서 가치, 장애물, 전념 행동의 핵심 개념을 소개하기 • 3분 호흡 공간법을 사용해 마음챙김 개념을 소개하기 • 참여자들이 개인적인 가치를 확인하도록 돕고, 일치하는 전념 행동을 한 주 동안 완료하도록 설정하기
2	• 소개와 기본 원칙을 되새기며 시작하기 • 버스 승객 비유를 사용하여 핵심 개념(가치, 장애물, 전념 행동)을 다시 살펴보기 • 마음챙김 연습(나뭇잎 명상)을 5분으로 줄이고, 원치 않는 심리적 현상과의 투쟁을 설명하는 데 사용하기 • 참여자들이 전념 행동을 막는 자신의 장애물 혹은 '승객'을 확인하도록 돕기 • 병동 환경에서 자신에게 더 도움이 되는 가치를 작업하는 전념 행동 계획을 다시 살펴보기(예를 들어, 우정 또는 도움) • 참여자들이 작은 전념 행동을 하는 것을 지지하기
3	• 소개와 기본 원칙을 되새기며 시작하기 • 5분 동안 다른 사람의 가치를 알아차리는 연습을 수행하기 • 폴더 밀치기 연습(5분)을 사용해 기꺼이 경험하기의 개념(몰두되지 않으면서 알아차리기)을 소개하기 • 승객들에게 반응하는 다른 방법을 연습하기 위해 버스 승객을 시연하기 • 전념 계획을 다시 검토하기
4	• 소개와 기본 원칙을 되새기며 시작하기 • 5분간 마음챙김 케이크 먹기 활동을 해 보기 • 가치, 목표, 내적 및 외적 장애물, 전념 행동 계획을 다시 정리해 보기

자신의 가치로 '교육'을 꼽았지만, 그들은 병원 환경이 이 가치에 맞게 전념할 수 있는 의미 있는 행동을 제한한다고 느꼈다.

이러한 상황을 다루기 위해 우리는 참여자들에게 병동 환경에서 자신에게 더 잘 적용할 수 있는 가치에 집중하도록 독려하였다(예를 들어, 우정 또는 도움). 이러한 '삶이 당신에게 레몬을 준다면 레모네이드를 만들라.[2]' 접근법은 병동 환경에서 심

리적 유연성 기술을 촉진한다. 우리는 이것이 ACT와 일치하는 접근이라고 생각하는데, 즉 참여자들에게 그들이 되길 바라는 상황이 아니라, 그들이 처한 상황에서 몰두하도록 독려하는 것(수용)이다. 물론 우리는 이를 체념보다 적극적인 수용의 정신으로, 워크숍에서 제시된 기술을 실천하기 위해 한 것이었다.

참여자들이 사소한 전념 행동을 하도록 지원하면서, 우리는 종종 병동의 평소 일과를 이야기하며 가치에 따라 행동할 수 있는 기회를 확인하고자 했다. 예를 들어, 회진이나 식사시간은 종종 자신의 욕구를 표현하거나 다른 사람과 우정을 쌓는 것을 연습하는 유용한 시간이다. 전념 행동을 설정하고 추구할 때 환자와 워크숍 촉진자 모두에게 상당한 수준의 창의성(creativity)이 필요하다. 안타깝게도 워크숍이 끝난 후 우리는 개별 집단원의 전념 행동 계획을 추적하기 어려웠고, 이 작업의 장기적 결과를 알 수 없었다.

워크숍의 결과

우리는 환자들 대부분이 정신증을 경험한 두 개의 단기 입원 정신건강의학과 남자 병동에서 다섯 번의 워크숍을 진행했다. 우리는 30명의 참여자를 모집하였고, 이들은 워크숍 중 하나에서 최소한 첫 회기에는 참여하였다. 참여자들의 평균 연령은 40.4세였고, 평균적으로 6.9년간 정신건강서비스를 받았으며, 과거 평균 입원 수는 2.6회였다. 절반 이하(46.7%)가 흑인 혹은 흑인계 영국인이었고, 43.4%가 백인 혹은 백인계 영국인, 그리고 10%가 아시아인 혹은 아시아계 영국인이었으며, 이는 지역사회 인구비율을 잘 나타낸다. 참여자들 중 다수(63%)가 비자의로 입원하였다. 77%가 조현병 스펙트럼 진단을 받았으며, 7%가 정서적으로 불안정한 성격

---

2) 역주: 인생의 역경을 기회로 삼으라는 뜻을 가지고 있음.

장애, 7%가 비정신증적 장애, 3%가 중복 진단 등을 받았으며, 3%는 알코올로 인한 정신 및 행동장애, 3%는 달리 분류되지 않는 정신장애로 진단받았다(World Health Organization, 1993).

우리는 워크숍 참여자들에게 첫 회기 전과 마지막 회기 이후 네 가지 결과 측정 치를 완료해 달라고 요청하였다. 추가적으로, 회기 내에서의 변화를 측정하기 위해 매 회기 전후로 스트레스 및 증상 간섭(융합) 측정치를 실시하였다. 이 측정치는 산 발적으로 한 회기 내지 두 회기에만 참여하는 경우가 많은 입원 장면에서는 사전 및 사후 측정치를 실시하는 것보다 더 유용한 정보가 될 수 있다(Jacobsen et al., 2011). 4회기가 마무리될 때, 참여자들은 피드백 질문지를 완료했고, 치료진 공동촉진자는 질적 면담을 마쳤다.

각 회기 참여자의 중앙치는 5명으로, 참여자들은 후반부 회기에 비해 초반부에 더 많이 참여하여, 탈락률은 26.7%였다. 각 참여자들은 평균 3.3회기를 완료하였 고, 이는 평균 83%의 참여율을 보인 정신증을 위한 ACT 연구와 유사하다(Bach & Hayes, 2002). 더 중요한 것은 모든 참여자가 워크숍을 즐겼고 이것을 추천한다고 말 한 점이다. 대다수(90%)가 워크숍이 유익하였고 비슷한 집단에 다시 참여하고 싶다 고 보고하였다. 많은 이들(74%)이 워크숍에 참여한 후 자신의 문제를 더 잘 다룰 수 있을 것 같다고 하였고, 30%만이 다른 사람 앞에서 문제를 이야기하는 것이 어려웠 다고 보고하였다. 그러나 79%는 같은 어려움을 가지고 있는 다른 집단원을 만나는 것이 유익하였다고 느꼈다. 다른 연구와 일치하게 버스 승객 비유와 개인적인 가치 는 대부분의 사람들이 받아들일 수 있는 개념으로 보인다(Johns et al., 2015).

결과는 급성기 입원 환경에서 ACT 워크숍을 진행하는 것이 잠재적으로 유익한 것으로 나타나 고무적이었다. 우리는 회기 내에서 스트레스와 증상 간섭의 변화 를 스트레스 방울 척도(Jacobsen et al., 2011)를 이용해 평가하였는데, 이는 전혀 스 트레스/간섭 없음(점수=0)부터 매우 스트레스/간섭이 심함(점수=5)까지로 측정되 는 여섯 개의 방울로 점진적으로 방울 크기가 커지며, 시각적 아날로그 척도(visual analogue scale)이다. 네 번의 회기 각각에서 스트레스와 증상 간섭 모두 유의하게 줄어든 것은 한 회기만 참여하는 것도 유용하다는 것을 강조한다. 이는 특히 환자 대다수가 한 회기 내지 두 회기만 참여하게 되는 예측 불가능한 병동 환경에서 적절하다.

다양한 결과 측정치의 점수는 자기효능감, 일반적인 심리적 고통, 마음챙김 기술, 가치 있는 삶 면에서의 개선을 시사한다. 측정치 중 두 가지는 일상적인 임상적 결과 평가(Clinical Outcome in Routine Evaluation: CORE-10; Barkham et al., 2013)와 Southampton 마음챙김 질문지(Southampton Mindfulness Questionnaire: SMQ; Chadwick et al., 2008)로, 기저선과 개입 후에 참여자들의 일반적인 심리적 고통이 유의하게 감소하였고, 마음챙김 반응은 유의하게 향상되었다. 이는 워크숍의 목표인 ACT 기술을 개발하는 데 성공적임을 시사한다. 통계적으로 유의한 수준은 아니었으나 가치 질문지(Valuing Questionnaire; Smout, Davies, Burns, & Christie, 2014)의 점수가 증가하였는데, 이는 참여자들이 워크숍 이후 더 개인적인 가치에 맞게 살게 되었음을 나타낸다. 그러나 임상가의 관점에서 볼 때, 결과가 유의하지 않았던 것은 앞서 기술한 것처럼 입원 장면에서 회기 사이에 그들이 완료할 만한 의미 있고 연관된 전념 행동을 설정하도록 내담자를 돕는 것이 어려웠던 점을 반영하는 것일 수 있다.

워크숍 운영 경험: 공동촉진자 피드백

우리는 새롭게 나타날 수 있는 주제를 확인하기 위해 촉진자 역할을 한 치료진들의 인터뷰를 분석하였다. 실무적인 어려움과 관련된 주제 중에는 필요한 시간에 사용할 수 있는 충분히 큰 프로그램실을 찾는 것과 같이 워크숍 환경을 만들고 운영하는 것이 포함되었다. 다른 핵심적인 실무적 문제는 한 촉진자가 강조하였던 것으로, 서비스 이용자들의 높은 회전율의 영향에 대한 것이다.

환자는 병동을 빨리 옮기는 경향이 있는데, 그러면 2주의 개입 과정 동안 일부는 퇴원하게 된다는 것이고 결국 마지막 회기를 놓치게 된다는 것이죠.

다른 문제는 부적합한 환자를 어떻게 관리하느냐이다. 예를 들어, 참여자가 회기마다 보이는 모습이 상이할 수 있고, 이는 다른 집단원들에게 지장을 줄 수 있다. 또한 폐쇄 집단 형식의 워크숍을 이해하지 못하는 병동 치료진이 있을 경우 혼란이 야기될 수 있는데, 가령 회기가 시작된 지 한참 지나 환자를 보내거나 심지어는 이전 회기에 참여하지 않았는데도 환자를 보낸 적도 있었다. 다음의 피드백은 이런 어려움을 강조한다.

> 치료진들은 보통 집단 심리치료에 환자들이 들락날락하는 것에 익숙하고, 교대 근무와 임시직원들이 많아 모든 치료진이 워크숍의 형식을 인식하도록 하는 게 어려웠어요.

이러한 다양한 실무적 문제 외에도, 다른 주제는 회기 경과에 따라 참여자들이 더 안정적이고 정상적인 것처럼 보이는 것을 포함해 워크숍이 환자의 즐거움과 안녕감에 긍정적인 영향을 주는 것에 대한 치료진의 지각이었다. 이것과 관련해 치료진들은 회기 내용에 대한 명백한 접근성에 주목하였다. 예를 들어, 많은 사람들이 상호작용적인 비유, 영상 자료, 가치에의 집중이 대부분의 서비스 이용자와 관련이 있고 이해할 수 있는 것이라고 느꼈다.

> 워크숍을 하는 동안 그들의 의견(input)과 반영에서 증명되듯, ACT 원리에 대해 환자들이 성공적으로 이해한 것으로 보입니다.

마지막으로, 많은 치료진이 그들이 ACT 워크숍에 참여하는 것이 자신의 실무에 어떤 영향을 주는지 피드백했다. 예를 들어, 공동 촉진 작업 이후 몇 명은 자신의 개인적인 일에 가치와 같은 개념을 포함시키기 시작했다.

> 병동 치료진들로부터 참여자들이 워크숍을 즐기고 있다고 피드백 받았고, 치료

진들이 특히 일부 환자가 특정 주제나 고정된 하나의 대상을 반추할 때, 그들을 추적하고 의사소통하는 방식으로 같은 언어를 사용할 수 있도록, 몇 가지 핵심 비유 (예를 들어, 당신의 버스 운전하기와 그에 대한 장애물)를 치료진들과 함께 이야기 하였습니다. 이 방식은 병동의 치료적 접근에 영향을 주었다고 생각합니다. 그래요, 저는 확실히 제 개인 치료에서도 ACT 기법을 더 많이 사용하기 시작했습니다.

요약

이 장은 단기의 급성기 정신건강의학과 입원 병동의 특성과 이러한 환경에서 심리치료를 제공하는 것의 중요성에 대한 현 상황을 개괄하였다. 개입을 적절히 수정할 수 있어도, 이를 시행하는 것은 어려울 수 있다. 우리는 병동에 있는 환자들이 수용할 수 있고 도움이 된다고 여기는 회복을 위한 ACT 워크숍을 촉진하는 것은 실현 가능하다는 것을 발견했다. 이 장에서 우리는 성공과 어려움에 대해 공유하였다. 마지막으로, 워크숍에서 병동에 더 다양한 시스템을 도입하고 심리적 유연성을 촉진하기 위해 입원 병동 치료진과 함께 작업하는 것의 중요성을 배웠다는 것을 강조하였다.

제**4**장

동료 지원 공동촉진자
정신건강 문제를 체험한 내담자의 곁에서 작업하기

이 장에서는 정신건강 문제를 체험했던 사람을 동료 지원 워크숍 공동촉진자로 참여시키는 사례에 대해 개괄한다. 여기서는 이 작업의 배경과 이론적 원리에 대해서 개괄하고, 효과적이고 회복 중심적으로 동료 지원가를 참여시키는 데 있어 필수적인 실제적 문제에 대해 논의한다. 우리는 이 작업에 정신건강 문제를 체험한 내담자를 참여시키면서 얻은 더 넓은 경험과 회복을 위한 ACT 연구에서 얻은 직접적인 경험 모두를 사용하였다(제1장에서 서술된 것처럼).

📇 동료 지원 역할의 배경

ACT 개입의 핵심은 참여자들이 정신증의 경험을 탐색하고, 삶에서 나아가기 위한 발판을 개발할 수 있는 공간을 만드는 것이다. 새로운 삶의 방식과 대안적인 관점 탐색을 포함하는 이러한 여정에는 안전한 환경이 필요하다. 고통스러운 정신증으로부터의 개인적 회복을 강조하는 것은 정신건강서비스의 필수적인 부분이 되었으며, 이러한 흐름의 상당 부분을 정신증을 경험하는 개인들이 이끌어 왔다.

역사적으로 전문가들은 서비스 이용자의 참여를 전문가가 제공하는 서비스를 수동적으로 받는 '환자'의 맥락 속에서 묘사해 왔다(Tait & Lester, 2005). 그러나 지난 20년간, 사람들이 정신건강서비스와 주류 사회에 집단적인 목소리를 내기 시작하면서 Mad Pride[1]와 같은 서비스-이용자-권리 운동, Hearing Voices Network[2]와 같은 단체가 성장하게 되었다. Eleanor Longden, Rufus May, Pat Deegan과 같은 사람들이 개인적인 여정을 공개적으로 밝힌 것뿐만 아니라 고통스러운 정신증을 경험하는 사람들의 권리를 강하게 옹호하면서, 긍정적인 회복의 이야기가 점점 더 눈에 띄기 시작했다. 이러한 흐름이 지속되면서, 사람들은 더 많은 치료 선택권을 소리 내어 요구하고, 정신건강서비스가 어떻게 설정되고 운영되고 있는지의 측면에서도 의미 있게 참여하기 시작했다. 강력한 정치적 주장에 더하여, 논문 개관 연구에서도 치료 과정에 서비스 이용자를 포함하는 것이 서비스 만족이나 회복 비율과 같은 결과에 광범위하고 긍정적인 영향을 줄 수 있음을 보여 주었다(Oliver, Hayward, McGuiness, & Strauss, 2013; Simpson & House, 2002). 또한 정신건강 서비스에서 동료 지원 역할이 입원 병상 수 감소, 정신건강 결과의 개선, 자기효능감과 자기 관리 기술 증진의 측면에서 긍정적인 이점이 있다는 증거들이 제시되고 있다(Bates, Kemp, & Isaac, 2008; Crepaz-Keay & Cyhlarova, 2012; Forchuk, Reynolds,

1) 역주: 정신건강서비스의 이용자, 이전에 이용했던 사람들, 정신장애가 있는 개인들이 '미친' 정체성에 대해 자랑스러워해야 한다는 대중 운동. 정신과 이력이 있는 사람들에 대한 편견에 반응하여, 1993년 캐나다 토론토의 파크데일에서 시작되었음. "Mad Pride-Wikipedia", Wikipedia. 2019년 4월 16일 수정, 2019년 7월 24일 접속, https://en.wikipedia.org/wiki/Mad_Pride.

2) 역주: (서구권에서 보통 환각이라고 하는) 목소리를 듣는 사람들, 이를 지지하는 가족과 활동가, 정신건강 임상가로 구성된 동료 중심의 단체. "Hearing Voices Network-Wikipedia", Wikipedia. 2019년 6월 30일 수정, 2019년 7월 24일 접속, https://en.wikipedia.org/wiki/Hearing _Voices_Network.

Sharkey, Martin, & Jensen, 2007; Lawn, Smith, & Hunter, 2008).

비록 정신건강 문제에 대한 대중들의 부정적인 태도가 최근 몇 년 사이에 확연히 바뀌었다고 하더라도, 여전히 개선해야 할 부분들이 많다. 수용-전념치료(ACT)의 창시자 중 한 명인 Steven Hayes는 다음과 같이 기술하였다.

> 정신증적 장애를 경험하는 사람들은 이 행성에서 가장 심하게 낙인찍힌 사람들 중 하나이다. 이들은 사회에서 자주 대상화되고, 인간성이 말살당한다. 이들의 특이한 경험과 행동은 자주 공포나 조소의 대상이 된다(Morris, Johns, & Oliver, 2013, p. xx).

의식이 변했음에도 불구하고, 정신증이 있는 사람들은 정신건강서비스, 형사행정법과 접촉하거나 치료를 위해 강제적으로 구금될 가능성이 훨씬 높다. 결과적으로, 정신건강서비스를 받는 개인들은 서비스의 구조에 대해서 서비스 제공자나 전문가들과는 다른 관점을 가지는 경우가 많다(Dimsdale, Klerman, & Shershow, 1979; Perkins, 2001). 따라서 서비스 이용자들은 정신건강서비스 체계로만 규정되지 않는 정체감을 개발시키기 위해서 열심히 노력하게 된다. 이는 '환자(patient)' '내담자(client)' '소비자(consumer)' '서비스 이용자(service user)' '경험에 의한 전문가(expert by experience)' '생존자(survivor)'와 같이 다양한 용어의 진화를 낳았다. '동료 지원가(peer supporter)'라는 상위 개념은 여러 가지 유형의 활동을 담고 있으며, 정신건강의 맥락에서는 지원이나 도움을 제공하는, 유사하거나 공통된 경험을 한 사람들을 지칭한다(Davidson, Bellamy, Guy, & Miller, 2012; Faulkner & Basset, 2012).

왜 동료 지원 공동촉진자를 활용하는가

ACT의 목표는 의미 있는 삶의 방향을 선택하고 전념하는 데 도움을 주기 위하여,

사람들이 가지고 있는 심리적 유연성 기술을 증진시키는 것이다. ACT 회복 워크숍의 가장 근간은 정신증이 있는 사람들이 이러한 일을 할 수 있게 준비하는 것이다. 회복에는 심리적 유연성의 증진과 의미 있는 삶의 방향을 설정하는 것뿐만 아니라, 희망, 권한 강화, 협력 관계(partnership)의 회복 원칙이 아주 중요하다. 이 워크숍은 사람들에게 회복의 여정을 촉진시킬 수 있는 잠재적인 선택지들을 제공할 것을 강조한다. 이 관점에서는, 경험에 의한 전문가가 작업의 중심에 있는 것이 당연하며, 참여자들은 심리적 유연성 기술을 적용함으로써 회복의 여정에서 장애물과 협상하며 이미 먼저 회복된 사람들과 만나고 배우는 기회를 가질 수 있게 된다. 또한 동료 지원 공동촉진자를 포함함으로써, 정신증에서 공통적으로 나타나는 심리적 과정과는 동떨어져 있는 전문적 지식은 강조하지 않고, 체험의 중요성을 인식하는 공간을 만들도록 도울 수 있다. ACT 모델은 인생의 '꼼짝할 수 없는 상태(stuckness)'를 만드는 과정이 전반적으로 적용될 수 있는 공통적인 인간의 경험이라는 점을 명시한다. 이는 제1장에서 언급한 두 개의 산 비유에 요약되어 있는데, 여기에서 내담자와 임상가는 각기 다른 산에 있으며, 공통적이지만 각기 다른 자신만의 투쟁을 직면하고 있는 것으로 묘사된다. 간단히 말하자면, 치료적 관계의 맥락에서 임상가는 내담자의 '꼼짝할 수 없는 상태'에 대한 독특한 관점을 가지고 있으며, 개인은 자신의 회복의 여정에 관한 대화에 이러한 관점을 가져와 유용하게 사용할 수 있다는 것이다.

이러한 모든 문제는 우리가 왜 회복을 위한 ACT 연구에서 동료 지원 공동촉진자를 꼭 포함해야 한다고 생각했는지를 보여 준다. 우리는 그들의 추가적인 관점이 이 워크숍을 강화하고 증진시키기를 바랐다. 이전의 워크숍에서 참여자들은 먼저 회복의 길을 앞장선 사람들의 경험과 지식에서 많은 것을 얻었으며, 이러한 결과에 매우 감사하다는 피드백을 주었다. 우리는 워크숍에서 참여자들이 경험을 편안하게 공유할 수 있는 분위기를 만들고자 했고, 동료 지원 공동촉진자가 이를 촉진할 수 있다고 믿었다. 또한 우리가 참여자들에게 훈련하기를 권한 기술과 연습을 사용해 보고, 특히 고통스러운 정신증의 맥락에서 이러한 것들이 어떻게 적용되는지를 체험해 본 동료 모델이 있다는 것 자체가 가치 있는 일이라고 느꼈다.

회복을 위한 ACT 연구의 모든 워크숍은 동료 지원 공동촉진자를 포함했는데, 모두 이전에 정신증이나 양극성 장애와 같은 심각한 정신건강상의 질병을 경험하고, 정신건강서비스를 이용해 본 적이 있는 사람들이었다. 우리는 지역 서비스 이용자 네트워크를 통해서 동료 지원자를 모집했고, 이들은 모두 서비스 이용 자문가로 일해 본 경험이 있었다. 이러한 자문 역할에는 치료진 모집, 서비스 계획, 훈련과 같은 여러 방면의 활동이 포함되었다. 비록 대다수의 자문가가 심리적 개입을 시행해 본 적이 별로 없었으나, 일부는 능숙한 훈련가이며 집단 촉진자인 경우도 있었다.

다음 부분에서 동료 지원 공동촉진자를 모집, 훈련하고 함께 작업했던 우리의 경험에서 우러나온 여러 가지의 관찰 결과와 권고사항에 대해서 개괄할 것이다(Great Britain Department of Health, 2006; Tait & Lester, 2005). 우리는 또한 공동촉진자가 되었던 경험, 공동촉진자들과 함께했던 경험을 위주로 개별 참여자들과 동료 지원가들이 제공한 피드백도 제시할 것이다.

관찰 결과와 권고사항

동료 지원가를 유용한 방식으로 참여시키려면, 동료 지원가들에게도 이 경험이 개인적으로 도움이 되고, 전반적인 집단 과정에도 이득이 될 수 있도록 꼼꼼하게 체계와 절차를 설정하는 것이 중요하다. 회복 중심과 효과성이라는 이중 원칙이 이 작업의 핵심이다(Oliver et al., 2013). 효과적인 동료 지원 프로그램을 위해서는 포괄적인 지지 체계를 설정하는 것이 필수적이다. 이러한 지지 체계를 통해 동료 지원가들은 주어진 과제를 완수할 수 있다. 다음에 우리가 경험에서 관찰 결과와 권고사항들을 제시할 것이다.

선발
역할을 맡을 만한 기술과 경험이 있는 동료 지원가를 선택하는 것이 중요하므로 꼼꼼한 선발 과정이 필요하다. 우리는 지역 동료 지원가 정신건강 네트워크를 통해서 모집하는 비공식적인 선발 과정을 추천한다. 경험 있는 공동촉진자와 작업하고, 훈련과 지지가 제공될 것이라는 점을 알리면서, 워크숍의 특징에 대해서 명확하게 공고하는 것이 중요하다.

워크숍에서 필요한 사항에 대해서 이야기하고, 지원자의 경험 수준이나 집단을 촉진하는 데 얼마나 익숙한지를 평가하기 위한 짧은 면접을 추천한다. 이 면접은 지원자들에게 성공적으로 참여하기 위해서 추가적인 지원이 필요한지를 물어볼 수 있는 기회이기도 하다. 또한 면접을 통해 전념의 특징에 대해서 논의하고, 후보자가 모든 훈련과 지도감독, 워크숍 회기에 참석하고 준비할 수 있는지를 확실히 할 수 있다. 여러분이 모집하는 것은 공동촉진가뿐만 아니라, 불편하지 않다면 자신의 체험을 공개할 수 있는 역할을 하는 '경험에 의한 전문가'로서의 동료 지원가라는 것을 명확히 하는 것이 좋다.

지원자들이 지도감독하에 본 워크숍을 공동 촉진하도록 훈련받는다고 하더라도, 이 훈련에서 공식적이거나 실제적인 자격증을 주지는 않으므로, 지원자들이 이후에 상담이나 치료 서비스를 제공할 수는 없다는 점을 강조하는 것이 좋다.

수당

수당은 중요한 문제이다. 이는 동료 지원가가 중요한 기여를 제공한다는 점을 반영한다. 게다가, 수당은 여러분이 높은 수준의 참여와 개입을 요구한다는 기대를 암묵적으로 보여 주기도 한다. 이러한 이유로, 우리는 가능하다면, 동료 지원가들이 워크숍을 촉진하는 것, 지도감독을 받는 것, 워크숍을 위해 준비하는 것에 대해 보상을 제공하기를 권한다. 교통비는 반드시 포함한다. 어떤 동료 지원가들은 정부에서 보조금을 받을 수도 있으므로, 수입의 상한선을 넘지 않도록 수당을 꼼꼼히 살펴야 한다. 이 경우에는, 동료 지원가에게 봉사활동으로 참여하게 하는 것이 더 유용할 수 있다.

훈련

동료 지원가들은 ACT 모델, 매뉴얼 시행, 워크숍 촉진과 관련된 문제에 대해서 상당한 수준의 훈련이 필요할 것이다. 회복을 위한 ACT 연구에서, 수용과 마음챙김을 이미 경험해 본 몇몇 동료 지원가도 있던 반면, 이 접근 자체에 대해 초심자인 경우도 있었다. 이러한 이유로 우리는 워크숍 프로그램 안에서 시행하는 일일 훈련 회기를 개발했는데(제5장에서 더 논의됨), 초반부에는 부분적으로나마 경험을 통해 각 회기의 핵심적인 연습을 훑는다. 훈련의 후반부에는 동료 지원가들을 작은 집단으로 나누어 연습을 촉진하도록 격려하고, 지도자가 피드백을 제공한다. 필요시 지도자가 참여자에게 개별적인 훈련을 제공하기 위해 훈련 회기의 참여자 수는 10명 이내로 제한한다. 훈련 회기에는 연구에 참여할 다른 정신건강 전문가들도 참여하였는데, 이후에 동료 지원가들은 이러한 조합이 더 큰 팀의 일부로서 포함되었다는 느낌을 주었다고 이야기하였다.

훈련에서는 워크숍에서 동료 지원 공동촉진자의 역할에 대해 논의하였는데, 동료 지원가가 워크숍을 이끈다기보다는, ACT에 경험이 있는 건강 전문가와 함께 작업하게 된다는 것을 강조하였다. 우리는 또한 동료 지원가들에게 훈련 매뉴얼과 워크숍의 전반적인 구조에 대해 소개하였다. 공동 촉진에 필요한 자세, 즉 개방적이고, 지지적이고, 비직면적인 자세를 개발하는 데 도움이 되는 실용적인 팁이 제공되었다. 격양된 감정 표현이나 논쟁처럼 워크숍에서 발생할 수 있는 까다로운 상황을 어떻게 다룰지에 대해서도 이야기하였다. 비록 이러한 경우가 드물더라도, 우리는 동료 지원가들이 걱정을 잘 다룰 수 있다고 느끼기를 원하였고, 사건이 발생했을 때 이를 다룰 수 있는 준비가 되길 바랐다.

지도감독

지도감독(supervision)은 어떤 동료 지원 작업에서든 필수적인 부분이며, 정서적으로 부담이 될 수 있고 복잡한 작업에 특히 더 필요하다. 포괄적인 종합 훈련 프로그램에 더하여, 프로그램을 진행하는 동안 모든 동료 지원가에게 주 1회의 집단 지도감독 회기를 제공하는 것을 추천한다(자세한 사항은 제6장 참조). 여기서 내용과 과정에 대한 고려사항을 다루는데, 특정한 활동의 촉진과 관련된 실용적인 조언을 제공하고, 필요하다면 연습할 시간도 준다.

회복을 위한 ACT 연구에서, 동료 지원가들은 이 역할이 매우 흥미롭지만, 촉진 역할과 관련된 불안이나 워크숍에서 능숙하게 참여하지 못할 것 같다는 느낌과 같은 스트레스 요인이 있다는 것을 알고 있다. 지도감독 집단은 이러한 문제를 다루고, 타당화하며 정상화할 수 있는 공간이 되었다.

이에 더하여, 동료 지원가들이 스스로를 돌보고, 자신의 정신건강과 관련된 욕구에 잘 반응하는 것이 중요함을 강조해야 한다. 개인적인 욕구에 잘 반응하기 위해서는, 프로그램을 진행하는 동안 나타날 수 있는 내밀한 걱정에 대해 논의할 개별적인 지도감독 회기를 제공하는 것이 유용하다. 몇몇 동료 지원가의 경우, 정신건강 문제가 역할 자체에 영향을 미치기도 한다. 이 경우에, 우리는 동료 지원가가 도움이 필요한지 결정하고, 필요하다면 어떻게 도움을 받을 수 있는지에 대해 알려 주었다. 이러한 일이 드물기는 하지만, 우리는 동료 지원가의 건강이 가장 우선적인 고려사항이라는 것을 확실히 하고 싶었다.

지도감독의 핵심은 정신건강 경험의 개방과 관련되어 있다. 워크숍 참여자들은 정신건강 문제를 체험한 동료 지원가들이 회기를 공동 촉진한다는 것을 알고는 있었지만, 그 이상의 정보는 제공되지 않았다. 우리는 자기개방을 얼마나 편하게 느끼는지, 그리고 그것이 집단에 도움이 될지를 고려하여 동료 지원가들이 개인적인 정보를 얼마나 공개할지를 스스로 정하도록 권하였다. 우리는 다른 모든 촉진자처럼, 동료 지원가들 또한 워크숍에서 하는 활동의 경험에 대해서 논의하도록 격려하였다.

유연성의 필요성

동료 지원가들이 그들의 능력을 최대한 살려서 촉진하도록 돕기 위해서는 유연한 태도를 유지하는 것이 중요하다. 이는 필요한 활동지나 매뉴얼을 인쇄하는 것(프린터 사용이 어려운 동료 지원가가 있을 수 있으므로)과 같이 실용적인 도움을 제공하는 것을 의미하며, 전화나 문자 메시지로 동료 지원가에게 지도감독 모임이나 워크숍 회기를 상기시켜 주는 것도 포함된다.

워크숍 회기에서는 동료 지원가가 집단을 이끄는 데 필요한 기술이나 자신감의 수준에 유연하게 반응하는 것이 도움이 된다. 예를 들어, 첫 번째 회기에서 동료 지원가들은 마음챙김 호흡연습과 같이 짧고 복잡하지 않은 연습을 진행하고, 주 촉진자가 연습 후에 질문을 하고, 자세나 반응에 대해 시범을 보여 줄 것이다. 자신감이 붙게 되면, 동료 지원가들이 더 복잡한 요소를 맡을 수 있다. 가능하다면, 동료 지원가들이 한 번 이상의 워크숍에 참여하여, 이후 워크숍에 대한 기술을 쌓도록 하는 것이 도움이 될 수 있다.

동료 지원 역할에 대한 피드백

치료에 동료 지원가를 포함하는 것은 추가적으로 지원자를 모집해야 하고, 지도 감독을 해야 했기 때문에, 전반적으로 회복을 위한 ACT 연구를 더 복잡하게 만들었다. 그러나 이는 의심할 여지 없이 우리가 제공하는 치료에 효과성과 자양분을 더해 주었다. 가장 중요한 것은, 동료 지원가를 포함함으로써 참여자들을 위한 모델의 타당성이 높아졌다는 것이었다. 참여자들은 정신건강 문제를 체험하고 ACT 모델을 이용했던 사람들의 말을 들으면서, 워크숍에서 더 빨리 편안함을 느낄 수 있었다. 실제로 연구 이후의 면담에서 한 참여자는 다음과 같이 말했다.

> 정신장애를 헤쳐 나간 경험이 있는 사람이 생각과 감정을 공유하려고 했다는 게 도움이 됐던 것 같아요. 이야기를 들으면서 우리가 비슷한 경험을 했다는 걸 알 수 있었고, 그 사람들을 더 믿을 수 있게 되었죠. 저도 더 많이 털어놓고 이야기할 수 있을 것 같았어요.

이는 참여자에게 동료 지원가의 존재가 고통과 같은 경험의 보편성을 인식하게 도와준다는 것을 보여 준다. 이것이 참여자들을 더 기꺼이 개방하게 만들고, 고통에 새롭고 더 유용한 방식으로 접근하게 만든 요인일 수 있다. 더 넓게는, 동료 지원가의 존재가 워크숍에서 협동과 협력의 유대를 강화시켰다. 이는 낙인찍히고 배제당하는 경험과의 투쟁을 줄이고자 하는 ACT의 모델에서 아주 중요하다. 앞의 이야기는 또한 참여자가 워크숍에서 더 안전하게 느꼈다는 것을 보여 주는데, 특히 치료 회기가 짧기에 참여자들이 관계를 돈독하게 할 만한 시간이 부족했다는 점에서 더 중요하다.

참여자들은 동료 지원가들이 워크숍에서 가르치는 기술을 실제로 시연하는 것을 보면서, 이러한 기술을 어떻게 적용할지를 현실적으로 이해할 수 있게 되었다고 말했다. 심각한 정신건강 문제나 정신증에 대한 직접적인 경험이 없다는 점에서 참여자들에게 권위가 느껴지지 않는 전문가가 시연하는 것보다 동료 지원가가 시범을 보이는 것이 더 영향력 있다. 결과적으로, 동료 지원가가 회복의 홍보대사로서 함께함으로써, 참여자들은 자신의 회복의 여정에서 더 많이 희망적인 느낌을 받을 수 있었다.

보호자를 위한 워크숍에서는, 참여자들이 동료 지원가들이 매우 도움이 되고 유익했다고 이야기했다. 보호자 참여자들은 긍정적인 변화가 생길 수 있고, 그들과 그들의 사랑하는 사람들이 비슷한 여정을 하는 중이라는 점에서 희망적이라고 하였다. 일례로 한 참여자는 다음과 같이 말했다.

> 도움이 됐어요. 사람들의 삶이 변화할 수 있고…… 우리가 그걸 함께 헤쳐 나갈 것이라는 데서 희망을 느꼈죠.

또한 동료 지원가들에게도 분명한 이점이 있었다. 워크숍이 끝난 이후에 진행된 면담에서 두 가지의 주요한 이점이 드러났다. 첫째, 동료 지원가들은 공동촉진자의 역할을 하면서 스스로를 다른 정신건강 전문가들과 동등한 존재로 인식했다. 이는 많은 동료 지원가에게 중요한 경험이었는데, 정신건강 문제와 관련하여 다른 사람들은 물론 스스로 찍은 낙인을 줄이는 데 도움이 되었기 때문이다. 다음에 나와 있는 두 동료 지원가의 소감이 이러한 지점을 보여 준다.

> 저의 자기상(self-image)이 바뀌었어요. 제가 저를 다르게 봐요. 제가 경험하고, 내재화했던 어떤 낙인들이 이제는 더 이상 전처럼 저에게 영향을 주지 않아요.

> 제가 전문가들과 진짜로 동등하다고 느낀 게 처음이었던 것 같아요. 그리고 이 경험은, 나쁘지 않았어요.

동료 지원가들은 전문가 공동촉진자들의 자기개방을 듣는 것이 도움이 되었다고도 하였다(제5장 참조). 두 참여자가 말한 것처럼, 이는 공동촉진자가 평등하다는 개념을 강화시켜 주었다.

> 다른 치료자를 보고, 다른 사람들도 문제가 있다는 것을 알고 놀랐던 기억이 나요. 왜 항상 이 분야에 있는 사람들이나 치료자들은, 완전히 괜찮고 고민이 하나도 없을 거라고 넘겨짚게 되잖아요. 그리고 그건(전문가 공동촉진자의 자기개방) 정말 눈이 확 트이는 경험이었고, 그 자체가 큰 도움이 됐어요.

> 저는 저랑 함께 일했던 치료자들이 자기의 취약한 부분을 기꺼이 내보이는 걸 보는 게, 정말로 흥미로웠어요. 치료자들이 스스로의 약한 부분을 기꺼이 보여 주는 것이 일반적인 치료 장면에서는 아주 드문 일이니까요.

주요하게 나타났던 또 다른 주제는 공동촉진자의 역할이 동료 지원가들의 회복의 여정 자체에도 유용했다는 것이었다. 많은 동료 지원가가 다른 사람을 가르치며 배우는 것의 이점과 이것이 이후에 어떻게 개인적으로 긍정적인 영향을 주었는지

에 대해서 이야기하였다. 공동촉진자의 역할이 치료를 증진시키면서도 동료 지원
가의 회복에도 중점을 둔다는 것이 중요했다. 한 동료 지원가는 이 과정에 대해 이
렇게 말했다.

이걸(동료 지원 역할) 통해서, 예전에 제가 외면했었던, 감정적인 것들을 다룰 수
있었어요. 예전이라면 맞닥뜨릴 엄두조차 못 냈을 걸 말이에요.

동료 지원에 대한 개인적인 기록

회복을 위한 ACT 워크숍을 공동 촉진했던 경험을 개인적인 관점에서 그려 내기 위
하여, 우리의 동료 지원 공동촉진자에게 자신의 경험에 대해 적어 주기를 부탁했다.

회복을 위한 ACT 연구에 참여하면서 자기 발견의 여정을 계속할 수 있었어요.
나를 서비스 이용자로만 국한하는 부정적인 이야기에서 탈융합할 수 있었죠. 점차
나의 자기상(맥락으로서의 자기)이 바뀌기 시작했어요. 나의 행동을 안내하고 신념
을 다져 주는 핵심 가치와 다시 연결되기 시작했죠. 나의 가치와 연결되면서 가치에
근거한 전념 행동을 하고, 맥락으로서의 자기를 확인하고 긍정할 수 있는 힘이 생
겼어요. 또 저는 내적으로, 혹은 외부의 단서와 사회적인 맥락에 영향을 받아서 기
능하는 심리적인 장애물(승객)을 기꺼이 받아들이게 됐어요. 결과적으로 저는 아주
최근까지도 너무 어렵게 느껴지고 떠안고 갈 수 없어 보였던 목표를 성취할 수 있
게 되었습니다.

저는 육각형 모델을 경험적이고, 철학적이며, 지적이고, 학술적인 방식으로 소화
했어요. 고통스러운 감정을 수용했고, 이 감정을 판단하거나 이 감정에 영향을 받지
않으려고 노력했어요. 과거에는 고통스러운 감정의 원인에서 자주 도망치곤 했죠
(경험 회피). 워크숍 지도감독 중에 제가 분노와 좌절을 분출했지만, 이에 따라 행
동하지 않기로 했던 적이 있었어요. 저는 가치가 안내하는 방향으로 저를 이끌었고,

그걸 따를 동기가 부여되었어요. 저는 지금 이 회고록을 쓰고 있고, 심리 서비스와 관련된 자원봉사를 시작할 예정이에요. 기꺼이 경험하지 못했더라면 가치가 안내하는 목표를 향해서 이만큼 나아가지 못했을 겁니다. 아직도 저는 직업이 없고 정부 보조금을 받을 정도로 상당한 어려움에 봉착해 있어요. 이제는 이것이 투쟁이나 짐이라기보다는 기회로 보여요. 저는 심리 서비스 기관에서 봉사활동을 할 수 있는지 알아보거나 제가 치료받았던 외래에서 자원봉사 담당자를 만나면서 적극적으로 일자리를 알아보고 있죠. 저는 이것이 제 회복의 여정을 설득력 있게 확인해 주고, 맥락으로서의 자기를 명확하게 보여 주는 예시라고 생각합니다.

저의 회복의 여정은 길고 힘들었습니다. 회복을 위한 ACT 워크숍을 공동 촉진하면서 그 여정을 계속해 나갈 수 있었어요. 저는 단순한 질문부터 시작했어요. 나는 왜 정신건강에 관심이 있는가? 단순한 답은 '너 자신을 알라.'였죠. 이 여정은 고전 철학의 질문에서 시작됐고, 제가 심리학 학위까지 따게 이끌었죠. 회복의 여정 중에 마주쳤던 가장 큰 장애물은 희망이었는데, 저의 절망을 받아들이면서 희망도 수용하게 되었어요. ACT의 용어로 표현하자면, 저는 제 '승객'을 인식하고 수용하였으며, 어느 정도는 그 승객들을 사랑하며 제 버스에 있게 내버려 두었습니다!

요약

회복을 위한 ACT 연구에 동료 지원가를 포함하는 것은 성공의 핵심 요소였다. 우리는 여러분이 고통스러운 정신증을 경험하는 사람들을 위한 치료에 ACT의 개념을 가져오면서 동료 지원의 관점을 포함할 방법을 찾기를 적극적으로 권한다. 이 과정은 항상 간단하지만은 않으며, 이 과정을 어떻게 해낼지는, 부분적으로는 공동 작업을 위해 만들어진 여러분의 근무환경과 체계에 달려 있을 것이다. 동료 지원가를 포함하게 되면 회복을 위한 ACT 워크숍의 구성과 시행이 복잡해질 것이고, 지도감독과 지원을 위한 시간이 추가적으로 필요할 것이다. 그러나 우리는 경험을 통해서 동료 지원가를 추가하는 것이 치료를 풍부하게 해 준다는 것을 배웠다.

실용적인 관점에서 보면, 우리는 동료 지원가를 치료에 어떻게 포함시킬지와 같은 작은 것부터 시작하기를 제안한다. 작은 단계에는 각 회기 후에 상세한 피드백을 받는 것이나 워크숍을 이미 완료한 사람들에게 어떻게 회기가 향상될 수 있을지에 관해 자문을 구하는 것들이 포함된다. 다른 선택지로는, 참여자들을 경험 있는 참여자로서 함께하게 할 뿐만 아니라 이전의 경험을 새로운 집단원들에게 베풀어 줄 수 있도록 미래의 워크숍에 다시 초청하는 방법이 있다. 이러한 모든 방법을 통해 동료 지원가들이 워크숍에서 제공해 줄 풍부한 경험과 지식에 접근할 수 있을 것이다.

마지막으로, 동료 지원 작업에서 회복 중심과 효과성이라는 이중 원칙을 기억하는 것이 중요하다. 이 작업은 동료 지원가의 회복 요구를 최우선으로 하면서 워크숍에도 의미 있게 기여해야 한다. 우리가 여기서 제안한 것들은 이러한 기준을 충족시키는 데 유용할 것이다.

제**5**장

성공적이고 효과적인 워크숍을 진행하기
훈련하기

이 장에서 우리는 회복을 위한 ACT 워크숍을 성공적이고 효율적으로 운영하는 몇 가지 측면을 기술할 것이다. 우리는 ACT 모델과 일치하는 방식으로 워크숍이 진행되었는지, 이 책에서 기술된 프로토콜을 따르는 방식으로 워크숍이 진행되었는지를 확실히 하기 위한 지원을 개발하는 방법에 초점을 맞출 것이다.

우리가 집단 운영에 대해 제시하는 아이디어와 조언은 ACT 워크숍을 진행하는 기술을 개발하려는 모든 사람에게 도움이 될 것이다. 우리는 또한 개인적인 회복을 지원하며 개방적이고(open), 자각하며(aware), 능동적인(active) 기술을 촉진시키는, 즉 ACT와 일치하게 관여되는 방식으로 워크숍을 이끌 수 있도록 촉진자를 훈련시키는 방법을 개괄하고 이에 대한 팁을 제공한다. 이에 더하여, 우리는 워크숍에서 정신건강 문제를 체험한 사람들을 공동촉진자로 훈련시키는 방법을 기술한다.

훈련하기

우리는 다양한 배경의 독자들이 수용전념치료를 배우기 위해 이 매뉴얼을 읽는다는 것을 알고 있다. 아마도 어떤 이들에게는 ACT 모델이 매우 익숙할 것이고, 이 접근이 정신증에서 회복하는 사람들의 요구에 따라 어떻게 수정되었는지에 더 관심이 있을 것이다. 또한 일부는 ACT 모델이나 심리적 유연성 기술이 집단 장면에서 어떻게 교육되고 촉진되는지에 대한 지식이 제한적일 것이다. 일부 독자들은 집단 운영에 매우 익숙할 수 있지만, 일부에게는 이것이 새로운 경험일 것이다!

ACT 기법을 촉진하는 집단 경험을 형성하기 위해, 우리는 워크숍 치료자를 훈련시키는 데 시간을 투자하는 것이 필수적이라는 것을 알게 되었다. 스포츠 팀이 게임 전에 연습을 통해 이득을 얻는 것처럼, ACT를 사용해서 워크숍을 운영하기 전에 공동촉진자와 협력할 만한 가장 좋은 방법을 준비하고 발견하는 것 또한 필요하다. 다음 부분에서, 우리는 워크숍 공동촉진자들이 ACT를 잘 진행할 수 있도록 지원하는 훈련 환경을 어떻게 만들 수 있는지를 기술한다.

워크숍 촉진자 훈련과 관련된 우리의 경험

회복을 위한 ACT 연구는 다년간에 걸친 작업의 산물이다. Joseph Oliver와 Eric Morris(저자 중 두 명)는 워크숍의 효능을 평가하기 위한 인생의 ACT 연구와 회복을 위한 ACT 연구가 수행되기 몇 년 전부터 정신증 조기 개입 서비스 장면에서 워크숍을 시작했다. 우리는 조기 개입 서비스와 더불어, 권위적인 대상을 믿지 못하며, 교육 수준이 낮은 젊은 사람들을 위한 재미있고 매력적인 워크숍을 만들고자 했다. 이 젊은 사람들과 함께하며 우리는 **정말 허접하지 않은**, 즉 교사 유형 사람들(teacher-type-figure)이 참여자들에게 뭘 배워야 하는지에 대해 긴 시간 동안 이야기하거나 참여자들에게 '너희가 문제다'라는 식의 암묵적인 메시지를 주지 않는 방식의 ACT

를 배울 수 있었다. 우리가 함께 작업한 젊은 사람들에게는 허접한 워크숍을 하지 않는 것이 특별히 중요했는데, 특히 그들이 침투적 사고 혹은 목소리를 많이 들었거나, 그런 것들 때문에 워크숍에 올 기력도 다 빠졌을 때 그랬다.

이러한 경험을 통해 우리는 **모난 부분을 다듬고** ACT 워크숍을 운영하는 법을 배울 수 있었다. 이 말은 고통스러운 정신증이 있는 젊은 사람들의 관심을 유지하기 위해서는 재미있고, 접근 가능하며, 전문 용어를 사용하지 않는 방식으로 ACT를 소개해야 했다는 것이다. 이는 또한 우리가 심리적 모델을 더 적극적으로 만드는 방법을 찾을 필요가 있다는 것을 의미했다. 이를테면, 시연을 통해 비유를 생생하게 만들고, 그림과 삽화를 사용하고, 더 간략하게 만들고, 마음챙김과 알아차리기 연습에 집중하는 것 등이다. 이러한 고려사항은 오랜 기간 동안 정신건강서비스에 접근해왔던 사람들을 위해 워크숍을 시작했을 때도 똑같이 중요했다(예를 들어, 회복 서비스와 사회적 포용 정책에 관여하는 사람들). 많은 참여자들도 이렇듯 ACT 모델을 보다 더 적극적이고 현실적으로 제시하는 방법에 공감했던 것으로 보인다.

워크숍이 어떻게 운영되어야 하는지에 대해서 우리는 동의하였고, 조기 개입 서비스에서의 워크숍 경험을 공유해 왔지만, 워크숍을 운영하는 방법을 사람들에게 가르칠 때 이러한 아이디어를 전달하는 것이 어렵다는 것을 깨달았다. 우리가 근무하는 환경에서 다른 정신건강 전문가와 함께 일을 할 때, 우리가 ACT 모델에 가장 익숙한 사람들이었고, 비록 우리 동료들이 마음챙김 연습을 경험했을지라도, 그들에게는 이러한 기술과 ACT의 다른 요소를 결합하는 것이 어렵다는 것이 명백히 드러났다. 다른 사람들을 어떻게 교육할 것인지를 생각해 내는 것이 매우 난관이었다.

우리는 동료들이 우리처럼 ACT를 배우는 데 노력을 들이지 않고도 워크숍을 운영하는 것을 교육할 방법을 찾아야 했다. 그러지 못했다면, 우리는 워크숍 프로토콜을 공유하고, 정신건강서비스 장면에서 유용한 규모로 실시하기 어려웠을 것이다! 그 방법을 찾아냄에 따라, 결국 우리가 워크숍에서 공동 촉진하는 다른 전문가와 함께 인생의 ACT 연구(제1장에서 설명함)를 수행할 수 있게 되었다.

회복을 위한 ACT 연구에서, 우리는 다음과 같은 새로운 도전에 직면하게 되었다.

경험에 의한 전문가들(동료 지원 촉진자)[1]이 ACT 모델과 프로토콜을 배울 수 있도록 우리가 어떻게 도울 수 있을까? 정신건강 문제를 체험한 사람들은 이전에는 치료 집단을 운영해 본 적이 없었다. 또 우리가 맞닥뜨려야 했던 추가적인 난관은 우리가 동료 지원 촉진자들이 개인적인 회복의 여정에서 얻은 그들의 전문성을 워크숍 경험을 향상시키는 데 사용하고 싶었다는 점이었다. 그리하여 우리는 그들이 단지 ACT 워크숍의 치료자가 되기만을 원하지는 않았다. 우리는 동료 지원 촉진자가 체험에서 얻은 **진정성**을 가져오고, 개인적인 회복에 대한 신뢰성을 더해 주기를 바랐다. 그들이 우리가 회복 일치 모델이라고 믿는 ACT와의 접점을 찾았기를 바란다.

ACT 워크숍을 통해 회복 지향의 실무를 촉진하기

이 장에서 우리는 일반적으로 워크숍 촉진자를 어떻게 훈련하는지에 대해 기술하며, 치료 집단에 대한 훈련을 받지 못했던 동료 지원 촉진자에게 추가적인 기술을 가르치는 방법에 대해 논의한다. 또한 우리는 그들이 워크숍을 준비하고 이끄는 것과 동시에, 동료 지원 촉진자에 대한 지원과 지도감독의 필요성에 대해서도 고려한다(이 중 일부는 제4장에서 논의됨).

제1장에서 언급한 바 있듯이, 우리는 ACT가 회복 원칙과 일치하는 치료를 하기 위한 근거 기반의 기술을 제공할 수 있다고 믿는다. 개인적인 회복을 지원하는 것은 목적과 의미가 있는 삶을 추구하는 것에 대해 개방적이고, 자각하며, 능동적인 접근

---

1) 우리는 건강 전문가 또한 경험에 의한 전문가가 될 수 있다는 것을 인정한다. 우리 동료들 중 일부는 심각한 정신장애를 경험한 사람이며, 이러한 관점을 그들의 임상적 작업에 적용하였다. 이 장에서 우리는 '경험 전문가' '동료 지원 촉진자'라는 말을 건강 전문가의 주요한 역할을 수행하는 것이 아니라 집단 참여의 동료로 기능하는 워크숍 촉진자를 가리키는 데 사용할 것이다. ACT 워크숍을 이끄는 어떤 건강 전문가들 또한 체험에서 얻은 관점을 보유할 수도 있다.

을 강화시켜 주는 방식으로 워크숍 참여자들과 상호작용하는 것을 수반한다. 이는 사람들이 자신에게 중요한 것에 대해 각기 다른 선택을 하게 된다는 개인적인 회복의 과정을 지원한다는 것을 의미한다.

회복 원리에 덜 친숙한 임상가에게는, ACT 모델을 사용하고 스스로의 삶에 적용해 보는 경험이 개인적인 회복이 어떻게 이루어지는지에 대한 감각을 기르는 방법이 된다. ACT 모델을 사용함으로써 개인적인 의미와 목적을 추구한다는 보편성의 감각을 얻게 되고, 이는 ACT를 단순한 치료 모형이 아니라 안녕과 번영을 성취할 수 있는 접근으로 확장하여 이해하는 기회가 될 것이다.

촉진자로서 정신건강 전문가를 훈련시키기

회복을 위한 ACT 워크숍을 운영하기 위해 정신건강 전문가를 어떻게 준비시켜야할까? 영국 국립 보건 서비스 현장에서 우리는 심리학자, 작업치료사, 사회복지사, 정신건강 간호사를 포함하여 다양한 전문가 촉진 워크숍을 하였다. 프로토콜을 다른 나라에서 사용했을 때는 입원 병동의 정신건강의학과 의사와 병동 치료진이 워크숍을 이끌었다.

정신건강 전문가들 중, 특히 이전에 ACT를 접해 본 적이 없는 경우 처음 ACT를 접할 때 어려워하기도 한다. 이는 ACT가 건강과 기능에 대한 장애 기반 모델에서 벗어나 있기 때문이다. 정신건강 케어의 의학적 모델이 환원주의적이라고 자주 비판을 받음에도 불구하고, 현장에서 많은 건강 전문가들은 여전히 장애에 대한 환원적 사고를 가진 채 일을 하는데, 어떤 식으로든 내담자들이 망가졌다거나 결함이 있다고 가정하는 것이다. 진정으로 회복과 일치되는 방식으로 작업한다는 것은 사람에 대한 전체적인 관점과 개인적인 의미의 선택과 추구에 대한 존중이 있다는 것이며, 이는 많은 건강 전문가들에게 색다른 경험이 될 수 있다. ACT 모델은 어떤 사람들에게 가치 기반의 행동을 통해 더 큰 삶의 의미와 목적을 촉진시키는 방법이 다를 수 있다는 것에 초점을 맞추며, 특히 증상의 영향을 제거하거나 제한시키기를 추구하는 것에 초점을 맞추는 일반적인 정신건강 관점과 비교할 때 더욱 그렇다.

그러므로 정신건강 전문가들에게 경험을 적극적으로 수용하는 방식으로 반응하도록 권장하는 것은 이를 약화시키는 방법을 찾게 하는 것보다 더 어려울 수 있다. 우리는 사람들이 정신건강 문제에 대해 체념하라고 말하는 건 아니다. 만일 누군가에게 장기적으로 덜 고통스럽게, 혹은 장애를 덜 겪도록 돕는 실용적인 방법이 있다면 이것은 추천되어야 할 것이다. 그러나 우리는 부정적인 감정이나 각성 수준을 최소화하는 데 집중하며 참여자의 증상을 줄이고자 하는 일반적인 자세가 오히려 개인적인 회복의 촉진을 저해하는 것을 목격했다. 개인적인 회복은 긍정적으로 위험을 감수하기, 취약하다는 느낌을 받아들이기, 그리고 개인적인 의미를 추구하는 과정에서 고통을 유발할지도 모르는 일을 하기 등을 포함한다. 그러므로 삶의 목적과 의미를 희생해 가며 내담자의 고통을 경직된 방식으로 제한하는 이러한 자세는 효과가 저조할 가능성이 높다.

ACT 접근으로 정신건강 전문가를 훈련할 때, 우리는 워크숍 참여자에 대한 다음과 같은 일련의 가정을 장려한다.

- 참여자들이 현재 이용 가능한 기회와 상황을 토대로 삶의 목적과 의미를 추구할 수 있다.
- '개방하는' '자각하는' '능동적인'의 기술은 이미 참여자들의 레퍼토리 안에 잠재되어 있다(아마도 사용되기 전이거나 혹은 충분히 광범위하게 적용되지 않았을 뿐이다).
- 참여자들이 체험에서 개인적인 회복을 어떻게 추구할 수 있는지를 배울 수 있다.
- 워크숍은 '개방하는' '자각하는' '능동적인' 기술을 실험해 보는 경험을 만드는 곳이다.

ACT 모델과 마찬가지로, 워크숍은 사람들이 '망가진' 혹은 '손상된' 것이라는 가정하에 구축된 것이 아니다. 유사하게, 워크숍의 참여자들이 심각한 정신장애로 진단되었다 하더라도 워크숍은 그들이 무언가 '잘못된' 부분을 고친다는 생각에 기초한 접근이 아니다. (사실, 제2장에서 볼 수 있었듯이, 우리는 ACT 워크숍에서 보호자와 다른 사람들의 집단을 동일한 형태로 사용한다.) 다시 이야기하자면, 만일 정신건강 전문가들이 참여자들이 어떤 식으로라도 장애가 있다고 간주하거나, 전문직(professional)이야말로 전문가(expert)라고 여기는 틀 안에서 일해 왔다면, 어떤 전문가들에게는 이러한 가정 자체가 난관이 될 수 있을 것이다. [회복에 대한 심리사회적 치료의 장애 중심적 한계에 대한 상세한 논쟁은 이 매뉴얼의 범위를 넘어서는 것이다. 우리는 Richard Bentall의 『광기를 설명하기(Madness Explained)』(2004) 혹은 영국 심리 협회(British Psychological Society)의 『정신증과 조현병의 이해(Understanding Psychosis and Schizophrenia)』(2014)와 같은 자료를 확인하기를 권한다.]

체험한 사람들을 공동촉진자로서 훈련하기

많은 점에서 동료 지원 촉진자를 훈련하는 것이 더 쉬울 수 있다. 그들은 개인적인 회복에 훨씬 더 친숙하고, 그것을 실제로 체험해 보았을 수 있다. 그러나 여기서도 난관이 존재한다. 동료 지원 촉진자는 건강 전문가들 정도의 정신건강 지식이 없을 수 있고, 건강 전문가보다 다른 역할을 수행하는 것이 어려울 수 있으며, 전문적인 일을 하는 방식으로 사회화가 되어 있지 않을 수 있으며, 그들의 정신건강 상태가 워크숍을 촉진하는 데에 영향을 주는 경우가 발생할 수 있다.

파트너로서 동료 지원가를 개입시키게 될 때 제4장에서 논의했던 이슈를 고려해 볼 필요가 있다. 다음 내용에서 우리는 동료 지원 촉진자를 지도감독하는 것에 대해서도 추가적으로 논의할 것이다. 우리는 정신건강 전문가와 동료 지원가들을 함께 훈련시키도록 권고한다. 이들을 함께 교육시키는 것은 ACT 모델에서의 핵심인 보편성(인간 고통의 보편성)을 촉진시킨다는 점에서 유용하다. 우리의 경험에 비추어 볼 때, 동료 지원가와 정신건강 전문가를 함께 훈련시키는 것이 매우 강력하고 유용한 순간들이 있었다. 그들이 공유하는 공통적인 경험을 서로 모두 발견하게 되며,

ACT 모델이 어떻게 다른 사람들을 도울 수 있을지를 확인하는 기회가 된다. 예를 들어, 우리의 촉진자가 훈련 회기 중에서 이후에 나오는 몇 가지 알아차리기 및 가치 작업(연습)을 하면서 한 동료 지원가는 정신건강서비스를 접한 지 20년 만에 처음으로 전문가와 '동등하다'고 느꼈다고 한다. 그녀는 정신건강 전문가들이 고군분투하고 취약했던 경험에 대해 개방하는 것을 보면서 이런 느낌을 느꼈다고 회고하였다.

워크숍 공동촉진자를 위한 훈련 프로그램

이제부터는 촉진자를 훈련시키기 위한 접근을 기술하겠다. 보통은 촉진자에게 최소 하루 이상의 훈련을 제공하려 하지만, 지속적인 지도감독을 하려면 이틀이 더 좋다. 우리의 경험을 통해 볼 때, 촉진자가 워크숍을 운영하기 위해서는 친숙성과 기본적인 기술을 개발시키기 위해 짧은 훈련 이상이 필요하다. 촉진자들이 워크숍을 할 준비를 할 때와 집단 회기를 실시할 때, 그리고 워크숍이 끝났을 때는 마치 미래의 집단 프로그램을 계획하듯이 이들을 어떻게 지원할지 미리 생각해 보는 것이 가장 좋다. 훈련 회기는 다음과 같은 목표를 지닌다.

1. 워크숍에 대해 촉진자에게 소개하고, 회기 내용을 검토하기
2. 알아차리기를 소개하기
   • 마음챙김이나 알아차리기 연습을 이끌기
   • 마음챙김 질문을 이끌기
   • 마음챙김 질문을 하는 동안 자기개방을 사용하기
   • 워크숍 촉진자가 마음챙김 기반의 연습을 할 필요가 있는지 결정하기
   • 알아차리기를 스스로 연습하도록 독려하기
3. 장애물(승객) 및 가치에 따른 행동에 대한 아이디어 소개하기
4. 가치에 따른 행동과 알아차리기, 기꺼이 경험하기를 연결 짓기

5. 탈융합을 연습하기

6. 방향으로서 가치에 대해 접촉하며, 행동에 전념하기

7. 활동 연습 기회와 전반적 안내 제공하기

워크숍에 촉진자를 소개하고 회기 내용을 검토하기

우리는 각 촉진자에게 워크숍 프로토콜 사본을 제공하고, 각 회기가 어떻게 구성되었는지에 대한 개요를 알려 준다(제2장 참조). 우리는 워크숍이 개인적인 회복을 지원한다는 근거와 함께 워크숍에 대해 일반적인 소개를 한다. 이는 흔히 증상의 감소와 안정화 혹은 기능 증진에 초점을 맞추는 다른 정신건강 개입(가치 기반의 행동과 반드시 관련 있지는 않음)과 다를 수 있다.

우리는 ACT 모델을 '사람들이 자신에게 중요한 행동에 관여하고 목적과 의미에 대한 감각을 가지고 살아가는 능력을 향상시켜 주는 심리적 유연성 기술의 집합'으로 설명한다. 우리는 이러한 기술을 통해 개인적인 회복을 촉진시키는 모델을 제시한다. 물론 사람들마다 각자의 회복을 추구할 수 있는 무수히 많은 방법이 있으며, ACT 기술이 유일한 방법이라고 제안하는 것은 아니다(이 점은 워크숍에서 반복되는데, 우리는 참여자들이 이미 유용하다고 판단한 방법과 함께 이 기술을 사용하도록 제시한다).

그런 다음, 우리는 각 회기의 전반적인 구조를 개괄한다.

1. 마음챙김과 알아차리기 과제를 연습하기

2. 회기 밖에서 수행할 전념 행동 활동을 검토하기(가치 기반 행동과 알아차리기 연습)

3. 버스 승객 비유를 검토하고, 논의하고, 시연하기

4. 가치를 구성하고 명료화하며, 전념 행동에 대한 계획을 세우기(소집단에서)

만일 워크숍이 이러한 일반적인 구성을 따르고 촉진자가 이러한 요소를 각 회기에서 발생시킨다면, 참여자들의 심리적 유연성이 강화될 수 있는 좋은 기회가 된다.

특히 참여자들의 나누기(sharing)와 대화가 구조를 압도하는 워크숍 회기에서 촉진자가 이를 알고 있는 것이 중요하다.

알아차리기를 소개하기

훈련 회기에서, 우리는 기술(마음챙김을 포함)의 집합으로, 또한 개방적이며 자각하는 상태가 되는 방법으로서 알아차리기(noticing)에 대해 광범위하게 소개한다. 이는 능동적인 상태, 즉 가치 기반 행동을 취하기를 촉진하게 될 것이다.

우리는 치료 기법으로 마음챙김을 교육하는 데 있어서 두 가지 요소가 있음을 발견해 왔다. 첫째, 마음챙김 연습을 이끄는 기법이다. 둘째, 마음챙김 질문의 기법 그리고 워크숍에서의 이러한 행동을 구성하는 한 방법으로 마음챙김에 대해서 이야기하기이다.

마음챙김과 알아차리기 연습을 이끌기   마음챙김 연습을 능숙하게 진행하는 첫 번째 방법에는 참여자들에게 알아차리라고 지시하는 목소리의 톤이나 속도, 즉흥적인 말 같은 것들이 포함된다. 훈련 동안 촉진자는 보통 연습 대본을 읽으면서 능숙해지기 시작한다. 대체로 이들은 대본을 너무 빨리 읽어서, 참여자들이 지시 사이에 알아차리기를 연습하고, 경험에 걸려들며, 다시 이 경험의 '기반(anchor)' 혹은 최소한 촉진자의 목소리로도 돌아올 새 없이 지나갈 수 있다. 또한 대본을 읽는 것은 연습을 통해 사람들을 안내하는 것과는 질적으로 다른데, 이는 말하자면 '효과가 있게' 들리거나, 알아차리기의 경험을 촉진시키는 말이라기보다는 마치 수업 시간에 교과서를 읽는 것처럼 들릴 수 있다.

우리는 촉진자가 마음챙김 연습을 진행하기 위한 기술을 개발시키는 것을 돕기 위해서 연습을 진행하는 동안 스스로 녹음해 보고, 녹음을 들으면서 연습을 따라 해 보도록 권장한다. 비록 대부분의 촉진자가 자신의 목소리를 기꺼이 들으려는 연습을 해야 한다는 것 또한 알게 되겠지만 보통 말의 속도와 목소리의 톤에 유용한 피드백을 제공한다. 우리는 그들이 결국에는 대본 없이도 연습을 자유롭게 이끌 수 있도록, 자신만의 스타일을 개발하도록 권한다.

연습을 이끄는 것에 있어, 촉진자가 기억할 몇 가지 요점이 있다.

- 우리는 워크숍에서 모든 알아차리기를 촉진하고 있으므로, 촉진자는 참여자들이 알아차리기와 자각하기를 향상시키는 것을 보여 주는 그 어떤 것이라도 권장해야 한다. 알아차리기를 할 때 옳고 그른 방법은 없다. 우리는 이완된 상태를 촉진시키려고 시도하거나 참여자들이 '마음챙김의 현자(mindfulness gurus)'가 되도록 하려는 것이 아니다.
- 우리의 목적은 우리의 경험을 바꾸려고 시도하는 것이 아니다. 우리는 무언가 계속 하기만을 바라는 세상에서 단순히 우리라는 존재로 존재하게 하려는 것이다. 그래서 우리는 참여자들이 경험 그 자체를 그대로 두고, 그들이 인간으로서 존재하도록 격려한다.
- 우리는 경험에 대한 능동적인 비판단성을 강화하고자 한다. 이는 관대한 호기심, 친절함 그리고 연민으로 경험을 관찰한다는 것을 의미한다. 우리는 참여자들에게 그들의 몸과 마음에서 무엇이 일어나는지 '단지 알아차릴 것'을 권유할 수 있다. 혹은 단순히 자신의 경험을 관찰하는 것을 배움으로써 실습하도록 격려해 볼 수도 있다. 참여자들이 할 수 있는 한 최대로, 우리는 그들로 하여금 개방하도록, 그들이 거기서의 경험을 허용하고 단지 그것들을 알아차리기를 권장하기를 원한다.
- 마음챙김이란 마음의 활동을 알아차리는 것과 현재 순간으로 다시 돌아오는 연습을 하는 것에 관한 것이다.

마음챙김 질문을 이끌기   알아차리기와 마음챙김 연습을 이끄는 것을 배우는 두 번째 부분은 마음챙김 질문에 워크숍 참여자들을 개입시키는 방법이다. 모든 알아차리기 연습 후에 진행되었던 이 질문들은, 우리가 회복을 위한 ACT 워크숍을 이해하는 태도를 보여 준다. 각각의 대화는 심리적 유연성 기술을 촉진시키는 역할을 할 수 있다.

훈련 회기 동안, 우리는 질문을 사용하여 마음챙김 질문을 이끄는 방법을 제시하는데, 이는 참여자들이 설명하면서 경험을 연습하고 공유하는 것을 반영하도록 돕고, 이러한 형태는 촉진자가 개방적이며 자각하는 반응을 하도록 허용한다. 촉진자는 "연습하는 동안 무엇을 알아차렸나요?" "어떤 경험을 하였나요?"와 같은 질문을 하게 된다.

목적은 연습하는 동안 일어난 경험을 참여자들이 표현하도록 독려하는 것이다. 이러한 방식으로 말하는 것은 워크숍 프로그램을 넘어서서 점진적으로 형성되었기 때문에, 이러한 기술은 시간이 지남에 따라 관찰의 질, 호기심, 경험에 대한 개방성을 갖추며 더 현재 시점에 초점이 맞춰진다(즉, 말하자면 더 개방적이고 자각하게 되는 것임).

참여자가 처음으로 공유할 때는, 경험의 묘사와 판단, 그들이 투쟁하는 방식이나 그들이 알아차린 것과 얽히는 방식이 그 반영 안에 모두 뒤섞여 있을 것이라고 생각하는 것이 좋다. 촉진자에게 이는 경험에 걸려드는 것과 알아차리는 것을 참여자들이 구분하도록 돕는 좋은 기회가 된다.

그리하여 참여자들이 처음으로 경험을 공유할 때, 촉진자의 일은 참여자들이 알아차린 그 어떤 것이라도 강화시키는 것이다. 이는 참여자들이 투쟁해 왔던, 외견상으로는 문제가 되거나 원치 않는 경험을 포함하게 된다. 기본적으로, 촉진자는 어떤 경험이든지 얼마나 얽혀 왔는지와는 상관없이 어떤 알아차리기가 일어나고 있다는 것을 집단이 인식하도록 격려한다. 촉진자는 다음과 같은 표현을 사용할 수 있다.

그래서 여러분은 이 연습에 집중하는 것이 어려웠다는 것을 알아차렸나요?

여러분은 이 연습을 하면서 모든 것에 대해 코멘트하는 목소리가 있었다는 것을 관찰했나요?

우리가 연습을 하는 동안에 부정적인 생각에 사로잡혀 있다는 것을 알아차렸나요?

여러분은 이완된 경험을 했습니다. 잘 알아차렸어요! 당신의 몸 중 어디에서 이러한 경험을 한 것 같나요? 이와 비슷하거나, 다른 경험을 한 분은 없나요?

기본적으로, 촉진자는 알아차리기 연습에 실패란 없다는 메시지를 전달한다. 참여자들이 그 어떤 것을 알아차리건 그것은 그들의 경험이며, 연습을 하면서 호기심과 개방성을 가지고 경험을 관찰할 수 있을 것이다.

우리는 촉진자들에게 어떤 한 참여자에게 상세하게 응답하기 전에 많은 피드백의 기회를 제공할 것을 촉진하기를 권한다. 가장 중요한 행동은 집단의 경험과 과정을 이끌어 내는 것이며, 참여자들이 무엇을 알아차렸고, 그들이 가치 있는 것에 대해 어떻게 반응했는지를 공유하는 사회적인 환경을 촉진시키는 것이다.

만일 참여자가, 이를테면 경험을 기술하기, 경험에 대해 집착하거나 빠져들었는지 공유해 보기, 가치 있는 방향의 부분으로서 기꺼이 경험하기를 표현하기, 혹은 자신이나 경험을 향해 자비로운 시선을 취하기와 같은 ACT와 일치하는 알아차리기를 공유한다면, 촉진자는 이러한 반영을 강화해야 하며, 참여자의 관찰에 대한 추가적인 질문을 할 필요가 있다. 만일 참여자의 피드백이 ACT와 일치되는 것이 아니라면, 촉진자는 그것을 단지 인정해야 하며, 그들이 알아차린 다른 경험을 공유할 수 있게 참여자들에게 질문함으로써 집단에 대해 다시 관찰하는 작업을 해 보도록 한다.

참여자들이 연습을 통해 이완된다는 느낌을 보고할 때, 곤란해질 수 있다. 이완이 주요 목적이 아님을 알려 주면서, 알아차리는 행동을 강화하는 방식으로 반응하는 것이 중요하다. 이러한 일이 발생할 때, 우리는 상황에서 참여자가 알아차린 것이 이것이라는 점을 강조한다. 이완은 연습을 하는 데 있어서 보너스가 될 수 있지만, 주요한 목적은 알아차림이라는 것을 강조하는 것이다. 이는 참여자들이 훈련을 파악하는 데 있어서 중요한 초점이 된다. 워크숍 참여자들이 진정되는 경험을 할 수도 있지만, 촉진자들은 이완의 느낌을 쫓아가는 것보다는 **알아차리기를 강화하는 것**이 중요하다. 워크숍을 진행할 때, 우리는 보통 이러한 경우에 내담자들이 이완을 알아차린 것을 관찰하는 데 주의를 두고서 반응하지만, 모든 알아차림이 긍정적인 경험을 유발하지는 않는다. 이는 앞으로의 연습을 위해 내담자들이 이해해야 할 중요한 포인트이다. 즉, 이는 '알아차리기 연습을 통해 나온 부정적인 경험은 뭔가 잘못되어 가고 있다거나 실패의 징후가 아니라는 것'을 배울 수 있도록 돕는다.

참여자가 경험을 공유한 후, 촉진자는 반영을 독려하며, 그런 다음 우리는 공유를 더 심화하도록 유도한다. 전형적으로 우리는 다음과 같이 질문함으로써 다른 집단원들에게 알아차림의 경험을 설명하도록 한다. "여러분이 또 알아차린 것이 있나요? 다른 사람들과 똑같은 것이나 다른 것도 괜찮아요."

마음챙김 질문 시 자기개방을 활용하기   참여자 중 아무도 자신의 경험을 공유하지 않을 때(알아차리기 연습 초반부에서 나타나기 쉬움), 우리는 촉진자들에게 자신의 경험을 공유하도록 했다. 이는 우리가 워크숍에서 권장하는 공유의 유형을 모델링하기 위함이다. ACT에 포함된 자기개방은 촉진자에게 낯설 수 있다(Westrup, 2014). 워크숍의 원칙은 알아차리기를 진행하는 동안 떠오르는 경험을 공유하는 것으로, 참여자들에게 누구나 투쟁하거나 사로잡히는 경험을 한다는 것을 알게 해 준다. 더불어, 워크숍 촉진자가 서로에게 어떻게 반응하는지를 보여 주면서 이러한 자기개방을 통해 환경을 조성해 주고 참여자들이 더욱 기꺼이 자신의 경험을 공유하도록 할 수 있다.

Westrup(2014)의 훌륭한 조언에 따라, 우리는 촉진자들이 자신의 자기개방의 목적에 대해 생각해 보도록 했다. 참여자들의 심리적 유연성을 어떤 방식으로든 촉진시킬 수 있는가? 경험을 공유하는 것이 집단 치료 과정에 긍정적으로 영향을 미치는가? 스스로가 집단에 기여하거나, 똑똑해 보이려고 하거나, ACT를 설명하기 위해서, 혹은 다른 이유로 무언가를 이야기하고 있는 것은 아닌가? 우리는 워크숍 회기가 진행되면서 집단의 전반적인 공유를 촉진하기 위해 촉진자가 점차 자기개방을 줄일 필요가 있다는 것을 알게 되었는데, 이는 내담자들이 자신의 경험과 투쟁에 대해 점차 개방하기 시작했기 때문이다.

마지막으로, 촉진자에게 '당신이 ACT에 대해 말하는 것이 곧 ACT를 하는 것은 아니다.'라는 것에 대해 상기시키는 것이 중요하다(이를 엄격히 따르라는 것은 아니다). 마음챙김 질문은 ACT의 장점을 긴 토론으로 이끄는 것이 아니라, 기꺼이 경험하기와 관찰하기를 간략하게 강화하면서 워크숍 참여자들이 경험을 관찰하는 것에 초점을 두는 것이다. 우리는 참여자들에게 알아차리기가 회복하는 '방법'임을 확신시키는 것을 지양하고자 한다. 워크숍은 사람들을 고치기보다는 경험에 대해 호기심과 개방성을 증진시키고, 가치 있는 방향을 탐색하며 구성하는 것이다.

워크숍 촉진자가 마음챙김 기반 연습이 필요한지를 결정하기   우리는 워크숍에서 다루는 기술을 가르치기 위해 촉진자가 꽤 오랫동안 마음챙김을 연습할 필요가 있다고 생각한다. 마음챙김에 대해 이야기하는 것과 그것을 실제로 하는 것은 다르다. 마음챙김이 어떻게 경험에 개방성을 부여하는가를 설명하고, 이를 타인에게 조성하기 위해서는 연습에 개인적으로 친숙해지는 과정이 필요하다.

이를 위한 한 가지 방법은 워크숍에서 진행하게 될 마음챙김과 알아차리기 활동을 연습하고 숙고해 보는 것이다. 훈련 회기에서는 다른 촉진자들과 마음챙김 활동을 연습하고, 활동을 진행하는 방법과 이후의 질문 시간에 대한 피드백을 받게 된다. 우리는 숙련된 방식으로 워크숍을 촉진하려면 최소한 이 정도의 훈련이 필요하다고 생각한다. 마음챙김에 대해 더 잘 알고 능숙해지기 위해서 촉진자가 일정 기간 동안 연습하고 공부할 것을 추천한다. 예를 들어, 촉진자는 정기적으로 진행되는 마음챙김 강의에 참여하고(8주간 진행되는 마음챙김 입문 강의 등), 이후에는 6개월 정도 스스로 연습하는 기간을 가질 수 있으며, 혹은 음성 녹음이나 온라인 어플을 활용하여 개인적으로 연습하거나, 마음챙김을 연습하는 모임에 참석할 수도 있다.

촉진자들이 워크숍 참여자들에게 가치 기반 행동을 강화하기 위해 마음챙김을 활용하는 방법을 경험적으로 배우게 되기 때문에, 스스로 연습하며 과제에 친숙해질 것을 추천한다. 또한 촉진자들은 현재 순간을 자각하고 경험을 관찰하는 매일매일의 훈련을 지속하는 것이 어떤지에 대한 감각을 발달시킬 것이다. 이렇게 과제에 익숙해지면 참여자들이 이러한 기술을 일상생활에 적용하도록 촉진자가 지지할 때 도움이 될 수 있다.

우리는 또한 촉진자가 ACT 모델에 기반한 마음챙김에 익숙해지기를 권장한다. 즉, 다양한 활동을 시도하고 일상생활에 마음챙김 접근을 적용함으로써 유연한 방식으로 마음챙김을 배우는 것이다. 촉진자가 스스로의 가치 기반 행동을 강화하도록 마음챙김 연습을 진행한다면 더욱 좋다. 마음챙김에 관한 ACT 접근의 핵심은 참여자들이 현재 순간을 자각하기와 탈융합, 수용, 조망 수용을 가치 있는 방향으로 행동하도록 강화하는 기술로 활용한다는 것이다. 우리는 촉진자가 개인적인 가치를 실천하는 것과 마음챙김 연습을 연결 짓도록 제안한다. 이는 또한 워크숍에서 익힌 대응 방식을 알려 줄 수 있는 경험적 지식을 제공할 것이다.

알아차리기 활동을 스스로 연습하도록 격려하기   회복을 위한 ACT 연구에서, 우리는 참여자들에게 회기 밖에서도 알아차리기와 마음챙김 활동을 연습하도록 권장했다. 참여자들에게 CD나 USB, 온라인 링크를 활용하여 알아차리기 활동의 녹음 파일을 제공했다.

일반적으로 전념 행동 활동지에서 제시되는 항목은 '알아차리기 활동 연습하기'이다. 어떤 참여자들은 최소 몇 번 정도 외부에서 연습을 진행하지만, 보통은 대부분의 알아차리기를 워크숍에서 경험하게 된다. 그럼에도 참여자들에게 스스로의 경험으로부터 배울 수 있는 도구를 제공하는 것은 중요하며, 녹음 파일을 활용한 활동이 이에 유용하다.

http://www.actforpsychosis.com에서 알아차리기 활동을 다운로드할 수 있으나, 우리는 워크숍에서 활용할 수 있도록 여러분의 활동을 녹음하는 것이 더욱 좋다고 생각한다. 이는 여러분의 목소리로 녹음되어 있어 참여자들에게 친숙할 뿐만 아니라, 알아차리기 활동을 진행하는 데 유용한 경험을 제공해 줄 것이다.

장애물(승객)과 가치를 실천하는 개념을 소개하기

훈련 과정에서는 워크숍에서 활용된 버스 승객 비유를 다양한 형태로 소개한다. 이 비유는 워크숍의 핵심 활동이며, 촉진자는 최대한 이 비유를 자주 연결 짓는 것이 좋다. 버스 승객 비유는 촉진자가 워크숍 내용의 다양한 부분과 연결 짓는 비계작업 비유로 활용되었다. 이는 참여자들에게 일관적이며 핵심적인 내용을 제공한다.

훈련 회기에서 촉진자는 인간으로서 경험할 수 있는 다양한 장애물에 대해 논의해야 한다. 이는 내적인 장애물('승객' 혹은 생각, 기억, 느낌, 감각, 충동)과 외적인 장애물(기회나 금전, 시간, 자원, 타인 등을 보유하는 것과 같은 현실적인 문제)을 모두 포함한다. 촉진자는 참여자들이 자신의 승객들에 대응하는 다양하고 유용한 방법을 찾도록 돕는 것이 목적임을 명확히 하여, 그들이 처해 있는 상황을 최대한으로 표현하고 가치에 따라 행동할 수 있도록 하는 것이 좋다. 사람들은 외적인 장애물보다는 내적인 장애물에 더욱 다양한 방식으로 대응할 수 있다는 사실을 알려 주는 것이 도움이 된다.

우리는 촉진자가 심각한 정신장애를 가진 참여자들이 경험하는 도전적인 삶에 민감하게 반응하도록 권장한다. 우리는 정신장애인들이 직면할 수 있는 가족 간의 불화나 열악한 거주 환경, 재정 부족과 같은 일반적인 어려움에 접근할 때, 가치 기반 행동이 비현실적으로 낙관적인 접근 방식이라거나 '만병통치약(panacea)'이라고 소개하지는 않는다. 회복을 위한 ACT의 접근은 참여자들에게 '만약 조금 더 노력했다면 삶이 더 나아졌을 것이다'라는 방식의 제안을 하는 것이 아니다. 자신이 선택한 삶의 방향에 접촉함으로써, 일부 참여자들이 일상이나 관계를 변화시키거나, 실제로 자신을 힘들게 하는 일을 줄일 필요가 있다는 것을 생각하게 할 수 있다는 것이다. (워크숍에 참여한 보호자의 경우 후자가 중요한 것으로 입증되었다.)

가치를 실천하기와 알아차리기, 기꺼이 경험하기를 연결 짓기

가치 기반 행동은 알아차리기 기술과 기꺼이 경험하기 기술 모두에 의해 도움을 받을 수 있으며, 이러한 기술의 초점이 된다. 우리는 촉진자들에게 ACT 기술이 서로 연관되어 있다는 것을 이해시키려고 노력한다. 그러므로 기꺼이 경험하는 태도를 격려하기 위해, '무엇을 기꺼이 경험할 것인가?' 또는 '어떤 목적을 위해 기꺼이 경험할 것인가?'와 같은 질문을 할 수 있다. 집단 구성원들이나 촉진자의 기대 때문이 아니라, 그저 참여자들이 가치에 따라 행동하는 능력을 향상시키기 위해 기꺼이 경험하기를 시도해 보도록 하는 것이다.

사람들은 흔히 마음챙김에 숙련된 사람들은 일반적인 사람들처럼 고민이나 걱정에 얽매이지 않고 하루 종일 불교의 선(Zen)[2)]과 같은 상태를 유지한다는 고정관념을 가지고 있다. 마음챙김에 대한 ACT 접근은 이것이 실제로 가능하다고 할지라도 이를 추구하지 않는다. 우리는 이들이 사실상 세상과 단절되어 동굴이나 성지에 살면서 스스로의 정신적 성장에 집중하는 사람이라고 농담하곤 한다. 우리가 워크숍 참여자들에서 발달시키고자 하는 마음챙김의 유형은 동굴이나 성지에서 멀리 떨어진 마을에 사는 거주민들을 위한 것이며, 이는 책임감과 고민거리, 사랑하는 사람, 지불해야 할 청구서와 일상생활이 있는 우리 대부분과 같은 사람들이다. 마음챙김에 대한 ACT 접근에서는 일상생활에 대한 개방적이고, 자각하며, 능동적인 접근을 장려한다. 이는 대부분의 사람들이 마음챙김 순간을 경험할 수 있지만 매일의 생활에서 마음챙김을 지속하기는 어려울 수 있음을 의미하는데, 사실 그래도 괜찮다. 우리는 ACT가 일상생활의 선택지로서 마음챙김을 좀 더 활용할 수 있도록 이러한 기술을 강화시키는 것이라고 생각한다. 가치 기반 행동과 선택은 개인적인 회복의 일환으로, 취약감이나 불편감, 원치 않는 경험과 접촉하는 순간이 자주 수반될 수 있다. 우리가 ACT에서 촉진하는 알아차리기와 개방성, 비판단적인 자세, 수용은 참여자의 환경에 대한 대처 능력을 강화시켜 그들이 소중하게 여기는 것들을 실천할 수

---

2) 역주: 동양에서 고요히 앉아서 참선(좌선)하는 것. 현대에는 '마음을 한곳에 모아 고요히 생각하는 일'을 의미하는 '정신집중' 또는 '명상'을 일반적으로 가리킬때 '선(禪)'이라는 용어를 사용하기도 함. "선-Wikipedia," Wikipedia. 2019년 12월 21일 수정, 2020년 4월 8일 접속, https://ko.wikipedia.org/wiki/선_(불교).

있게 해 준다. 다소 골치 아프다 하더라도, 충만하고 풍요로운 삶을 위해 현재 순간에 존재하고 중요한 일을 실천하는 것이 필요하다.

이러한 작업은 '회복을 위한 ACT의 초점은 워크숍 참여자들이 이미 가지고 있는 대처 능력을 **보충하는 것**'이라는 중요한 지점을 보여 준다. 우리는 참여자들이 스스로의 경험과 과거의 일들에 대처하는 방식을 이미 발달시켰다는 것을 알고 있으며, 워크숍에서 이를 인정하고 존중해 주기 위한 작업을 진행한다. 우리가 워크숍 촉진자로서 취하는 입장은, 워크숍에 오는 것까지도 현재 순간을 다루기 위해 대처 기술을 활용하는 것이라는 점을 타당화하는 것이다. 사실, 워크숍에 오는 것 자체가 전념 행동일 수 있다.

회복을 위한 ACT 접근은 개방하며, 자각하며, 능동적인 기술이 가치 기반 행동을 위해 순간을 활용하는 추가적인 방법이라고 소개하는 것이다. 집단을 대상으로 대화를 진행할 때는 사람들이 좋지 않은 대처 방식을 가지고 있다거나, ACT 기술이 좀 더 낫다고 제안하지 않아야 한다. 우리는 워크숍 참여자들이 자신의 경험으로부터 배우는 것에 중점을 두므로, 가치 기반 행동을 개인적인 회복과 연결 짓고, 알아차리기와 수용하기 기술(마음챙김)을 시험해 보도록 격려한다. 우리가 **진정으로 중요**하게 생각하는 것은 마음챙김 활동을 연습하는 참여자의 경험이며, 실제로 이들 대부분은 이를 처음 시도해 봤을 것이다. 우리는 마음챙김 활동을 정신증에서 회복하고 있는 사람들이 더욱 잘 관여할 수 있도록 수정했고, 이러한 활동이 안전하고 수용 가능하다는 다수의 근거가 존재하므로(Chadwick et al., 2016), 우리는 이것을 집단 활동으로 도입하는 것이 참여도를 높일 수 있는지에 초점을 맞추었다. 일부 참여자들의 경우 일상생활에 마음챙김 기술을 적용하지 않았음에도 불구하고, 대부분은 워크숍 활동뿐만 아니라 경험을 공유하는 것이 도움이 되었다고 보고하였다. 참여자들이 자신의 가치 기반 행동에 대해 집단원들과 공유할 때, 일반적으로 이러한 행동을 유발했던 경험에 대응하여 개방성 기술을 적용했다고 설명한다. 이러한 설명과 함께 참여자들은 장기적 전략과 일치하는 방식으로 대응했던 방법을 공유할 수도 있다.

탈융합 활동 연습하기

우리의 경험상, ACT에 많은 경험이 없는 초보 워크숍 촉진자에게 탈융합 (defusion) 개념을 소개하는 것이 까다로울 수 있다. 초보 촉진자들은 종종 탈융합을 활용하는 데 다음과 같은 생각의 오류를 범할 수 있다.

- 사람들에게 그들의 생각이 부정확하다는 것을 납득시키는 방법이다.
- 도움이 되지 않거나 원치 않는 생각들로부터 자유로워지는 방법이다.
- 변화는 영구적이며, 이를 달성하기 위해서는 열심히 노력해야만 한다.

이러한 생각들은 아마도 정신증의 특이한 경험이 '어떻게 해서든 통제되거나 제거되어야 한다'고 보는 사람들에게서 영향을 받은 것일 수 있다. 이와 유사하게, 많은 사람은 부정적이며 자기 비난적인 사고의 존재가 해결되어야 하는 문제라고 생각하기도 한다. 워크숍에서 활용하는 탈융합의 종류에 대해 촉진자를 훈련시킬 때, 이러한 생각을 탐색하면서 시작할 수 있다.

탈융합은 사고와 심상, 기억을 바라보는 방식으로 사람들이 정신적인 경험을 행동의 지침이 아닌 **경험** 그 자체로서 대응하도록 한다. 버스 승객 비유는 우리 모두에게 주어진 어려움에 관해 설명하므로, 촉진자에게 이러한 반응 유형을 지향하도록 하는 좋은 방법이다. '인생의 여러 가지 사건을 통해 특정한 정신적 경험을 하면, 이것을 따라야 할 아주 중요한 규칙처럼 반응하게 된다'는 것은 우리 모두가 경험하는 어려움에 관해 설명하기 때문이다. 우리는 경험 간의 관계를 도출하는 학습된 능력을 가지고 있으며, 우리의 마음은 의미를 만드는 기계와도 같다. 우리는 그것이 자기 패배적이거나, 잘못되었거나, 우리의 고통을 증폭시킬 때조차도 그 의미를 경험에 귀인한다.

버스 승객 비유는 가치 기반 행동의 측면에서 우리의 경험을 직접적으로 변화시키려 하는 것이 큰 대가를 요구한다는 것을 촉진자들이 경험적으로 배우도록 돕는다(즉, 우리는 버스의 승객들과 싸운다). ACT 용어로 설명하자면, 우리는 빼기보다는 더하기로 이루어지는 삶에 대하여 이야기한다. 우리가 이미 알고 있고 경험한 것을 버릴 수 없으며, 단지 마음이 만들어 낸 의미를 정교화할 수는 있다는 것이다. 우리는 이러한 과정에 대해 알아차리고 더욱 자각함으로써, 경험을 통해 배우고 더욱 유연한 방식으로 반응할 수 있다.

우리가 촉진자들이 워크숍을 진행할 때 알아차리기를 바라는 핵심적인 절차는 '참여자가 내적인 경험(승객)에 대해 유연한 방식으로 반응할 때, 촉진자가 이를 의식할 수 있는가'이다. 이는 버스 승객 비유 활동을 시연하거나, 참여자들이 다른 사람들에게 전념 행동 활동에서 알아차렸던 경험에 대하여 공유하거나, 참여자들이 깨달음을 얻은 순간을 공유할 때 발생할 수 있으며, 이는 참여자들 스스로가 과거의 익숙한 방식대로 경험에 반응할 필요가 없다는 것을 깨닫는 순간이다. 우리는 촉진자가 심리적 유연성이 증대되는 이러한 순간들을 인정하기를 바라고, 설명을 덧붙여 그 순간을 과도하게 복잡하게 만들려는 충동에 저항하기를 바란다.

행동의 방향과 전념의 일환으로 가치에 접촉하기

우리는 훈련 회기에서 선택한 삶의 방향(가치)과 행동에 전념하는 것을 연결 짓는다. 일반적으로 촉진자를 위해 가치의 개념을 풀어서 설명할 필요가 있는데, 이때 나침반 비유를 활용한다(Hayes et al., 1999; 제2장 참조). 이 비유는 목표와 가치, 그리고 선택과 행동의 지침으로서의 추상적이고 더욱 광범위한 '목적'과의 차이를 강조한다. 우리는 워크숍에서 사용되는 핵심 활동을 시연하고, 촉진자가 워크숍에서 자신의 삶에서의 경험과 목표, 목적을 활용하도록 권장한다. 가치는 우리가 인생에서 나아가고자 하는 방향과 유사하지만, 목표는 우리가 성취하거나 완성하기를 원하는 것임을 설명한다. 이 나침반 비유에서 가치는 서쪽으로 향하는 것과 같지만, 목표는 우리가 그 방향으로 가는 길 위에 있는 장소이다.

우리는 훈련 회기에서 결혼하는 것과 사랑하는 것의 차이에 대해 논의한다. 당신이 사랑하고 보살피고 싶다는 것은 가치에 해당하며, 이는 지속적이다. 당신은 평생 이를 계속하고 싶어 하며, 자신의 가치에 따라 행동하거나, 이를 소홀히 하는 등의 선택권을 언제든 가질 수 있다. 당신이 결혼하고 싶다는 것은 목표에 해당한다. 이는 사랑하고 보살피고 싶다는 가치를 소홀히 해도 이룰 수 있는 것이다.

우리는 보통 가치 있는 방향과 접촉할 때 자주 발생하는 취약한 부분에 주의를 빼앗기게 된다. 이는 촉진자가 가치 있는 방향과 선택, 행동과 접촉하고, 이를 공유할 때 가장 잘 나타난다. 교육자들은 촉진자에게 가치를 중시하는 것이 어떻게 투쟁을 유발할 수 있는지, 그리고 기꺼이 경험하기와 자각하는 기술(알아차리기, 관찰하기, 경험을 있는 그대로 둘 여유 공간을 만들기)이 이러한 경험과 어떻게 연관되는지 알아차리도록 도울 수 있다.

촉진자가 가까운 미래(잠시 후, 같은 주, 마지막 훈련 회기 중 언제든)에 취할 수 있는 행동과 가치 있는 방향을 연결하게 하는 것이 유용할 수 있다. 이는 이후의 워크숍에서 촉진하게 될 전념 행동의 과정을 반영하는 유용한 자료로 활용될 수 있다.

활동을 연습할 기회와 전반적인 지침을 제공하기

훈련 회기에서 촉진자는 활동을 연습하고, 알아차리기와 기꺼이 경험하기, 가치의 구축을 소개하는 데 가장 적합한 방법을 배울 수 있다. 숙련된 촉진자가 있는 경우 활동을 시연한 후, 참여자들에게 짝을 짓거나 소집단을 형성하도록 하며 연습해 보도록 한다. 부담스러운 분위기를 조성하기보다는, 워크숍을 충실하게 운영하기 위한 점진적인 단계를 통해 학습을 촉진하는 방식으로 집단 연습에 접근해야 한다. 촉진자들은 워크숍 프로그램과 일치하는 모든 행동을 격려하며, 자료를 제시하는 방법을 검토하고 피드백을 요청하며, 알아차리기와 호기심을 촉진해야 한다. 다음은 훈련 회기에서 제공하는 일반적인 지침이다.

회복을 위한 ACT의 워크숍에 집중하도록 하기   워크숍에서는 기술에 집중해야 한다. 우리는 참여자들에게 워크숍에서 제시되는 생각과 기술을 고려하고, 이를 일상생활에서 시험해 보도록 한다. 우리는 참여자들이 워크숍의 유용성에 대한 자신의 경험을 신뢰하도록 권장한다. 이는 주로 인생의 이야기를 공유하고 지원을 제공하는 다른 집단 치료에 비하여, 회복을 위한 ACT 워크숍이 이러한 요소에 대한 활동과 반영에 더 집중한다는 의미이다. 이러한 점에 중점을 두어, 촉진자는 필요할 경우 집단을 기술과 활동에 집중하게 해야 한다. 이는 때때로 참여자들의 대화에 조심스럽게 끼어들고, 논의 주제가 더 넓은 집단의 목표와 연결되도록 도와야 함을 의미하기도 한다.

ACT의 장점에 관해 토론하거나 논쟁하거나 참여자를 설득시키지 않고, 공유와 탐색을 촉진하는 집단 환경을 조성하기　회복을 위한 ACT 워크숍은 경험을 통해 배우는 형태로 구성된다. 이는 교육적인 목적으로 이루어지거나, 참여자들의 관점을 고치거나 수정하도록 돕는 집단 치료와 상반될 수 있다. ACT 모델은 실용적인 접근법이며, 논쟁을 벌이거나 워크숍 참여자들에게 '해결책'에 동조하도록 설득하는 것이 아니다.

따라서 우리는 촉진자에게 참여자가 직접 시도하고 이해할 수 있도록 활동과 아이디어를 잠재적으로 유용한 것으로 소개하도록 한다. 참여자와 촉진자의 삶에서 개방적이고, 자각하며, 능동적인 삶의 접근 방식을 취하는 것이 유용하다는 예시를 보여 주는 것이 목적이다.

이러한 접근은 또한 촉진자가 참여자의 행동을 문제시하거나 오류라고 여기는 문제 해결적인 자세를 지양해야 함을 의미한다. 대신에, 촉진자는 가능한 한 참여자들이 왜 그러한 선택을 하는가를 이해하고, 이에 대한 목적을 검증하며, 행동을 가치 있는 방향과 연결 짓도록 촉진하는 것을 추구해야 한다. 이 때문에 알아차리기와 기꺼이 경험하기가 출발점이 될 필요가 있다.

ACT는 목표지향적인 접근이며, 사람들을 가치와 연결 지으려 노력한다　일부 참여자들은 회복을 위한 ACT의 가치 구축(values-construction) 작업이 정신건강 현장에서 때때로 발생하는 목표 설정의 유형(케어 코디네이터나 사례 관리자가 내담자의 달성 목표를 설정하는 것 등)과 유사하다고 생각한다. 이렇게 일방적인 방식으로 목표를 설정하면 참여자가 자신의 가치 있는 방향과 연결될 수 없으며, 워크숍 회기에서는 이러한 접근 방식을 취하지 않는다.

회복을 위한 ACT에서 취하는 가치 구축 접근법은 목표 설정 방법과는 대조적이었으면 한다. 우리 모두는 인생의 버스를 운행하는 동안에 어디로 가고 있는지 모호하기도 하며, 승객들이 가야 할 방향을 계속하여 지시하는 경우도 있다. 알아차리기, 기꺼이 경험하기, 거리 두기를 연습함으로써, 이러한 목표로부터 한 걸음 물러나는 것이 때때로 우리에게 중요한 것에 접촉할 여건을 만들어 주거나(중요한 것이 모호하다면) 삶의 여러 가지 방향을 시도해 볼 시간을 줄 수도 있다. 가치는 목표보다 큰 것이다.

참여자가 전념 행동을 완료하지 못했을 경우 어떻게 해야 하는가　참여자들 중 심각한 정신질환에서 회복 중인 사람들은 특히 전념 행동 활동을 하기 어려워하거나, 이를 완료하지 못하는 경우가 흔하다. 이는 촉진자가 참여자들을 관찰하기와 알아차리기 기술에 관여하도록 함으로써 심리적 유연성을 형성할 기회가 될 수 있다. 소집단 활동에서 전념 행동을 확인하고 계획을 세웠다면, 촉진자는 참여자들의 알아차리기 기술을 이 과정에 활용해 보도록 권장할 수 있다. 참여자들이 전념 행동 활동을 완료하지 못한 경우에도, 촉진자는 이를 기회 삼아 어떤 일이 있었고, 어떤 승객들이 방해가 되었는지(장애물), 그리고 워크숍에서 경험을 공유하는 것이 어땠는지를 알아차리도록 도울 수 있다. 회복을 위한 ACT에서 우리는 결과보다 가치를 부여하는 과정에 중점을 둔다. 참여자들에게 이를 알아차리도록 격려함으로써, 이후에 가치에 따라 행동할 기회가 발생할 때 학습한 기술들을 활용할 확률이 증가할 수 있다.

이와 같은 방법에서는, 누구도 전념 행동에 실패하지 않게 된다. 이를 성취했는지 성취하지 못했는지가 알아차리기를 위한 재료가 되며, 이는 인간으로서 중요한 일을 시도하는 공통의 경험으로 이해될 수 있다.

또한 워크숍이 점진적으로 행동을 조성하도록 고안되었다는 점을 기억해야 한다. 따라서 참여자들이 초반에 가치, 그리고 가치와 연결된 행동을 확인하고자 노력하거나 그들이 전념 행동 과제를 완료하기 어려워할 경우, 숙련된 촉진자는 참여자들이 충분히 준비되지 않았을 때 회기 내에서 학습을 강요하지 말고, 집단 과정에 걸쳐서 발생하는 보다 광범위한 학습에 초점을 맞추는 것이 좋다.

요약

이 장에서는 회복을 위한 ACT 워크숍의 촉진자로서의 기술을 향상시키는 다양한 방법과, 이러한 목적에서 다른 촉진자를 지원하는 방법에 대한 아이디어를 설명하였다. 워크숍 촉진자의 핵심 목표는 ACT 모델을 숙지하고, 이를 현재 순간에 반응하는 방식의 세트로 이해하여 워크숍 회기에 유연하고 경험적인 학습을 촉진하는 것이다. 이러한 회복 지향적인 방법으로 워크숍을 진행하는 것에는 많은 연습과 피드백이 요구된다. 그러므로 팀으로서 이러한 기술을 발전시키는 것이 도움이 된다. 우리는 이 장에서 다루었던 촉진자를 훈련하는 우리의 경험에 기반한 팁과 조언이 여러분의 참여적이고 효과적인 워크숍을 진행하는 데 도움이 되기를 바란다.

제**6**장

성공적이고 효과적인 워크숍을 운영하기
지도감독 및 평가

촉진자를 훈련시키는 것은 회복을 위한 ACT 워크숍의 참여자들에게 양질의 경험을 제공하는 작업의 일부일 뿐이다. 우리는 촉진자를 꾸준히 지도감독하는 것이 좋을 것이라고 생각한다. 이는 워크숍을 운영하는 기술을 강화해 주고 ACT 모델에 대한 친숙도를 높여 줄 것이다. 지도감독은 경직성과 비유연성을 지속하게 하는 집단 역동을 포함하여, 워크숍에서 나타날 수 있는 문제를 중재하기 위한 좋은 방안이다. 지도감독에서 여러분은 워크숍에서 무슨 일이 있었는지를 논의하고, 문제 해결에 관여하며, 역할연기를 직접 해 보고, 촉진자가 추가적으로 기술을 발전시키도록 도울 수 있다.

또한 이 장에서는 워크숍을 평가하는 것에 대해 다룬다. 워크숍이 참여자들에게 도움이 되었는지 여부를 증명하는 것은 참여자에게도, 서비스 자체에도 모두 중요한 고려사항이다. 다양한 장면에서 치료 제공자들은 치료가 효과적이고 안전하며 내담자의 삶을 개선시켰다는 것을 증명해야 하는 경우가 있다. 우리는 회복을 위한

ACT 워크숍을 평가하는 방안에 대해 이야기하는데, 이로써 여러분은 프로그램이 참여자들에게 도움이 되었는지 판단할 수 있을 것이다. 평가는 안녕감, 가치 있는 행동, 회복 단계, 정신증이 있는 사람들에게 사용하도록 타당화된 삶의 질, 개별적인 목표와 개인적 향상을 추적하는 결과 측정치를 사용하여 이루어질 수 있다. 우리는 회복을 위한 ACT 연구를 위해 취한 접근 방법과 일반적인 임상 실무에서 사용되는 임상적 측정치에 대해 설명할 것이다.

지도감독

촉진자를 지도감독(자문)하는 것은 워크숍이 양질의 학습 경험이며 촉진자가 자신의 역할을 지원받는다는 것을 보장한다. 지도감독은 촉진자가 처음 워크숍을 어떻게 진행할지 배울 때 가장 중요한 것으로, ACT 기술을 발달시키고 집단 프로토콜을 지속적으로 준수할 수 있도록 돕는다.

워크숍 촉진자를 위한 지도감독

우리는 여러분이 워크숍을 진행하는 촉진자 팀과 정기적으로 지도감독 모임을 하도록 권장한다. 프로그램에 동료 지원 촉진자가 있는 경우, 그들도 모임에 참여시키는 것이 유용할 수 있다. 이때 동료촉진자를 위한 지도감독과 전문적인 촉진자를 위한 지도감독 과정을 분리해서 제공하고 싶을 수도 있다.

우리는 집단 지도감독 모임에서 다음의 사항을 포함하는 것을 추천한다.

- 촉진자가 유능성을 발전시킨다고 느낄 수 있도록 모임에서 그들이 무엇을 다루게 될지 설명한다. 이는 여러분이 건설적인 비판을 어떻게 제공할 것인지에 대해 이야기하는 것을 포함한다.

- 워크숍 진행에 대한 긍정적인 경험과 부정적인 경험을 포함하여 집단 회기가 어떻게 진행되었는지를 검토한다.
- 촉진자가 워크숍 프로토콜에 대한 지식과 이해를 공유하도록 한다.
- 세심한 진행을 위해 활동을 연습한다.
- 집단의 난관을 해결하기 위한 경험적인 방법으로 역할연기를 한다.
- 촉진자에게 모임 경험에 대해 피드백 받는다.

우리의 경험에 따르면, 최소한 한 시간은 만나는 것이 가장 좋고, 촉진자의 필요에 따라 적어도 워크숍 2회기마다 한 번씩은 만나도록 한다. 질문을 하고, 피드백을 주고, 문제를 해결하고, 활동을 연습하는 데 한 시간이면 충분하다.

최적의 지도감독 사항과 개입에 대한 교육은 우리가 아는 바와 같이, 단순히 워크숍 회기가 어떻게 진행되었는지만을 보고하거나 실질적인 문제에 대해서만 이야기하기보다는 가능하다면 지원, 문제 해결, 경험 학습을 섞어서 진행하는 것을 권장한다. 경험 학습을 지원하기 위해서는, 촉진자가 워크숍 회기에서 무슨 일이 있었고 집단 과정에서 자신이 어떻게 대응하였는지를 이야기하고, 염려하는 부분을 공유하도록 격려하며, 추가로 촉진자 기술을 발달시킬 수 있도록 역할연기와 다른 경험적 방식을 사용하는 것이 가장 좋다(Morris & Bilich-Eric, 2017).

동료 지원 촉진자에 대한 지도감독을 어떻게 제공할 것인가

회복을 위한 ACT 연구에서는 워크숍을 공동 촉진하기 위해 동료 지원 촉진자를 참여시켰다. 그들의 참여는 많은 이점을 제공했다(제4장 참조). 우리가 시행하기로 동의한 워크숍 모델은 이 촉진자에게 명확한 기준을 제공하는 것이다. 제4장에서 이야기한 대로, 이 기준을 만족시키고 그들과 참여자 모두에게 워크숍이 긍정적인 경험이 되도록 하기 위해서는, 동료 지원 촉진자를 충분히 지원하는 것이 필수적이다. 지도감독 모임은 지원을 위한 좋은 방법이다.

우리는 지도감독 모임이 건강 전문가 촉진자들의 모임과 비슷해야 한다고 생각한다. 이는 상술한 대로 적어도 한 시간 이상 진행되는 공식적인 지도감독 모임이어야 함을 의미한다. 모임에서 워크숍 리더와 촉진자가 워크숍 과정을 검토하고, 기술을 연습하고, 추후 회기를 준비할 기회가 있어야 한다.

동료 지원 촉진자를 지도감독하는 데 있어 기대치와 구조를 고려하는 것이 중요하다. 무엇보다도 동료 지원 촉진자는 지도감독 경험이 없을 수 있으므로, 만남의 목적과 형식에 대한 기준을 설정하는 것이 매우 유용하다. 또한 촉진자에게 지도감독이 그들이 워크숍 참여자들에게 최선을 다할 수 있도록 지원하는 것이라는 합리적인 근거를 설명하는 것은 그들을 안심시키고 그들의 관심과 협조를 얻는 좋은 방법이다.

지도감독 회기에서, 지도감독자는 동료 지원 촉진자 역할에 대한 자신의 기대를 염두에 두며 다음을 고려해야 한다.

- 전문 지식이나 훈련의 부족
- 워크숍 촉진자가 되는 것과 정신건강 치료를 경험한 사람으로서의 갈등
- 워크숍을 촉진하거나 지도감독에 참여하면서 발생할 수 있는 느낌. 특히 혼란감, 압도되는 느낌, 비판받는 느낌의 경험

전문 지식이나 훈련이 부족할 수 있다는 것을 고려하기

동료 지원 촉진자들은 정신건강 문제에서 회복하는 경험에 대한 전문 지식을 가지고 있으며, 그들의 관점은 참여자들이 워크숍에서 장려하는 심리적 유연성 기술을 시도해 보도록 지지해 줄 수 있다. 동료 지원 촉진자들의 참여와 회복에 대한 논의가 집단 과정의 성공에 강력한 영향을 미칠 수 있다.

그러나 동료의 관점은 어떤 부분에서는 제한적일 수 있다. 예를 들어, 동료 지원가들은 정신건강과 안녕감에 대한 근거 기반 이해, 보건 및 사회적 케어 시스템의 작동 방식, 혹은 워크숍을 넘어 참여자들의 필요에 대응할 수 있는 가능한 대안(예

를 들어, 참여자가 필요로 하는 서비스와 지원에 대해 정보를 제공해 줄 수 있는 것)에 대한 폭넓은 지식을 가지지 못했을 수 있다.

워크숍을 운영하는 임상가가 참여자에 대한 동료 지원 촉진자들의 책임을 명확히 하는 것 또한 중요하다. 종종 워크숍 참여자들은 임상가가 책임져야 할 문제에 대해 동료 지원 촉진자들에게 의존한다. 예를 들어, 참여자가 위기 상황에서 회기에 참여할 때나 정신 상태나 수준이 더 악화되었을 경우, 이는 임상가의 책임이기 때문에 동료 지원가들은 이러한 문제를 관리하는 것에 대한 책임을 져서는 안 된다.

또한 건강 케어 장면에서는 동료 지원 촉진자들의 행동을 어떻게 관리하는지를 고려하는 것이 필수적이다. 회복을 위한 ACT 연구에서 우리는 촉진자들을 채용하여 그들이 훈련을 받고 워크숍에 공동 촉진하여 지도감독에 참여하는 데 드는 시간에 대해 돈을 지불하였다. 우리의 의료 서비스가 관리하는 자원 동료 근로자 목록인 서비스-사용자 등록부에서 그들을 모집하였기 때문에, 그들은 이미 면접과 심사가 완료되었으며, 명단에 등록하기 위한 수행 지침에 동의한 상태였다. 이는 사전에 의료 서비스 환경에서 일하는 것에 대한 어느 정도의 안내를 받았음을 의미한다. 건강 전문가와 동료들 모두에게 촉진자로서의 역할과 책임을 명료하게 설정하기 위해 여러분의 현장에서 어떻게 채용과 관리 절차가 진행되는지 고려하는 것이 유용하다.

"제가 전문가라고요?"

동료 지원 촉진자는 경험에 의한 전문가이기 때문에 종종 전문성을 제공하는 것과 자신의 정신건강 케어에 관여하는 것 사이에서 갈등을 경험하기도 한다. 때때로 그들은 자신의 개인적인 회복에 그렇게 성공적이지 못했다며 남들을 속이는 듯한 느낌을 받을 수 있다. 이는 동료 지원 촉진자들이 워크숍 과정에서 자신의 기여도를 의심하는 것으로 이어질 수 있다.

우리는 이러한 우려가 지도감독에서 직접적으로 논의되어야 한다고 생각한다. ACT 모델은 지도감독자와 촉진자에게 고통의 정상성 및 보편성, 워크숍에서 연습한 기술을 다양한 상황에 적용하는 방법, 동료 지원을 제공하는 의도가 이 기술을 사용하도록 참여자와 촉진자를 독려하기 위한 것(심하게 고통스러운 기간이거나 삽화 혹은 정신건강 문제로부터 회복할 때뿐만이 아니라 삶을 잘 살아가는 보통 때에도)이라는 공유된 관점을 제공한다. 지도감독자는 동료 지원 촉진자가 자신의 회복 경험을 공유하고, 워크숍 참여자들 앞에 존재한다는 그 자체로 가치 있는 것을 제공한다는 시각을 제시해야 한다. 지도감독자는 동료 지원 촉진자가 워크숍 회기에서 활동을 이끌고 유용한 방식으로 경험을 공유한 시간을 언급하면서 격려할 수 있고, 이를 통해 생산적인 토론과 피드백이 이루어지거나 워크숍 참여자들의 자기공개와 개방성이 향상될 수 있다.

지도감독을 위한 안전한 공간 제공하기

워크숍을 촉진하는 것은 어려울 수 있다. 최선의 계획과 의도에도 워크숍 회기가 예상대로 진행되지 않거나, 동료 지원 촉진자를 혼란스럽거나 압도되게 만드는 이야기가 나올 수 있다. 참여자들은 종종 촉진자를 비난하거나 워크숍의 규칙으로 설정한 제한사항을 받아들이지 않는다.

이럴 때 지도감독이 중요한 기능을 한다. 이 주제를 이야기할 지지적인 공간을 제공하고, 지도감독자가 촉진자의 경험을 타당화하면서, 유연한 반응을 강화할 기회가 된다. 이는 녹음 파일을 검토하거나 상호작용을 역할연기하며 이에 대해 논의해 볼 수 있다. 지도감독에서 집단 작업이 이러한 감정과 반응을 수반하고, 이를 공개적으로 논의하는 것이 가치 있다는 기대치를 확립하는 것이 회기의 복잡성을 다루는 촉진자의 역량을 구축하는 데 큰 영향을 미칠 수 있다.

촉진자가 회복을 위한 ACT 워크숍을 충실하게 진행하도록 돕기

경험적 평가에 기반한 치료에서, 촉진자가 이를 충실하게 제공할 수 있도록 지원하는 방안을 고려하는 것이 중요하다. 이 부분에서, 우리는 충실도(fidelity)를 추적하고 촉진자에게 피드백하는 방법에 대해 이야기할 것이며, 이 과정을 실제로 진행할 때 도움이 되는 팁을 제공하고자 한다.

충실도는 치료에 대한 **준수**(치료와 모순된 행동을 하지 않는다는 것을 비롯해 포함된 핵심 과제를 하는 것)와 **역량**(적절한 시기에 민감하게 기법을 사용하는 것과 효과적인 방식으로 치료하는 것) 모두를 포함한다. 충실도는 치료에 대한 연구에 핵심 요소이며, 보통의 환경에서 집단 치료를 할 때에도 중요하다고 생각된다. 촉진자가 ACT 모델의 핵심 과제를 수행하면서도 참여자에 대한 자신의 반응이 ACT와 맞지 않다고 생각하며 역량을 보여 주지(발휘하지) 않을 수 있다. 워크숍은 사람들이 연습으로 '그냥' 운영하고 그들이 해야 할 전념 행동 활동을 제공하는 것 이상이다.

회복을 위한 ACT 워크숍은 단기의 매뉴얼화된 치료를 목적으로 한다. 이는 참여자들에게 개별적으로 맞춤화된 수용전념치료를 하는 것보다 촉진자 기술이 덜 필요하다는 것을 의미한다. 우리는 연구에서, 보통 숙련된 사람과 최근에 촉진 워크숍을 훈련받는 몇 명의 사람(예를 들어, 동료 지원 촉진자)을 포함한 촉진자 팀과 워크숍을 진행했다. 이는 매 워크숍에서 ACT에 대한 깊이 있는 지식과 기술을 갖춘, 역량 있고 숙련된 촉진자가 일반적이지 않거나 난관이 되는 상호작용에 대응하기 위해 함께했다는 것을 의미한다. 우리는 모든 장면이 이 수준의 전문성을 가지고 있지는 않다는 것을 알고 있다. 우리의 촉진자들도 대부분이 고도의 훈련을 받거나 전문적으로 교육받은 ACT 치료자가 아니었기 때문에, 고도의 전문성 없이도 워크숍을 운영할 수 있으며, 다양한 환경에서 워크숍을 진행하는 것이 실현 가능하다고 생각한다.

ACT에 대한 ACT

우리는 ACT에 대한 ACT라고 부르는 충실도 측정치를 사용하여 충실도를 추적하였다(그림 6-1] 참조). 이는 치료에 대한 준수와 역량 간의 관계를 반영한다.

워크숍 회기: _____   날짜: _____

워크숍 회기에 대해 다음의 각 요소에 대해 평정하십시오.

해당 회기에서 나타난 각 요소가 이 치료 단계에 얼마나 적합한지 평정하고, 그다음 이 요소에 대한 집단 반응성을 평정하십시오.

ACT 치료의 태도	이 회기에서 얼마나 자주 나타났는가?	이 회기에 얼마나 적합하였는가?	집단의 반응성은 어땠는가?
	0 = 전혀 없음 1 = 적음 2 = 보통 3 = 많음 4 = 매우 많음	0 = 부적합함 1 = 조금 적합함 2 = 보통 3 = 아주 적합함 4 = 아주 많이 적합함	0 = 반응 없음 1 = 적은 반응 2 = 보통 3 = 많은 반응 4 = 매우 많은 반응
수용 및 기꺼이 경험하기를 발달시키기/경험적 통제를 약화시키기	이 회기에서 얼마나 자주 나타났는가?	이 회기에 얼마나 적합하였는가?	집단의 반응성은 어땠는가?
	0 = 전혀 없음 1 = 적음 2 = 보통 3 = 많음 4 = 매우 많음	0 = 부적합함 1 = 조금 적합함 2 = 보통 3 = 아주 적합함 4 = 아주 많이 적합함	0 = 반응 없음 1 = 적은 반응 2 = 보통 3 = 많은 반응 4 = 매우 많은 반응
인지적 융합을 약화시키기	이 회기에서 얼마나 자주 나타났는가?	이 회기에 얼마나 적합하였는가?	집단의 반응성은 어땠는가?
	0 = 전혀 없음 1 = 적음 2 = 보통 3 = 많음 4 = 매우 많음	0 = 부적합함 1 = 조금 적합함 2 = 보통 3 = 아주 적합함 4 = 아주 많이 적합함	0 = 반응 없음 1 = 적은 반응 2 = 보통 3 = 많은 반응 4 = 매우 많은 반응
현재 순간에 접촉하기	이 회기에서 얼마나 자주 나타났는가?	이 회기에 얼마나 적합하였는가?	집단의 반응성은 어땠는가?
	0 = 전혀 없음 1 = 적음 2 = 보통 3 = 많음 4 = 매우 많음	0 = 부적합함 1 = 조금 적합함 2 = 보통 3 = 아주 적합함 4 = 아주 많이 적합함	0 = 반응 없음 1 = 적은 반응 2 = 보통 3 = 많은 반응 4 = 매우 많은 반응

맥락으로서 자기와 개념적 자기 구분하기	이 회기에서 얼마나 자주 나타났는가?	이 회기에 얼마나 적합하였는가?	집단의 반응성은 어땠는가?
	0 = 전혀 없음 1 = 적음 2 = 보통 3 = 많음 4 = 매우 많음	0 = 부적합함 1 = 조금 적합함 2 = 보통 3 = 아주 적합함 4 = 아주 많이 적합함	0 = 반응 없음 1 = 적은 반응 2 = 보통 3 = 많은 반응 4 = 매우 많은 반응
가치 있는 방향 정하기	이 회기에서 얼마나 자주 나타났는가?	이 회기에 얼마나 적합하였는가?	집단의 반응성은 어땠는가?
	0 = 전혀 없음 1 = 적음 2 = 보통 3 = 많음 4 = 매우 많음	0 = 부적합함 1 = 조금 적합함 2 = 보통 3 = 아주 적합함 4 = 아주 많이 적합함	0 = 반응 없음 1 = 적은 반응 2 = 보통 3 = 많은 반응 4 = 매우 많은 반응
전념 행동 패턴 구축하기	이 회기에서 얼마나 자주 나타났는가?	이 회기에 얼마나 적합하였는가?	집단의 반응성은 어땠는가?
	0 = 전혀 없음 1 = 적음 2 = 보통 3 = 많음 4 = 매우 많음	0 = 부적합함 1 = 조금 적합함 2 = 보통 3 = 아주 적합함 4 = 아주 많이 적합함	0 = 반응 없음 1 = 적은 반응 2 = 보통 3 = 많은 반응 4 = 매우 많은 반응

ACT와 일치하지 않는 기법/지양해야 할 행동	이 회기에서 얼마나 자주 나타났는가?
촉진자가 역설이나 비유('통찰'을 발전시킬 수 있는)의 '의미'를 설명하였는가?	0 = 전혀 없음 1 = 적음 2 = 보통 3 = 많음 4 = 매우 많음
촉진자가 비판이나 판단을 하거나 '한 수 위'라는 입장을 취했는가?	0 = 전혀 없음 1 = 적음 2 = 보통 3 = 많음 4 = 매우 많음

촉진자가 참여자와 논쟁하거나, 가르치려 들거나, 강요하거나 설득하였는가?	0 = 전혀 없음 1 = 적음 2 = 보통 3 = 많음 4 = 매우 많음
촉진자가 어떤 것이 효과적인지, 아니면 효과적이지 않은지에 대한 참여자의 진정한 경험을 자신의 의견으로 대신하지는 않았는가?	0 = 전혀 없음 1 = 적음 2 = 보통 3 = 많음 4 = 매우 많음
모순되거나 어려운 아이디어, 감정 또는 기억 등을 해결할 필요성에 대해 모델링하였는가?	0 = 전혀 없음 1 = 적음 2 = 보통 3 = 많음 4 = 매우 많음
망상적 믿음에 대한 증거: 촉진자는 참여자가 자신의 망상적 믿음을 뒷받침하려고 사용한 근거를 평가하였는가?	0 = 전혀 없음 1 = 적음 2 = 보통 3 = 많음 4 = 매우 많음
타당성 검증/행동 실험: 촉진자가 참여자들에게 (1) 그들의 믿음에 대한 타당성을 검증하기 위해 특정한 행동을 권유하거나 (2) 외부 사건을 명시적으로 예측하고 사건의 결과를 그 예측의 검증치로 사용했거나 (3) 이전의 타당성 검증의 결과를 검토하였는가?	0 = 전혀 없음 1 = 적음 2 = 보통 3 = 많음 4 = 매우 많음
망상에 대한 언어적 도전: 촉진자가 논의를 통하여 참여자들의 믿음에 도전하였는가?	0 = 전혀 없음 1 = 적음 2 = 보통 3 = 많음 4 = 매우 많음

전체 평정

이 회기의 ACT 지도 집단에서 촉진자의 전반적인 수행을 평정하십시오.

0	1	2	3	4	5	6
매우 불만족	약간 불만족	그저 그럼	보통	만족	매우 만족	매우 많이 만족

[그림 6-1] ACT에 대한 ACT 충실도 측정치

ACT와 일치하는 촉진자 행동

　ACT에 대한 ACT 충실도 측정치의 첫 번째 부분에서는 우리가 워크숍 촉진자가 관여하길 원하는 ACT와 일치하는 행동을 설명한다. 집단 프로토콜(제2부 참조)은 촉진자가 상호작용을 위해 사용해야 하는 양식과 더불어 회기 내용을 설명한다. 회기에서 ACT와 일치하는 행동이 있었는지 여부를 나타내는 것은 프로토콜에 대한 준수를 평가하는 것인 반면, ACT 요소의 적합성을 평가하는 것은 역량을 평가하는 것이다. 이러한 행동에 대한 참여자들의 반응에 주의를 기울이는 것 또한 역량평가의 일부로, 이를 통해 촉진자가 구성요소를 적시에 능숙하게 수행하였는지를 고려할 수 있다.

ACT와 일치하지 않는 촉진자 행동

　ACT에 대한 ACT 충실도 측정치의 두 번째 부분은 지양해야 할 촉진자의 행동 목록이다. 이 행동은 참여자들의 심리적 유연성을 촉진하지 못하게 할 수 있다. 이는 (1) 참여자의 경험 내용이 변화될 필요가 있다거나 어떤 점에서 부정확하거나 잘못되었다는 생각을 강화하거나 (2) 참여자가 경험을 '시험하거나' '해결하거나' '이해하는' 반응을 할 필요가 있다는 관점을 강화할 수 있다. 그 대신에, 우리는 참여자들이 경험을 단지 비판단적으로 관찰하고 알아차리면서 반응하도록 독려하길 원한다. 가벼운 마음으로 경험을 이해한다는 생각을 가지는 것은 참여자들이 경험에 더 유연한 방식으로 반응할 수 있게 만든다.

보통 촉진자가 ACT 요소를 적합하지 않은 때에 제시하거나, 상호작용이 심리적 유연성 기술을 촉진하는 것이 아닌 다른 것에 관한 것일 때 맞지 않는 반응이 나타날 수 있다. 다음의 몇 가지 예시가 명료화를 도울 것이다.

- **잘못된 타이밍:** 촉진자가 가치에 기반한 선택과 행동이라는 넓은 관점에서 벗어나서, 기꺼이 경험하거나 탈융합에 대해 이야기하면, 참여자들은 양쪽의 선택지 모두가 타당하지 않다고 여기거나 '네 생각을 그냥 무시해.' 또는 '네 마음이 말하는 건 중요하지 않아.'와 같은 부적절한 메시지가 촉진되는 경험을 할 수 있다. 우리의 경험에 따르면, 현재 순간을 자각하고 알아차리는 것으로 시작하여, 동기나 의미의 근원을 연결시키기 위한 방법으로 가치를 탐색하는 것은 참여자가 가치와 일관된 방식으로 수용과 탈융합할 수 있는지를 탐구하는 좋은 기반을 만들어 준다.

- **맥락보다 내용에 반응하기:** 워크숍 동안 촉진자는 참여자가 이야기한 내용에 걸려드는 경우가 있다. 이는 유연성을 촉진하기보다는 문제 해결이나 '고치는' 것으로 반응하도록 이어질 수 있다. 또한 이런 방식으로 내용에 반응하는 것은 촉진자가 참여자에게 ACT 모델을 실험해 볼 수 있는 기술이 아니라 경직되게 '해답'이나 '행동하는 올바른 방법'으로 언급할 때 나타날 수 있다. 촉진자는 회기에서 참여자와 동등한 입장에서 제시하고 반응하기보다는 전문가의 입장을 취하고 있는지를 반성하며 추적해 볼 수 있다. 집단 과정은 참여자들이 적당히 회의적인 태도를 가지고 질문하는 것을 용인할 수 있다. 우리는 사람들이 각자의 관점에서 ACT 모델에 대한 생각과 비유에 관여하기를 바란다. 때로는 촉진자가 참여자들의 '이견을 인정'하는 것이 중요할 것이다. 이는 특히 참여자가 워크숍 회기 동안 지배관념이나 망상적 생각을 표현하는 경우에 그럴 수 있다. 촉진자가 유연성을 가지고 집단을 이끄는지를 확인할 필요도 있다!

충실도 평가 기회

워크숍 회기에서 녹음이나 녹화로 직접 관찰하거나 기록하는 것을 포함해 충실도를 평가하는 몇 가지 방법이 있다. 공동촉진자로 회기를 직접 관찰하는 것은, 촉진자가 ACT와 일치하는 행동을 하는지의 여부와 워크숍 참여자들이 이러한 행동에 반응하는 방식을 볼 수 있는 좋은 방법일 수 있다.

만일 참여자가 동의할 경우, 충실도를 평가하기 위해 녹음하는 것이 유용할 수 있다. 촉진자는 지도감독 모임에서 자신의 수행에 대한 피드백을 듣고 참여자의 반응을 검토하기 위해 발췌한 녹음본을 공유할 수 있다. 아니면 지도감독자가 녹음 파일을 듣고 지도감독 모임에서 피드백을 주고, 문제를 해결하며, 가능하다면 역할연기를 통해 대안적인 반응을 연습해 볼 수도 있다.

워크숍 참여자가 동의할 가능성이 적기 때문에 녹화를 하는 것은 더 어려울 수 있다. 그러나 녹화는 촉진자가 워크숍에서 어떻게 참여하는지, 참여자들이 치료 구성에 어떻게 반응하는지(참여자가 얼마나 반응하는지, 촉진자가 그 반응에 대한 기회를 놓쳤는지 등을 관찰하는 것과 같이)에 대해 비언어적 반응을 포함해 평가할 수 있도록 하는 훌륭한 방법을 제공한다.

상술한 것과 같이, 촉진자에게 피드백을 주는 정기적인 지도감독 모임은 지도감독 과정과 충실도를 촉진하기 위한 필수적인 부분이다. 우리는 건설적인 피드백과 모델링(지도감독자가 활동을 진행하고 상호작용을 다루는 다양한 방법을 보여 주는 것)이 충실도를 보장하는 최선의 방법이라고 생각한다.

워크숍 평가하기

여기서는 각자의 현장에서 회복을 위한 ACT 워크숍 프로그램을 평가하는 방법을 설명한다. 우리는 프로그램을 평가하는 것이 유용한 이유와 각 참여자의 개인 맞춤형 회복을 평가할 수 있는 측정 도구와 피드백에 대해 개괄한다.

현장에서 워크숍 프로그램을 평가해야 하는 이유

일반적으로, 참여자들에게 우리가 제공하는 개입이 어땠는지 물어보는 것이 좋은 방법이라고 생각한다. 회복을 위한 ACT 워크숍을 계획하면서, 각 회기가 참여자에게 얼마나 유용한지 평가할 수 있는 방법을 사전에 설정하기를 권한다.

우리는 워크숍 프로그램을 평가함으로써 여러분이 참여자들에게 가장 적합한 것이 무엇인지를 발견하기를 바란다. 참여자들의 피드백을 받는 것은 회복을 위한 ACT 워크숍을 여러분의 현장에 맞게 조정하고 변화시키는 데 도움이 될 것이다. 워크숍 프로그램을 평가하는 것은 워크숍이 의도한 목표에 달성했는지의 여부를 판단하는 데 도움이 될 것이다. 이는 곧 가치에 기반한 활동에 대한 참여도를 높임으로써 참여자의 안녕감을 향상시키는 것이다.

많은 현장에서 워크숍 참여자뿐만 아니라 전문가 및 기관, 여러분의 서비스 관리 기관, 그리고 워크숍 참여자들의 가족과 보호자와 같이, 여러분이 제공하는 워크숍이 실제로 사람들에게 도움이 되는지에 관심을 갖는 많은 사람이 있을 것이다. 이들에게 평가 결과를 요약하여 제공할 경우, 프로그램이 무엇에 관한 것인지, 워크숍 참여자들에게 무엇을 기대할 수 있는지를 이해시키는 데 도움이 될 것이다.

평가 도구 사용 시 고려사항

정기적으로 평가를 시행할 때는 실용적인 태도를 취하는 것이 좋다. 다양한 예측을 검증하기 위해 연구에서 활용되었던 여러 측정치를 사용할 수 있지만, 예측을 측정하는 것이 서비스를 평가하는 것의 목적은 아니다. 일상적인 서비스 제공에서 평가의 초점은 프로그램이 참여자들에게 유익한지를 입증하는 데 있어야 한다. 우리는 치료자가 작업할 대상군에서 타당화되고, 변화에 민감하며, 무상으로 이용 가능하도록 공개된 척도를 선정할 것을 권장한다(정신증을 위한 ACT 평가 척도 개발과 관련된 보다 폭넓은 논의는 Farhall, Shawyer, Thomas, & Morris, 2013 참조).

또한 워크숍 참여자가 평가를 얼마나 많이 감당할 수 있는지를 고려해 볼 것을 추천한다. 워크숍 사전 평가가 지나치게 부담스러워 참여자들이 워크숍에 오지 못하는 상황은 누구도 원치 않을 것이다. 평가에 대한 장시간의 측정이나 면담은 정신증에서 회복 중인 일부 사람들에게는 너무 견디기 힘들기 때문에, 보다 간략한 측정치를 활용하는 것이 좋다. 이는 실제로 급성기 환경에서 고려되었던 사항이다(관련된 논의는 3장 참조). 정신증이 있는 사람들이나 보호자들과 같이 여러분이 작업하는 대상군에서 타당화된 측정치를 활용하는 것이 중요하다. 타당화된 측정치를 사용하는 것은 여러분이 발견한 모든 변화가 신뢰할 수 있고, 타당하며, 참여자 집단에 적용 가능하다는 것을 보장할 수 있다.

마지막으로, 자기보고식 설문지의 경우 무상으로 이용할 수 있도록 공개된 것을 사용하도록 권장한다. 이러한 측정치는 무료이며, 설문지를 만드는 데 드는 비용이 적다는 것이 장점이었다. 또한 공개적으로 사용할 수 있기 때문에 전자 버전(태블릿 어플이나 온라인 설문 조사)을 개발할 수도 있다.

측정치의 종류와 사용 시의 피드백

ACT는 심리적 유연성 기술을 활용하여 안녕감과 목적 및 삶의 질을 향상시키기 위한 접근 방식이다. 따라서 워크숍 이후를 평가하기 위한 과정과 결과로 이를 사용한다. 그리하여 우리는 두 가지의 측정 세트(결과 및 과정)와 워크숍 참가자들로부터 피드백을 사용하도록 권고한다.

결과 측정치

안녕감, 증상과 문제로 인한 간섭, 삶의 질, 활동 수준, 개인적 회복에 대한 관여를 포함하여 결과 측정치를 평가하는 것이 중요하다.

안녕감

워크숍의 주요한 결과는 참여자의 안녕감을 향상시키는 것이다. 이와 관련된 몇 가지 측정치가 정신증이 있는 사람들을 대상으로 타당화되었다.

핵심 상담성과 도구(The Clinical Outcomes in Routine Evaluation-Outcome Measure: CORE-OM): 심리적 고통을 측정하는 34개의 자기보고식 문항으로, 안녕감(4문항), 증상(12문항), 기능(12문항), 위험(6문항)의 네 가지 영역으로 구성되어 있다. 정신증이 있는 사람들을 위한 다양한 심리치료 평가에 활용되어 왔다(예를 들어, Chadwick et al., 2016; Jolley, Garety, et al., 2015; Waller et al., 2013). CORE-OM은 무료로 다운로드할 수 있다(http://www.coreims.co.uk).

핵심 상담성과 도구-10(CORE-10; Barkham et al., 2013): CORE-OM에서 10문항을 추출한 단축형으로, CORE-OM이 너무 길다고 여겨질 때 사용된다. 불안(2문항), 우울(2문항), 외상(1문항), 신체적 문제(1문항), 기능(3문항-일상, 친밀한 관계, 사회적 관계), 자기에 대한 위험(1문항)으로 구성된다. CORE-10은 정신증을 가진 사람들을 대상으로 심리적 개입을 평가하는 데 사용되어 왔다(예를 들어, Owen, Sellwood, Kan, Murray, & Sarsam, 2015; Jolley, Garety, et al., 2015).

Warwick-Edinburgh 정신적 안녕감 척도(The Warwick-Edinburgh Mental Well-Being Scale: WEMWBS; Tennant et al., 2007): 14문항으로 구성된 척도로 정신적 안녕감의 기분 및 기능 측면을 모두 다룬다. 정신증이 있는 사람들과 변화에 민감한 사람들 (Jolley, Onwumere, et al., 2015)을 포함한 다양한 임상 문제에 걸쳐 정신적 안녕감을 타당하게 측정하는 척도로 확인되었다(Stewart-Brown et al., 2011). http://www2.warwick.ac.uk/fac/med/research/platform/wemwbs에서 무료로 다운로드할 수 있다.

증상과 문제로 인한 간섭

ACT 개입은 참여자가 인지하는 증상과 문제로 인한 간섭을 감소시킨다. 이를 평가하기 위해 다음의 척도를 활용할 수 있다.

Sheehan 기능 손상 척도(The Sheehan Disability Scale: SDS; D. V. Sheehan, Harnett-Sheehan, & Raj, 1996): Sheehan 기능 손상 척도에서 채택한 세 가지 항목에서는 일/학습, 사회 생활/여가 활동, 가정 생활/가정 책임과 같은 세 가지 영역의 기능 손상을 살펴본다. 참여자는 10점의 시각적 아날로그 척도를 활용하여 한 주간 이러한 삶의 영역을 얼마나 방해받았는지를 평가한다. SDS는 심리측정적 특성이 양호하고 치료 효과에 민감하다(K. H. Sheehan & Sheehan, 2008).

삶의 질

ACT 개입은 참여자의 삶의 질을 향상시키며, 다음의 척도로 평가된다.

Manchester 단축형 삶의 질 평가(Manchester Short Assessment of Quality of Life: MANSA; Priebe, Huxley, Knight, & Evans, 1999): 16문항으로 구성된 척도로, 삶의 영역(예를 들어, 고용/훈련, 재정, 우정, 거처, 가족 관계, 신체 및 정신 건강)에 대한 만족도를 평가한다. 참여자는 각 항목을 7점 단위로 평가한다. MANSA의 총점은 항목의 평균으로 계산된다(점수가 높을수록 더 높은 삶의 질을 나타냄). 정신증이 있는 사람들에 대한 여러 연구에서 삶의 질을 평가하기 위해 MANSA를 활용했다(예를 들어, McCrone, Craig, Power, & Garety, 2010; Theodore et al., 2012).

활동 수준

ACT 워크숍은 가치 기반 행동을 증가시키는 것에 초점을 맞추고 있으며, 대다수의 참여자들에게 이는 활동의 범위와 복잡성을 포함하여 활동을 증대시키는 것이 해당된다.

시간 예산 측정(The Time Budget Measure; Jolley et al., 2006): 이 척도는 한 주 동안 일기를 쓰는 형식으로, 하루는 4개의 시간 단위로 나뉜다. 참여자는 각 시간 단위에 무엇을 하고 있었는지 기술하며, 면담자는 이를 5점 척도로 평가한다(앉기, 잠자기 등과 같은 활동성이 낮은 활동에서 작업, 공부 등과 같은 계획과 동기부여가 필요한 활동까지). 총점은 그 주의 활동 정도를 나타낸다.

개인적 회복에 대한 관여
ACT 워크숍은 참여자의 개인적 회복에 대한 참여도를 높이기 위해 설계되었다.

회복 과정 질문지(Questionnaire About the Process of Recovery: QPR; Neil et al., 2009): 22문항으로 구성된 척도로 사람들에게 의미 있는 방식의 회복에 대해 질문한다. 회복과 관련된 개인적 과제, 회복을 돕는 대인관계적 과제의 두 하위척도가 있다. QPR에 대한 최근의 평가는 합리적인 수준의 심리측정적 특성을 보유하고 있으며, 15문항의 단축형 버전도 사용할 수 있다(J. Williams et al., 2015).

과정 측정치

마음챙김, 경험에 대한 비판단, 가치 기반 행동, 심리적 유연성과 같은 ACT와 관련된 변화의 과정을 평가하는 것 또한 유용하다.

Southampton 마음챙김 척도(Southampton Mindfulness Questionnaire: SMQ; Chadwick et al., 2008): 16개 문항으로 구성된 척도로, 고통스러운 사고와 심상 간의 관계, 그리고 이러한 고통스러운 경험에 마음챙김적으로 반응하는 정도를 평가한다. 다루기 어려운 사고와 심상을 받아들이고, 이에 반응하지 않고 흘려보내는 것에 대한 문항도 포함하였다. SMQ는 심리측정적 특성이 우수하다(Chadwick et al., 2008).

인지 융합 질문지(The Cognitive Fusion Questionnaire: CFQ; Gillanders et al., 2014): 7개 문항으로 구성되어 있으며, 내적인 경험이 행동을 지배하고 영향을 미치는 정도를 평가하면서 비판단적으로 경험에 관여하는 정도를 측정하기 위해 개발되었다.

가치 질문지(The Valuing Questionnaire: VQ; Smout et al., 2014): 8문항으로 구성되어 있으며(영역 특정적이기보다는 전반적임), 가치 있는 삶의 두 가지 측면인 '가치 있는 방향에 관여하기에 대한 진전'과 '이에 대한 장애물'을 측정한다.

수용 및 행동 질문지 2판(The Acceptance and Action Questionnaire-2: AAQ-2; Bond et al., 2011): 7개 문항으로 구성되어 있으며, 심리적 유연성을 측정하기 위해 개발되었다. 높은 점수는 경험에 직면하여 정신적 경험과 삶의 목표에 대한 지속성을 더 잘 수용한다는 것을 시사한다. AAQ-2의 심리측정적 특성은 우수하다.

워크숍 경험에 대한 피드백

회기 도중, 그리고 마지막 워크숍 회기가 끝난 후, 공식적으로 집단 치료에 대한 경험에 관하여 참여자에게 의견을 묻는 것이 매우 유용할 수 있다.

참여자 만족도

일반적인 소비자 만족도 기법을 활용하여, 참여자가 워크숍이 만족스러웠고 도움이 된다고 생각했는지의 여부와, 참여자가 워크숍을 다른 사람에게 추천할지에 대한 피드백을 얻을 수 있다.

워크숍에 연관될 수 있도록 수정한 내담자 만족도 설문지-8(The Client Satisfaction Questionnaire-8: CSQ-8; Larsen, Attkisson, Hargreaves, & Nguyen, 1979)과 같은 척도에 기반하여 일련의 질문을 활용하는 것을 추천한다. (부록 A15는 우리가 연구할 때 사용한 것의 예시이다.) 참여자는 이 측정치의 문항을 4점 리커트 척도로 평가하며, 점수가 높을수록 높은 만족도를 나타낸다. 또한 참여자들에게 워크숍에서 가장 도움이 되었던 것과 가장 도움이 되지 않았던 것, 그리고 향후 워크숍에서 변화되기를 바라는 것에 대하여 개방형 질문을 하는 것이 유용하다.

마지막으로, 가족 및 친구 검사(Family and Friends Test; NHS England, 2013)를 활용할 것을 제안한다. 이는 참여자들에게 "비슷한 문제로 도움이 필요한 친구와 가족에게, 워크숍을 얼마나 추천하시겠습니까?"와 같은 질문에 대해 1점(상당히 그렇다)과 5점(상당히 그렇지 않다) 사이의 척도로 평가하도록 요청하면 된다.

건설적 피드백은 매우 유용하다. 우리의 경험상, 워크숍에 대해 참여자들이 유용하지 않다고 느꼈던 부분과 불쾌했던 순간과 같은 비평을 공유하도록 함으로써 많은 것을 배울 수 있었다. 책의 후반부에 제시된 집단 프로토콜에는 참여자들에게 어떤 것이 도움이 되었고, 어떤 것이 도움이 되지 않았는지를 우리가 알게 되었던 내용을 담고 있다.

요약

제5장과 제6장에서는 회복을 위한 ACT 워크숍을 진행하도록 촉진자를 교육하고, 개입에 대한 충실도를 보장하기 위해 지도감독을 제공하며, 워크숍의 영향을 평가하는 방법에 초점을 맞추었다.

우리는 회복을 위한 ACT 워크숍이 이와 같은 구성요소를 포함해야 한다고 생각한다. 이러한 지원을 마련하는 데 들인 시간은 참여자와 촉진자 모두에게 최적의 집단 치료를 경험하도록 보장한다는 점에서 매우 가치 있다.

제2부

치료 지침서
TREATMENT MANUAL

정신증의 회복을 위한 ACT 워크숍 프로토콜 소개

Natasha Avery 공저

여기서는 지역사회 집단 장면에서 회복을 위한 ACT 워크숍을 운영하기 위한 프로토콜의 완성본을 제공한다. 이 프로토콜은 90분의 시범 회기와 회당 2시간의 4회기로 구성되어 있으며, 2시간의 부스터 회기(booster session) 2회기도 포함되어 있다.

워크숍은 6~12명의 참여자와 2~3명의 촉진자로 구성된 폐쇄 집단으로 운영되도록 설계되었다. 우리는 회복 단계가 유사한 참여자들(예를 들어, 초발 정신증 내담자나 증상이 장기화되고 더 복합적인 욕구가 있는 내담자)로 구성하기를 권장한다. 이를 권고하는 까닭은 정신증 초기 단계에 있는 참여자들이 집단 참여에 더 위축되어 있고 긴장을 많이 하는 경향이 있기 때문이다. 또한 우리는 그들이 증상을 통제하거나 없애는 것에 더 많은 에너지를 소모한다는 것을 알게 되었다. 이러한 참여자들로 구성된 집단에서는, 수줍음 다루기 같이 관여하고, 유연하며, 직접 실행해 보는 활동을 포함하여 참여자의 욕구에 반응하는 것이 중요하다. 정신증 증상이 공고화되어 있을수록 집단에 참여하는 것에 더 익숙하기 때문에, 더 자신감 있어 보이기 쉽다.

그러나 더 오랜 기간 정신증이 있는 채로 살아온 사람들일수록 더 고착되어 있을 수 있다는 것을 발견했다. 이러한 연유로 회복의 측면에서 동질적인 집단이 더 유용하며, 워크숍에서 중요하게 여기는 보편성에 대한 느낌을 줄 수 있다고 생각한다.

지역사회 정신건강 장면에서 연구의 일부로 이 프로토콜을 사용하였는데, 정신증을 경험하는 집단(제1장 참조)과 정신증이 있는 사람들의 보호자 집단(제2장 참조)으로 구성되었고, 결과는 긍정적이었다. 두 참여자 집단에서 동일한 프로토콜을 사용하였으나, 보호자 워크숍에서는 저수지 비유가 추가되며, 프로토콜에서 사용되는 폴과 조지에 대한 각기 다른 영상을 보여 준다는 점이 다르다. 이 영상은 http://www.actforpsychosis.com에서 다운로드할 수 있다. 만일 영상을 직접 만들고 싶다면, 부록 A6과 A7에 포함된 대본을 사용할 수 있다.

우리는 각 활동의 소요 시간에 대한 지침을 제공한다. 그러나 여러분은 워크숍 구성원들의 필요에 따라 각 회기 요소에 할애하는 시간을 조정하고 싶을 수 있다. 집단에 따라 특정 활동에 더 많은 시간을 할애해야 할 수 있다. 만일 회기가 너무 길고 모든 것을 회기 내에 마칠 수 없다면, 남은 요소들은 다음 회기로 넘길 수 있다. 필요시 4회기 이상으로 회기 수를 늘릴 수도 있다. 우리는 회복 워크숍에서 다수의 ACT를 진행하면서 관찰한 팁뿐만 아니라 어떻게 특정 활동을 촉진할지를 제안한다.

회기는 동일한 일반적 형식을 따라 진행된다. 각 회기 시작 시 추정 소요 시간을 포함해 회기의 주요 요소를 일반적으로 개괄한다. 각 회기에서 필요한 자료 목록 또한 제공한다. 각 연습의 목표를 강조하고 프레젠테이션 방식을 제안한다. 회기 전체에 걸쳐 우리는 여러분이 유용하게 사용할 수 있는 지시문 예시를 제공한다.

🖳 워크숍 전 오리엔테이션

워크숍 시작 전에 워크숍 회기를 개괄하고, 참여 목표에 대해 논의하며, 워크숍에 대한 모든 우려사항을 다루기 위하여 참여할 가능성이 있는 사람들을 만나 보기를 권장한다. 우리는 이 과정이 참여자들을 초기 단계부터 관여하게 만든다는 것을 발견하였다. 또한 우리는 학습하고 읽고 싶어 하는 욕구, 시간 준수 집단에서 말하는 것에 대한 두려움을 포함해, 참여자들이 예상하는 어떤 문제라도 그들과 함께 해결하는 것이 유용하다는 것을 알게 되었다.

시범 회기는 회복을 위한 ACT의 몇몇 요소를 비공식적으로 소개하기 위하여 고안되었다. 이 회기를 통해 참여자들은 본 워크숍 프로그램에 참여할지를 결정할 수 있다.

회기 내 제안

워크숍 촉진자가 참여자들 사이에 앉아서 치료진과 내담자를 분리하는(us-versus-them) 분위기를 최소화하도록 권장한다.[1] 우리는 모든 촉진자가 회기를 진행하지 않을 때에도 참여하도록 독려한다.

적절한 시기의 자기개방은 유용할 수 있으며, 우리는 회기에서 촉진자들에게 자기개방을 할 것을 독려한다. 예를 들어, 만일 촉진자가 어느 날 특히 더 피곤했다면, 그녀는 이게 바로 자신이 투쟁해 왔던 승객이라고 이야기할 수도 있고, 혹은 촉진자가 중요한 발표 전에 불안 승객과 투쟁해 왔다고 이야기할 수 있다. 이러한 자기개방은 워크숍에 적절하다고 느껴져야 한다(더 많은 설명은 제5장 참조). 간단한 다과를 제공하고 회기 중간에 잠시 쉬는 시간(10~15분가량)을 줄 것을 추천한다.

프로토콜의 각 회기는 필요한 준비물과 활동지에 대한 세부사항을 제공한다. 여러분이 복사하여 사용할 수 있도록 부록 A에서는 각 연습의 활동지를 첨부하였으며, 부록 B에는 매 회기에서 사용된 활동지를 첨부하였다. 참여자들에게 워크숍 자료를 보관하기 위한 폴더나 바인더를 나누어 줄 것을 권한다. 참여자들은 매주 자신

---

1) 역주: 집단을 대립하는 둘로 나누는 것(us versus them), Wiktionary.

의 폴더나 바인더를 집으로 가져갈지 혹은 집단의 촉진자에게 맡길지를 결정할 수 있다.

모든 참여자에게 마음챙김 연습 녹음 파일을 CD나 USB, 혹은 다운로드 링크로 제공한다. 여러분도 http://www.actforpsychosis.com에서 녹음 파일을 열람할 수 있다. 여러분도 부록 A의 마음챙김 설명 지침을 따라 여러분 자신의 마음챙김 연습을 기록해 볼 것을 추천한다.

회기 사이의 전화통화

우리는 참여자들에게 회기 사이에 전화를 걸어도 괜찮은지 물어본다. 참여자들이 전념 행동을 했는지 '점검하기' 위한 구실로 전화를 걸지는 않을 것이라고 설명한다. 이 짧은 통화는 '소통하는' 방식이며, 그 주의 워크숍이 어땠는지, 혹은 그 주 동안 승객에 대해 알아차릴 수 있었는지를 묻고, 승객에게 다르게 반응하려고 한 그들의 노력을 지지하는 방식이라고 설명한다. 피드백을 살펴본 결과, 참여자들은 전화통화를 중요하게 생각했고, 이 통화가 전념 행동을 상기시키며, 다음 회기 참석을 독려한다고 이야기하였다.

부스터 회기

부스터 회기는 워크숍에서 배운 기술을 복습하기 위해 고안되었다. 8주의 워크숍이 끝난 이후 2주 이상의 연속적인 부스터 회기를 하는 것을 제안한다. 대부분의 참여자들은 적어도 1회 이상의 부스터 회기에 참여하였으며, 복습이 도움되었다고 보고하였다.

마지막 메시지

여러분도 우리가 그랬던 것처럼 회복을 위한 ACT 워크숍을 촉진하는 것을 즐기기를 바란다!

시범 회기

소개 혹은 시범 회기(taster session)는 내담자나 보호자 같은 참여자들에게 일련의 워크숍을 소개하기 위한 것이다. 촉진자는 집단 구성원들이 공간과 형식에 익숙한 느낌을 가지도록 할 뿐만 아니라, 버스 승객 비유를 사용하여 가치의 개념과 가치의 장애물에 대해 소개할 것이다. 촉진자들은 자동조종(automatic pilot)의 개념을 소개하고 집단이 '호흡과 몸의 마음챙김' 연습을 하도록 한다. 이후에 진행될 워크숍의 날짜에 대해 논의하며 회기를 마친다. 다음에서는 회기에서 다룰 주제와 과제에 대한 시간 구성에 대해 개괄한다. 각 활동에 할당된 시간은 대략적이다.

시간표

환영 인사 및 소개	10분
가치 소개하기(능동적인)	20분
버스 승객 비유 소개하기	25분

마음챙김 연습(자각하는)	25분
회기 마무리	10분

준비물

- 화이트보드
- 종이와 펜
- 마커 펜
- 플립 차트[1]
- 다과

🔲 환영 인사 및 소개

목표: 참여자들을 환영하고, 화이트보드에 요점을 정리하여 워크숍 회기의 목적을 강조한다.

회복을 위한 ACT 워크숍의 시범 회기에 온 참여자들을 환영한다. 회기가 대략 한 시간 반 정도로 진행되며 중간에 짧게 쉴 것이라고 설명한다. 시설에 대해 소개한다(예를 들어, 비상구, 화장실 등). 촉진자는 자신이 누구이며 어떤 역할을 하고 있는지를 소개하고 명찰에 이름을 적어야 한다. 참여자들에게도 명찰을 착용하도록 요청한다.

시범 회기의 목적은 워크숍이 무엇을 다루는지 알아보고 몇 가지 연습을 해 볼 기회를 주기 위한 것이라고 설명한다. 이것이 치료 집단이기보다는 '기술 워크숍'으로, 개인적 문제에 대해 깊이 논의하기보다는 그들이 어떻게 활동하고, 연습으로 무

---

1) 역주: 강연 등에서 뒤로 한 장씩 넘겨 가며 보여 주는 큰 차트.

엇을 알아차리는지를 이야기하도록 독려받는다는 것을 강조한다. 이러한 연습을 하는 것만으로도 시간이 모자란다고 설명하자.

보호자를 위한 워크숍에서는, 정신건강 문제가 있는 누군가를 돌보는 것이 아주 큰 보상을 줄 수 있지만, 이는 또한 상당한 스트레스와 부담이 될 수 있으며 관계에서 중대한 영향을 미칠 수 있음을 강조하는 것이 중요하다. 그리고 워크숍이 자신에게 중요한 것을 발견하는 데 어떤 도움을 줄 수 있으며, 삶을 풍요롭게 하는 목표를 설정하고 행동을 취하기 위해 그 지식을 어떻게 사용할 수 있는지를 설명한다.

보호자와 내담자 모두에게 시범 회기 동안 집단에서 무엇을 하는지 소개하자.

- 삶의 방향을 발전시키기
- 장애물에 대한 자각 증진시키기
- 장애물에 더 효과적으로 반응하기 위해 개방적이고(open), 자각하며(aware), 능동적인(active) 기술 배우기
- 서로 교류하며 즐거운 시간 보내기

지시문 예시

이것들이 우리 워크숍의 핵심입니다. 우리는 회기별로 각 영역을 살펴보게 될 겁니다.

저수지 비유 소개하기(보호자 워크숍)

보호자 회기에서 이 시점은 보호자가 안녕감을 유지하는 것이 얼마나 중요한지, 워크숍이 안녕감에 어떻게 도움이 될 수 있는지를 인식하도록 하기 위한 방법으로 저수지 비유를 소개하기에 적절하다. 내담자를 위한 회기에서는 이 비유를 건너뛴다.

저수지 비유

우리는 모두 다른 '감정 저수지'를 가지고 있습니다. 저수지의 일부는 에너지를 공급하고, 또 다른 일부는 건강이나 안녕감을 공급합니다. 스트레스를 받을 때에도 저수지가 가득 차 있다면 에너지나 안녕감을 유지할 수 있습니다. 불쾌한 날이나 한 주간, 혹은 다른 형태의 스트레스 같은 가뭄이 와도, 우리는 저수지가 비축해 둔 것으로 건강한 상태를 유지할 수 있습니다.

보호자가 되는 것은 때로는 어렵고 도전적인 일이며, 저수지의 물이 모두 말라 버릴 수 있다는 것을 압니다. 저수지가 말라 있다면, 우리는 스트레스에 취약해질 수 있습니다. 약간의 에너지나 행복이 있을 수는 있지만, 매일의 일들이 잘 진행될 때만 그럴 것입니다. 메마른 저수지와 나쁜 날이 함께 겹치는 것은 문제가 될 수 있으며, 정서적인 붕괴, 평정 상실, 좌절과 같은 어려움으로 이어질 수도 있습니다.

이 워크숍의 목적은 여러분의 저수지를 유지하거나 다시 채우는 다양한 방법을 알려 줌으로써, 여러분이 안녕감을 유지하고 삶에서 중요한 것들을 더 많이 행할 수 있도록 하는 것입니다.

가치 소개하기(능동적인)

목표: 참여자들에게 중요할 수 있는 삶의 영역인 가치의 개념과 가치에 대한 장애물을 소개한다.

시작하면서 참여자들에게 가치의 예시를 묻고, 그것을 화이트보드에 쓴다. 참여자들이 자신의 생각을 공유하도록 독려하기 위해 다음의 예시를 사용할 수 있다.

- 관계(예를 들어, 배우자를 더 사랑하기)
- 개인적인 성장과 건강(예를 들어, 신체건강을 좋게 유지하기)
- 일과 교육(예를 들어, 만족감을 주는 직업)

• 여가(예를 들어, 개인이 즐기는 가족 활동)

지시문 예시

이 워크숍은 삶에서 여러분이 중시하는 것 혹은 여러분의 가치에 초점을 둡니다. 가치는 우리가 세상에서 행동하고 다른 사람과 상호작용하는 방식에 대한 마음속 깊은 곳의 바람입니다. 가치는 삶에서 취하고자 하는 태도이며, 어떻게 행동하고 싶은지이고, 우리가 되고자 하는 사람이나 우리가 발전시키고자 하는 자질, 우리에게 중요한 것을 어떻게 체화시킬지를 나타냅니다.

참여자들은 종종 가치보다는 목표를 확인하게 되는데, 그 차이를 명료화하는 것이 중요하다. **목표**는 우리가 성취하거나 완성하고자 하는 것인 반면, 가치는 우리가 삶에서 전진하고자 하는 방향이라는 것을 설명한다.

지시문 예시

결혼하는 것과 사랑하는 것의 차이로 가치와 목표의 차이를 설명할 수 있습니다. 만약 여러분이 사랑하고 아끼고 싶다면 그것은 가치이며, 지속적인 것으로, 여러분은 남은 삶에서 계속 그렇게 행동하길 원하는 것입니다. 그리고 언제라도 여러분에게는 선택의 여지가 있습니다. 가치에 따라 행동할 수도 있고 혹은 이를 무시할 수도 있습니다. 결혼하는 것은 목표입니다. 이는 여러분이 사랑하는 것의 가치를 무시할 때조차도 성취할 수 있는 것입니다.

가치에 대한 장애물

가치의 개념을 소개하는 것 외에도, 가치 있는 삶을 저해할 수 있는 장애물을 인식하고 논의하는 것이 중요하다. 참여자들에게 무엇이 중요한지를 생각한 과정에 대해 물어본다. 참여자가 자신의 마음이 가치 있는 방향으로 나아가지 못하게 하는 장애물(예를 들어, 기억, 자기 비판적인 사고, 정서)을 만든다는 것을 알아차릴 수 있는지 확인해 본다. 이것이 마음이 하는 일이고 특히 중요한 방향으로 향하려고 할 때 더 그렇다는 것을 타당화해 본다.

사람들이 확인한 장애물의 예시들을 화이트보드에 적어 본다. 필요할 경우, 사고('나는 이걸 못해.'), 정서(불안과 같은), 신체 감각(심장이 빠르게 뛰는 것과 같은)의 예시를 제공해 보자. 내적 장애물(예를 들어, 사고, 느낌, 신체 감각)과 외적 장애물(예를 들어, 돈, 시간)의 구분을 강조하고, 외적 장애물을 통제하는 것이 어려울지라도 내적 장애물에서는 다르게 반응하는 것을 배울 수 있음에 대해 논의한다.

버스 승객 비유 소개하기

목표: 워크숍 회기의 핵심 비유인 버스 승객 비유를 소개한다.
참여자들에게 초반에 버스 승객 비유를 소개하는 것이 중요하다.

버스 승객 비유

장애물에 대해 생각하는 한 가지 방법은 장애물을 인생의 버스에 탄 승객으로 생각하는 겁니다.

인생은 마치 하나의 여정과 같고, 여러분은 버스의 운전사라고 상상해 보세요. 여러분은 어떤 장소에 가고, 여러분에게 중요한 것을 행하고자 합니다. 삶의 여정 동안, 다양한 승객이 여러분의 버스에 타게 됩니다. 그것은 여러분의 생각, 느낌, 모든 종류의 내적 상태를 나타냅니다. 그들 중 몇몇은 행복한 기억이나 긍정적인 생각과 같이 여러분이 좋아하는 것들이며, 몇몇은 중립적이라 느낄 수 있는 것입니다. 그리고 여러분이 버스에 탑승하기를 원치 않는 추하고, 무섭고, 고약한 승객들도 있습니다.

여러분은 온갖 승객들을 태우고 버스를 운전합니다. 무서운 승객은 여러분을 위협할 수 있고, 여러분 눈에 띄는 버스 앞자리에 앉고 싶어 할 수 있습니다. 여러분은 이를 매우 심각하게 받아들이고 그들과 투쟁하거나 싸우기 위해 버스를 세웁니다. 그들을 피하거나, 여러분 자신의 주의를 분산시키거나, 그들을 버스에서 내쫓으려 할 수 있지만, 그들은 여러분의 내적인 상태이기 때문에 없앨 수는 없습니다. 그러나 버스가 멈춘 동안에는 여러분에게 중요한 방향으로 나아갈 수 없습니다.

버스 뒷좌석에 조용히 있겠다는 승객들의 말에 굴복하여 그들이 시키는 대로 하겠다고 거래를 할 수도 있을 겁니다. 그들과 싸우는 것보다는 좀 더 수월하게 느껴질 수 있지만, 이는 그들이 여러분의 버스가 향하는 방향을 통제하고 있다는 것을 의미합니다.

승객들과 싸우고 투쟁하거나 굴복하면서, 운전자인 여러분은 자신의 인생의 여정을 통제할 수 없게 되며, 결국은 여러분에게 중요한 방향으로 향하지 못하게 될 가능성이 있습니다. 하지만 이 승객들이 무섭고, 고약하고, 위협적일지라도, 여러분이 허용하지 않는 한 그들이 주도권을 잡지 못한다면 어떨까요? 중요한 방향으로 향할 수 있도록 승객에게 반응하는 다른 방법이 있을 수 있습니다.

비유를 소개한 이후, http://www.actforpsychosis.com에서 다운로드할 수 있는 버스 승객 영상을 본다. 짧은 영상은 톰의 인생 버스, 그리고 승객들의 이야기이다. 참여자들에게 승객들이 말하는 것을 자세히 듣고 톰이 승객들에게 어떻게 반응하는지를 살피도록 요청한다.

영상 시청 시 특정 지점에서 멈추어, 톰과 승객들에게 무슨 일이 일어났는지 간략하게 논의한다. 이는 참여자가 이야기에 대한 정보를 기억하는 데 도움을 줄 것이다. 톰이 '승객들에게 굴복하고 동일한 옛길로 돌아올 때' '승객들과 싸우고 투쟁하기로 결정하였을 때' 혹은 '승객들에게 다르게 반응하는 다른 버스 운전사를 보았을 때' 정지하는 것이 유용하다.

영상 시청 이후, 톰이 승객에게 반응한 여러 방식에서 그들이 무엇을 알아차렸는지, 그의 목표와 가치 있는 방향이 무엇으로 느껴졌는지에 대해 짝을 지어 논의하도록 한다.

자동조종

참여자들과 영상에 대해 이야기를 나눈 뒤, 알아차림의 개념에 대해 소개하고, 현재 순간에 접촉하는 것과 자동조종(automatic pilot)[2] 상태가 되는 것의 차이를 강조하자.

자동조종

이 워크숍은 눈에 보이는 광경이나 소리와 같이 여러분의 외부적인 것뿐 아니라, 생각, 느낌, 몸의 감각에 대해 알아차리는 것과 같이 여러분의 내부에서 무엇이 일어나는지를 더 잘 자각하도록 돕는 것입니다. 이를 위한 한 가지 방법은 현재의 순간에 존재하기를 훈련하는 것입니다.

'자동조종'이 무엇을 의미하는지 아는 사람이 있나요? 이것은 의식적으로 자각하지 않은 채 이를 닦거나 차를 운전하는 것과 같은 행동을 하는 것을 의미합니다. 그런 활동을 수행할 때는 모든 순간을 생각하는 것이 유용하지 않을 수 있기 때문에 자동조종이 항상 나쁜 것만은 아닙니다.

불행히도, 우리는 종종 우리 삶의 많은 다양한 영역에서 자동조종을 하게 됩니다. 이는 우리가 반응하기 전에 생각하지 않거나, 우리의 몸, 정서, 행동이 말해 주는 것에 대해 알아차리지 못하는 것을 의미합니다. 목적적으로 주의를 두고 알아차리기를 배우는 것은 우리가 이러한 경험을 더 잘 알아차릴 수 있도록 합니다. 더 많이 알아차리는 것은 어떻게 반응할지를 선택하는 데 더 자유로워진다는 것을 의미합니다.

우리는 주의가 어디에 있는지 알아차리고 이 초점을 의도적으로 변화시키는 것을 배움으로써 보다 더 자각하게 되는 기술을 훈련할 수 있습니다. 현재의 순간에 있도

---

2) 역주: 의도적으로 무엇에 주의를 기울이지 않고, 기계적 · 비의도적으로 생각, 기억, 계획, 느낌에 사로잡혀 있다는 것으로, 어떤 것을 '좋은 것'이나 '나쁜 것'으로 판단하는 것도 자동조종 상태에서 이루어지게 됨. 김춘경 외(2016). 상담학사전. 서울: 학지사.

록 호흡이나 오감을 이용하여 몸에 집중하면서 이를 행해 볼 수 있습니다. 이 장소에서 우리는 정서적으로, 신체적으로, 정신적으로 우리에게 무슨 일이 일어나고 있는지를 관찰할 수 있습니다.

알아차리기 연습(자각하는)

목표: 호흡과 몸에 대한 마음챙김을 소개하고, 참여자들에게 연습해 보도록 하며, 이후 질문 시간을 가진다.

처음으로 마음챙김 연습을 소개하기 전에, 참여자들에게 알아차리기 연습과 같이 몇 가지 지시를 해 보자. 예를 들어, 촉진자는 호흡과 몸을 알아차리도록 안내하는 5분 정도의 짧은 알아차리기 연습이 있다는 것을 알려 준다. 연습 동안 그들이 눈을 감거나 자기 앞의 한 지점에 집중하는 게 더 편하다면 그렇게 할 수 있음을 알려 줄 수 있다.

알아차림의 방식에는 옳고 그름이 없음을 강조하고, 어떤 경험도 수정하거나 판단하는 것이 목표가 아니며, 현재 경험하고 있는 어떤 것이든 단지 스스로 알아차리도록 강조하는 것이 도움이 될 수 있다.

호흡과 몸의 마음챙김 연습

발을 바닥에 평평하게 두고, 팔과 다리를 꼬지 않은 채 무릎에 손을 얹고, 의자에 편안하면서도 똑바른 자세로 앉아 보세요. [멈춤] 눈을 지그시 감거나, 눈앞의 한 지점에 시선을 고정시켜 보세요. [5초간 멈춤]

여러분의 몸을 알아차리도록 부드럽게 여러분의 주의를 가져오는 것에서 시작합니다. 발에 주의를 두고, [멈춤] 땅과 닿아 있는 발의 부분을 알아차리세요. [5초간 멈춤] 발에 닿는 신발이나 양말의 감각을 알아차리세요. [5초간 멈춤] 그리고 의자에 앉아 있는 감각으로 주의를 돌려 보세요. [멈춤] 의자에서 여러분의 무게에 대한 감각을 알아차릴 수 있을 겁니다. [5초간 멈춤] 의자와 닿아 있는 몸의 부분을 알아차릴 수 있고, [멈춤] 의자와 닿아 있지 않은 부분을 알아차릴 수도 있습니다. [5초간 멈춤] 만일 어떤 생각으로 마음이 흘러간다면, 단지 여러분의 마음이 어디에 있는지 인식하고 다시 의자에 앉은 감각을 알아차리도록 주의를 되돌려 놓으면 됩니다. [5초간 멈춤]

종종 생각이나 다른 감각에 휩싸여 주의가 분산된다는 것을 알아차릴 수 있습니다. 이건 아주 정상적이며 누구나 겪는 일이고, 반복적으로 일어날 수 있습니다. 마음이 방황하는 것을 알아차릴 때마다, 마음이 여러분을 어디로 데려갔는지 알아차리고 다시 몸이나 의자에 앉은 무게에 대한 감각으로 부드럽게 자각을 가져오도록 합니다. [5초간 멈춤]

다음으로, 호흡을 자각해 보세요. [5초간 멈춤] 배가 팽창하고, 가슴이 부드럽게 오르내리면서 숨을 들이쉬고, [멈춤] 내쉬는 감각을 알아차릴 수 있는지 보세요. [5초간 멈춤] 호흡, 안팎으로의 흐름, 몸에 대해 인식해 보세요. 어떤 식으로든 변형하거나 수정하지 말고 호흡의 자연스러운 흐름을 단지 알아차리세요. [5초간 멈춤]

천천히 깊이 숨을 쉬어 보세요. 숨을 들이쉬면서 폐에 공기가 가득 차고 내쉬면서 공기가 빠져나가는 감각을 알아차리세요. [5초간 멈춤] 숨을 들이쉴 때 콧구멍 근처의 찬 공기, [멈춤] 내쉴 때의 따뜻한 공기의 감각을 알아차릴 수 있습니다. [5초간 멈춤]

이 연습을 할 때 몸의 느낌이나 감각은 변화할 수 있습니다. 이완, 평온함, 혹은 평화와 같은 좋은 느낌이나 감각을 알아차릴 수도 있습니다. [멈춤] 지루함, 좌절, 혹은 불안과 같은 불쾌한 느낌을 알아차릴 수도 있습니다. [멈춤] 어떤 느낌, 충동, 혹은 감각이 올라오더라도, 좋든지 불쾌하든지 간에, 그 존재를 부드럽게 인식하고 그냥 내버려 두면 됩니다. 그것들이 오고 가도록 허용해 주세요. 그리고 호흡과 의자에 앉은 감각에 주의를 기울입니다. [5초 멈춤]

마지막으로, 다시 호흡을 알아차리는 것으로 주의를 기울여 봅니다. [5~10초 멈춤] 언제나 여러분 곁에 있는 호흡의 일정한 리듬을 다시 알아차려 보세요. [5~10초 멈춤] 준비가 되었다면, 주의를 다시 방 안으로 돌립니다. 눈을 감고 있었다면 뜨도록 합니다. 무엇을 보고 있는지 알아차리고, [멈춤] 무엇을 듣는지 알아차립니다. [멈춤]

바닥에 발을 디뎌 보고, 뻗어 보고, 스트레칭 하는 것을 알아차려 봅니다. 다시 돌아
온 걸 환영합니다.

연습을 마친 후, 참여자들이 관찰한 것에 대해 질문한다. 그들이 알아차린 것에
대해 묻고, 경험에 대해 궁금증을 가지게 한다. 이 경험과 자동조종 경험 간의 차이
를 찾는 데 주목해 본다.

매일 있는 평범하고 지루한 일부터 중요한 것까지 모든 활동에 마음챙김을 적용
할 수 있음을 강조해 보자. 일상적인 활동에 마음챙김적인 자세를 취함으로써 우리
가 그 활동을 경험하고 그 순간에 실제로 살아 있도록 한다는 것에 주목해 보자.

지시문 예시

연습을 할 때 사람들이 무엇을 알아차렸나요? 몸과 의자에 앉아 있는 감각을 알아차릴 수
있었나요? 호흡을 알아차렸나요? 연습하는 동안 방황하는 마음을 자각하였나요? 몸이나 호
흡을 알아차리기 위해 다시 주의를 기울일 수 있었나요?

촉진자가 시간을 내 질문하는 것이 좋은데, 보통 이 시간에 학습이 이루어지기 때
문이다. 어떠한 피드백도 타당화되고 강화된다는 것을 확실히 하자. 참여자가 제기
한 모든 요소에 동일한 정도의 호기심을 보이는 자세를 모델링해 보자. 그 어떤 배
움이라도 강조하고, 문제를 해결하려 하거나 전문가적 답변이나 해결책을 주려고
하지 않아야 한다.

회기 마무리

목표: 집단 회기를 종료하고, 참여자들이 회기 경험을 피드백하고, 워크숍 참여를
독려한다.

참여자들을 다 같이 모이게 해서 워크숍 회기에 대한 피드백을 요청해 보자. 참여자들에게 일반적으로 회기에서 무엇을 알게 되었고, 가장 기억에 남는 것이 무엇인지 질문한다. 다음 주 회기에 참여하는 것의 중요성을 강조한다.

피드백을 촉진하기 위해 화이트보드에 다음 사항들을 적는 것을 고려해 보자.

- 오늘 회기가 어땠나요?
- 어떤 것을 알아차렸나요?
- 도움이 되었거나, 도움이 되지 않는다고 생각했던 것들이 있나요?
- 오늘 회기에서 어떤 것이 가장 기억에 남나요?

시간이 촉박하다면, '팝콘 피드백(popcorn feedback)'을 시도해 볼 수 있는데, 모두에게 그날 회기에서 가장 기억에 남는 것을 한두 단어로 말하도록 요청하는 것이다.

첫 번째 회기

알아차리기와 가치, 전념 행동을 소개하기

  첫 번째 회기의 목적은 내담자나 보호자와 같은 참여자들에게 일련의 워크숍뿐만 아니라 알아차리기와 가치, 가치의 장애물을 소개하는 것이다. 촉진자들은 자동조종에 대한 개념을 소개하고 호흡과 몸에 대한 마음챙김 및 알아차리기 연습을 진행한다. 그다음, 촉진자가 전념 행동과 SMART 목표를 소개하고, 집단을 나누어 전념 행동 활동지를 작성한다. 이후에 진행될 워크숍의 날짜에 대해 논의하며 회기를 마친다. 다음에서는 회기에서 다룰 주제와 과제에 대한 시간 구성에 대해 개괄한다. 이전과 같이, 각 활동에 할당된 시간은 대략적이다.

  시범 회기에 참여하지 않은 참여자가 있을 수 있고, 중요하게 논의되어야 할 부분이 있기 때문에, 첫 번째 회기에서는 시범 회기에서 다루었던 특정 부분을 다루게 된다. 시범 회기에 참여했던 사람들은 이 부분을 다시 한 번 다루면서 기술을 복습하고 논의를 확장할 수 있다.

시간표

환영 인사 및 소개	10분
알아차리기 연습(자각하는)	20분
가치 소개하기(능동적인)	30분
버스 승객 비유 소개하기	35분
알아차리기 연습(자각하는)	5분
전념 행동 설정(능동적인)	15분
회기 마무리	5분

준비물

- 화이트보드
- 종이와 펜
- 마커 펜
- 폴더
- 간단한 다과
- 마음챙김 CD나 USB
- 가치 활동지
- 버스 승객 활동지
- 전념 행동 활동지
- 알아차리기 기술 개발 활동지

환영 인사 및 소개

목표: 참여자들을 환영하고, 화이트보드에 요점을 정리하여 워크숍 회기의 목적을 강조한다.

회복을 위한 ACT 워크숍의 (4회기 중) 첫 번째 회기에 온 참여자들을 환영한다. 회기가 대략 두 시간 정도로 진행되며 중간에 짧게 쉴 것이라고 설명한다. 시설에 대해 소개한다(예를 들어, 비상구, 화장실 등). 촉진자는 자신이 누구이며 어떤 역할을 하고 있는지를 소개하고 명찰에 이름을 적어야 한다. 참여자들에게도 명찰을 착용하도록 요청한다. 화이트보드에 다음의 사항을 적은 후 읽어 보게 함으로써 워크숍 회기의 목적을 강조한다.

- 삶의 방향을 발전시키기
- 장애물에 대한 자각 증진시키기
- 장애물에 더 효과적으로 반응하기 위해 개방적이고, 자각하고, 능동적인 기술 배우기
- 서로 교류하며 즐거운 시간 보내기

지시문 예시

  워크숍의 몇 가지 요점은 다음과 같습니다. 우리는 회기별로 각 영역을 살펴보게 될 겁니다.

기본 규칙

요점에 대해 설명한 후에는 워크숍 회기의 기본 규칙에 대해 합의하는 것이 좋다. 처음에 촉진자가 화이트보드에 몇 가지 기본 규칙을 제시하고, 집단원들에게 다른 규칙을 만들도록 요청한 후 합의된 것을 화이트보드에 추가한다. 참여자들에게 규칙을 상기시켜야 할 경우에 대비하여 각 회기마다 기본 규칙을 제시해 두는 것이 좋다. 초기 규칙으로 사용할 수 있는 것은 다음과 같다.

- 다른 사람들이 알아차린 것을 존중하기

- 집단 내에서 나눈 이야기를 외부에서 이야기하지 말기
- 다른 사람의 이야기를 경청하기
- 회기에 늦지 않고 참석하기
- 휴대 전화는 무음으로 해 두기
- 다른 것은 무엇이 있을까요?

지시문 예시

워크숍 내에서 사람들이 자신의 경험을 공유할 수 있을 만큼 안전한 분위기를 만들기 위해서는 기본 규칙을 함께 만드는 것이 도움이 될 것 같습니다. 여기가 이야기하기 안전한 장소라고 느끼기 위해서 우리가 어떤 규칙을 생각해 볼 수 있을까요?

몸풀기 활동

기본 규칙에 대해 브레인스토밍(brainstorming)을 한 후, 간단한 활동으로 참여자들이 워크숍 회기를 준비할 수 있도록 한다. 옆 사람과 함께 좋아하는 것 세 가지를 말해 보도록 권유한다. 촉진자는 "저는 여행하는 것과 영화 보는 것을 좋아합니다."와 같은 예시를 제시할 수 있다. 이후 주어진 예시와 가치 사이의 관련성을 끌어낸다. 참여자들에게 종이와 펜을 제공하여 짝이 이야기한 것을 적어 보도록 하는 것이 좋을 수 있다. 이 방법은 나중에 함께 모여 이야기를 나눌 때 다른 사람들이 말한 것을 기억하는 데 도움이 될 수 있다.

지시문 예시

짧은 몸풀기(warm-up) 활동을 하면서 시작해 봅시다. 옆에 있는 사람과 함께 각자 좋아하는 세 가지를 이야기해 보세요. 제가 좋아하는 것은 영화 보기입니다. 이제 몇 분 동안 좋아하는 것에 대해 이야기해 봅시다. 이후에 모두 함께 모여서 각자 집단원들에게 자신의 짝을 소개하고, 짝이 좋아하는 세 가지 중 하나에 대해 이야기해 볼 것입니다.

저수지 비유(보호자 워크숍)

보호자 회기에서 이 시점은 보호자가 안녕감을 유지하는 것이 얼마나 중요한지, 워크숍이 안녕감에 어떻게 도움이 될 수 있는지를 인식하도록 하기 위한 방법으로 저수지 비유를 소개하기 적절하다. 내담자를 위한 회기라면, 이 비유를 건너뛴다.

저수지 비유

우리는 모두 다른 '감정 저수지'를 가지고 있습니다. 저수지의 일부는 에너지를 공급하고, 또 다른 일부는 건강이나 안녕감을 공급합니다. 스트레스를 받을 때에도 저수지가 가득 차 있다면 에너지나 안녕감을 유지할 수 있습니다. 불쾌한 날이나 한 주간, 혹은 다른 형태의 스트레스 같은 가뭄이 와도, 우리는 저수지가 비축해 둔 것으로 건강한 상태를 유지할 수 있습니다.

보호자가 되는 것은 때로는 어렵고 도전적인 일이며, 저수지의 물이 모두 말라버릴 수 있다는 것을 압니다. 저수지가 말라 있다면, 우리는 스트레스에 취약해질 수 있습니다. 약간의 에너지나 행복이 있을 수는 있지만, 매일의 일들이 잘 진행될 때만 그럴 것입니다. 메마른 저수지와 나쁜 날이 함께 겹치는 것은 문제가 될 수 있으며, 정서적인 붕괴, 평정 상실, 좌절과 같은 어려움으로 이어질 수도 있습니다.

이 워크숍의 목적은 여러분의 저수지를 유지하거나 다시 채우는 다양한 방법을 알려 줌으로써, 여러분이 안녕감을 유지하고 삶에서 중요한 것들을 더 많이 행할 수 있도록 하는 것입니다.

자동조종

몸풀기 활동 이후 참여자들에게 알아차림의 개념을 소개하고, 현재 순간에 접촉하는 것과 자동조종 상태가 되는 것의 차이를 강조하자.

자동조종

이 워크숍은 눈에 보이는 광경이나 소리와 같이 여러분의 외부적인 것뿐만 아니라, 생각, 느낌, 몸의 감각에 대해 알아차리는 것과 같이 여러분의 내부에서 무엇이 일어나는지를 더 잘 자각하도록 돕는 것입니다. 이를 위한 한 가지 방법은 현재의 순간에 존재하기를 훈련하는 것입니다.

'자동조종'이 무엇을 의미하는지 아는 사람이 있나요? 이것은 의식적으로 자각하지 않은 채 이를 닦거나 차를 운전하는 것과 같은 행동을 하는 것을 의미합니다. 그런 활동을 수행할 때는 모든 순간을 생각하는 것이 유용하지 않을 수 있기 때문에 자동조종이 항상 나쁜 것만은 아닙니다.

불행히도, 우리는 종종 우리 삶의 많은 다양한 영역에서 자동조종을 하게 됩니다. 이는 우리가 반응하기 전에 생각하지 않거나, 우리의 몸, 정서, 행동이 말해 주는 것에 대해 알아차리지 못하는 것을 의미합니다. 목적적으로 주의를 두고 알아차리기를 배우는 것은 우리가 이러한 경험을 더 잘 알아차릴 수 있도록 합니다. 더 많이 알아차리는 것은 어떻게 반응할지를 선택하는 데 더 자유로워진다는 것을 의미합니다.

우리는 주의가 어디에 있는지 알아차리고 이 초점을 의도적으로 변화시키는 것을 배움으로써 보다 더 자각하게 되는 기술을 훈련할 수 있습니다. 현재의 순간에 있도록 호흡이나 오감을 이용하여 몸에 집중하면서 이를 행해 볼 수 있습니다. 이 장소에서 우리는 정서적으로, 신체적으로, 정신적으로 우리에게 무슨 일이 일어나고 있는지를 관찰할 수 있습니다.

알아차리기 연습(자각하는)

목표: 호흡과 몸에 대한 마음챙김을 소개하고, 참여자들에게 연습해 보도록 하며, 이후 질문 시간을 가진다.

처음으로 마음챙김 연습을 소개하기 전에, 참여자들에게 알아차리기 연습과 같이 몇 가지 지시를 해 보자. 예를 들어, 촉진자는 호흡이나 몸을 알아차리도록 안내하는 5분 정도의 짧은 알아차리기 연습이 있다는 것을 알려 준다. 연습 동안 그들이 눈을 감거나 자기 앞의 한 지점에 집중하는 게 더 편하다면 그렇게 할 수 있다는 것을 알려 줄 수 있다.

　알아차림의 방식에는 옳고 그름이 없음을 강조하고, 어떤 경험도 수정하거나 판단하는 것이 목표가 아니며, 현재 경험하고 있는 어떤 것이든 단지 스스로 알아차리도록 강조하는 것이 도움이 될 수 있다.

호흡과 몸의 마음챙김 연습

　발을 바닥에 평평하게 두고, 팔과 다리를 꼬지 않은 채 무릎에 손을 얹고, 의자에 편안하면서도 똑바른 자세로 앉아 보세요. [멈춤] 눈을 지그시 감거나, 눈앞의 한 지점에 시선을 고정시켜 보세요. [5초간 멈춤]

　여러분의 몸을 알아차리도록 부드럽게 여러분의 주의를 가져오는 것에서 시작합니다. 발에 주의를 두고, [멈춤] 땅과 닿아 있는 발의 부분을 알아차리세요. [5초간 멈춤] 발에 닿는 신발이나 양말의 감각을 알아차리세요. [5초간 멈춤] 그리고 의자에 앉아 있는 감각으로 주의를 돌려 보세요. [멈춤] 의자에서 여러분의 무게에 대한 감각을 알아차릴 수 있을 겁니다. [5초간 멈춤] 의자와 닿아 있는 몸의 부분을 알아차릴 수 있고, [멈춤] 의자와 닿아 있지 않은 부분을 알아차릴 수도 있습니다. [5초간 멈춤] 만일 어떤 생각으로 마음이 흘러간다면, 단지 여러분의 마음이 어디에 있는지 인식하고 다시 의자에 앉은 감각을 알아차리도록 주의를 되돌려 놓으면 됩니다. [5초간 멈춤]

　종종 생각이나 다른 감각에 휩싸여 주의가 분산된다는 것을 알아차릴 수 있습니다. 이건 아주 정상적이며 누구나 겪는 일이고, 반복적으로 일어날 수 있습니다. 마음이 방황하는 것을 알아차릴 때마다, 마음이 여러분을 어디로 데려갔는지 알아차리고 다시 몸이나 의자에 앉은 무게에 대한 감각으로 부드럽게 자각을 가져오도록 합니다. [5초간 멈춤]

다음으로, 호흡을 자각해 보세요. [5초간 멈춤] 배가 팽창하고, 가슴이 부드럽게 오르내리면서 숨을 들이쉬고, [멈춤] 내쉬는 감각을 알아차릴 수 있는지 보세요. [5초간 멈춤] 호흡, 안팎으로의 흐름, 몸에 대해 인식해 보세요. 어떤 식으로든 변형하거나 수정하지 말고 호흡의 자연스러운 흐름을 단지 알아차리세요. [5초간 멈춤]

천천히 깊이 숨을 쉬어 보세요. 숨을 들이쉬면서 폐에 공기가 가득 차고 내쉬면서 공기가 빠져나가는 감각을 알아차리세요. [5초간 멈춤] 숨을 들이쉴 때 콧구멍 근처의 찬 공기, [멈춤] 내쉴 때의 따뜻한 공기의 감각을 알아차릴 수 있습니다. [5초간 멈춤]

이 연습을 할 때 몸의 느낌이나 감각은 변화할 수 있습니다. 이완, 평온함, 혹은 평화와 같은 좋은 느낌이나 감각을 알아차릴 수 있습니다. [멈춤] 지루함, 좌절, 혹은 불안과 같은 불쾌한 느낌을 알아차릴 수도 있습니다. [멈춤] 어떤 느낌, 충동, 혹은 감각이 올라오더라도, 좋든지 불쾌하든지 간에, 그 존재를 부드럽게 인식하고 그냥 내버려 두면 됩니다. 그것들이 오고 가도록 허용해 주세요. 그리고 호흡과 의자에 앉은 감각에 주의를 기울입니다. [5초 멈춤]

마지막으로, 다시 호흡을 알아차리는 것으로 주의를 기울여 봅니다. [5~10초 멈춤] 언제나 여러분 곁에 있는 호흡의 일정한 리듬을 다시 알아차려 보세요. [5~10초 멈춤] 준비가 되었다면, 주의를 다시 방 안으로 돌립니다. 눈을 감고 있었다면 뜨도록 합니다. 무엇을 보고 있는지 알아차리고, [멈춤] 무엇을 듣는지 알아차립니다. [멈춤] 바닥에 발을 디뎌 보고, 뻗어 보고, 스트레칭 하는 것을 알아차려 봅니다. 다시 돌아온 걸 환영합니다.

연습을 마친 후, 참여자들이 관찰한 것에 대해 질문한다. 그들이 알아차린 것에 대해 묻고, 경험에 대해 궁금증을 가지게 한다. 이 경험과 자동조종 경험 간의 차이를 찾는 데 주목해 본다.

매일 있는 평범하고 지루한 일에서 중요한 것까지 어떤 활동에도 마음챙김을 적용할 수 있음을 강조해 보자. 일상적인 활동에 마음챙김적인 자세를 취함으로써 우리가 그 활동을 경험하고 그 순간에 실제로 살아 있도록 한다는 것에 주목해 보자.

지시문 예시
- - - - - - - -
이 연습을 하는 동안 사람들이 무엇을 알아차렸나요? 몸과 의자에 앉아 있는 감각을 알아차릴 수 있었나요? 호흡을 알아차렸나요? 연습하는 동안 방황하는 마음을 자각하였나요? 몸이나 호흡을 알아차리기 위해 다시 주의를 기울일 수 있었나요?

보통 이 시간에 학습이 이루어지기 때문에 촉진자가 시간을 내 질문하는 것이 좋다. 어떠한 피드백도 타당화되고 강화된다는 것을 확실히 하자. 참여자가 제기한 모든 요소에 동일한 정도의 호기심을 보이는 자세를 모델링해 보자. 그 어떤 배움이라도 강조해 보고, 또한 문제를 해결하려 하거나 전문가적 답변이나 해결책을 주려고 하지 않아야 한다.

가치 소개하기(능동적인)

목표: 참여자들에게 중요할 수 있는 삶의 영역인 가치의 개념과 가치에 대한 장애물을 소개한다.

시작하면서 참여자들에게 가치의 예시를 묻고, 그것을 화이트보드에 쓴다. 집단 참여자들이 자신의 생각을 공유하도록 독려하기 위해 다음의 예시를 사용할 수 있다.

- 관계(예를 들어, 배우자를 더 사랑하기)
- 개인적인 성장과 건강(예를 들어, 신체건강을 좋게 유지하기)
- 일과 교육(예를 들어, 만족감을 주는 직업)
- 여가 활동(예를 들어, 개인이 즐기는 가족 활동)

지시문 예시
- - - - - - - -
이 워크숍은 삶에서 여러분이 중시하는 것 혹은 여러분의 가치에 초점을 둡니다. 가치는 우리가 세상에서 행동하고 다른 사람과 상호작용하는 방식에 대한 마음속 깊은 곳의 바람입니다. 가치는 삶에서 취하고자 하는 태도이며, 어떻게 행동하고 싶은지이고, 우리가 되고자 하는 사람이나 우리가 발전시키고자 하는 자질, 우리에게 중요한 것을 어떻게 체화할지를 나타냅니다.

가치 활동지

가치라는 개념을 소개한 후, 참여자들이 가치 활동지를 완성하도록 한다. 이를 통해 워크숍 회기가 진행되는 동안 자신이 향하고자 하는 가치의 방향을 확인하도록 독려할 수 있다. 이때 '가치'는 자신이 정한 삶의 방향과 선택이지만, 느낌이나 성공적인 결과물, 성취는 아니며, 항상 쉽지만은 않다는 것을 분명히 하자!

소집단으로 나누고 한 명의 촉진자가 주도하여 참여자들에게 워크숍 회기 동안 자신이 향하고자 하는 가치의 방향에 대해 생각해 보도록 한다. 참여자들이 가치의 방향으로 움직이는 자신을 마음속으로 그려 볼 수 있는지 확인해 보자. 시간이 부족하다면, 참여자들에게 가치 활동지 중 한 부분만이라도 완성하게 해 보자. 이 활동은 참여자들이 개념에 익숙해지도록 한다. 활동지의 남은 부분은 그 다음 주에 마치거나 숙제로 해 올 수 있고, 촉진자는 참여자들이 가치를 확인하고, 활동지를 완성할 수 있도록 도울 수 있다. 사람들이 목표를 확인하는 것을 알아차렸다면, 목표 이면의 가치에 대해 탐색해 볼 수 있다. 예를 들어, "이것을 이룬다는 것이 당신에게 어떤 의미이고, 어떤 이유에서 중요한가요?"라고 질문해 볼 수 있다.

가치에 대한 장애물

참여자가 자신의 마음이 가치 있는 방향으로 나아가지 못하게 하는 장애물(예를 들어, 기억, 자기 비판적인 사고, 정서)을 만든다는 것을 알아차릴 수 있는지 확인해 본다. 이것이 마음이 하는 일이고 특히 중요한 방향으로 향하려고 할 때 더 그렇다는 것을 타당화해 본다.

　사람들이 확인한 장애물의 예시들을 화이트보드에 적어 둔다. 필요할 경우, 사고('나는 이걸 못해.'), 정서(불안과 같은), 신체 감각(심장이 빠르게 뛰는 것과 같은)의 예시를 제공해 보자. 내적 장애물(예를 들어, 사고, 느낌, 신체 감각)과 외적 장애물(예를 들어, 돈, 시간)의 구분을 강조하고, 외적 장애물을 통제하는 것이 어려울지라도 내적 장애물에서는 다르게 반응하는 것을 배울 수 있음에 대해 논의한다.

버스 승객 비유 소개하기

목표: 워크숍 회기의 핵심 비유인 버스 승객 비유를 소개한다.

버스 승객 비유

　장애물에 대해 생각하는 한 가지 방법은 장애물을 인생의 버스에 탄 승객으로 생각하는 겁니다.

　인생은 마치 하나의 여정과 같고, 여러분은 버스의 운전사라고 상상해 보세요. 여러분은 어떤 장소에 가고, 여러분에게 중요한 것을 행하고자 합니다. 삶의 여정 동안, 다양한 승객이 여러분의 버스에 타게 됩니다. 그것은 여러분의 생각, 느낌, 모든 종류의 내적 상태를 나타냅니다. 그들 중 몇몇은 행복한 기억이나 긍정적인 생각과 같이 여러분이 좋아하는 것이며, 몇몇은 중립적이라 느낄 수 있는 것입니다. 그리고 여러분이 버스에 탑승하기를 원치 않는 추하고, 무섭고, 고약한 승객들도 있습니다.

　여러분은 온갖 승객들을 태우고 버스를 운전합니다. 무서운 승객은 여러분을 위협할 수 있고, 여러분 눈에 띄는 버스 앞자리에 앉고 싶어 할 수 있습니다. 여러분은 이를 매우 심각하게 받아들이고 그들과 투쟁하거나 싸우기 위해 버스를 세웁니다. 그들을 피하거나, 여러분 자신의 주의를 분산시키거나, 그들을 버스에서 내쫓으려 할 수 있지만, 그들은 여러분의 내적인 상태이기 때문에 없앨 수는 없습니다. 그러나 버스가 멈춘 동안에는 여러분에게 중요한 방향으로 나아갈 수 없습니다.

　버스 뒷좌석에 조용히 있겠다는 승객들의 말에 굴복하여 그들이 시키는 대로 하겠다고 거래를 할 수도 있을 겁니다. 그들과 싸우는 것보다는 좀 더 수월하게 느껴질 수 있지만, 이는 그들이 여러분의 버스가 향하는 방향을 통제하고 있다는 것을 의미합니다.

　승객들과 싸우고 투쟁하거나 굴복하면서, 운전자인 여러분은 자신의 인생의 여정을 통제할 수 없게 되며, 결국은 여러분에게 중요한 방향으로 향하지 못하게 될 가능성이 있습니다. 하지만 이 승객들이 무섭고, 고약하고, 위협적일지라도, 여러분이 허용하지 않는 한 그들이 주도권을 잡지 못한다면 어떨까요? 중요한 방향으로 향할 수 있도록 승객에게 반응하는 다른 방법이 있을 수 있습니다.

　비유를 소개한 이후, http://www.actforpsychosis.com에서 다운로드할 수 있는 버스 승객 영상을 본다. 짧은 영상은 톰의 인생 버스, 그리고 승객들의 이야기이다. 참여자들에게 승객들이 말하는 것을 자세히 듣고 톰이 승객들에게 어떻게 반응하는지를 살피도록 요청한다.

　영상 시청 시 특정 지점에서 멈추어, 톰과 승객들에게 무슨 일이 일어났는지 간략하게 논의한다. 이는 참여자가 이야기에 대한 정보를 기억하는 데 도움을 줄 것이다. 톰이 '승객들에게 굴복하고 동일한 옛길로 돌아올 때' '승객들과 싸우고 투쟁하기로 결정하였을 때' 혹은 '승객들에게 다르게 반응하는 다른 버스 운전사를 보았을 때' 정지하는 것이 유용하다.

　영상 시청 이후, 톰이 승객에게 반응한 여러 방식에서 그들이 무엇을 알아차렸는지, 그의 목표와 가치 있는 방향이 무엇으로 느껴졌는지에 대해 짝을 지어 논의하도록 한다.

　영상 내용에 대해 논의하는 것을 마친 이후 참여자를 소집단으로 나누고 버스 승객 활동지를 완성하도록 한다. 가치 활동지에서 가치를 강조하고 가치로 나아가거나 가치에 따라 행동하는 것을 막는 승객들을 확인하자. 그들이 승객들에게 어떻게 반응할 수 있는지 확인하도록 요청하자(예를 들어, 싸우고 투쟁하기, 굴복하기). 촉진자는 예시를 들어 참여자들이 활동지를 완성하도록 도울 수 있다.

지시문 예시
- - - - - - - - - - - - -

　제게 중요한 것 중 하나는 몸의 건강을 유지하는 겁니다. 제가 이 방향으로 나아가는 것을 방해하는 승객 중 일부는 '피곤하다는 느낌' '건망증'이며, "이건 그냥 다음에 해."라고 말하는 내면의 목소리입니다.

　활동지를 완성하는 동안, 참여자들이 외적 장애물(예를 들어, 돈, 시간, 타인)보다 내적 장애물(예를 들어, 사고, 느낌, 기억)에 초점을 두도록 격려한다. 필요하다면, 화이트보드의 장애물 예시(예를 들어, 심한 우울한 느낌과 같은 정서, '이걸 해서 뭐해.' 혹은 '다른 사람은 알아채지 못할 거야.'와 같은 생각)를 다시 언급해 준다. 마지막으로, 활동지를 완성하고 승객을 확인하는 과정에 대한 피드백을 요청해 보자.
　몇몇 참여자는 승객을 확인하는 것 자체를 어려워할 수 있다. 촉진자들은 참여자들이 중요한 것으로 확인한 방향으로 나아가는 데 무엇이 방해되는지 인식하도록 도움으로써 참여자들을 도와줄 수 있다. 또한 워크숍이 진행되는 동안에 이 활동지를 계속 사용할 것이기 때문에, 참여자들이 승객을 더 알아차릴 때마다 활동지에 추가할 수 있다고 상기시켜 준다.

알아차리기 연습(자각하는)

　목표: 참여자들에게 마음챙김 스트레칭 연습(mindful stretch exercise)을 안내하고 이후에 이에 대해 논의하도록 한다.
　참여자들에게 자동조종 모드에서 벗어나 현재 순간에 다시 접촉하는 방법의 일환인 이 짧은 알아차리기 연습을 소개한다. 시작하기 전에 참여자들이 자신의 몸과 몸의 한계를 자각하는 것이 중요하다는 것을 강조한다. 당신이 설명할 각각의 스트레칭에 대해, 참여자들은 그들의 몸이 반응하는 바를 단지 자각해야 한다. 참여자들에게 부드럽게, 호기심을 가지고 연습하고, 그들이 다른 누군가 혹은 자신의 몸과 싸우고 있는지를 최선을 다해 알아차리도록 권고한다. 현재 순간의 경험에 주의를 두고, 몸의 한계에 귀를 기울이며, 밀어붙이지 않고 이 한계를 존중하는 것이 중요하다고 강조한다. 참여자들에게 지금 가지고 있는 힘과 한계로 몸을 있는 그 자체로 두도록 받아들여야 한다고 강조한다. 신발을 벗는 것이 편하다면 자유롭게 신발을 벗게 하고, 연습하는 동안에 눈을 떠도 된다고 상기시켜 준다.

마음챙김 스트레칭 연습

발을 바닥에 골반 너비로 평평히 두고 서서 시작합니다. [멈춤] 여기에 서 있는 것이 어떻게 느껴지는지 알아차리고, [멈춤] 바로 지금 발 밑의 땅의 감각과 여러분의 몸의 감각을 알아차려 보세요. 어깨를 가능한 한 최대한 이완해 보고, 여러분의 몸에서 존재해 보세요. [멈춤] 여러분의 호흡과 배, 여기에 있는 것, 서 있는 것, 숨 쉬는 것을 알아차리기 시작하세요. [5초간 멈춤]

가능하다면 팔을 몸 옆으로 뻗기 시작해 보세요. 팔을 부드럽게 위로 올리고, 팔 주위를 자각하면서, 팔을 올리면서 느껴지는 어떤 감각이라도 알아차려 보세요. [멈춤] 천천히 그리고 마음챙김의 태도를 취하면서 부드럽게 팔을 올리면서, 팔이 머리 위에서 하늘을 향하게 해 보세요. [멈춤]

이제 아주 부드럽게 팔을 오른쪽으로 움직이면, 당신의 몸이 조금 굽혀질 겁니다. 엉덩이가 약간 왼쪽으로 움직이는 것을 알아차릴 수 있습니다. [멈춤] 이 스트레칭을 하는 동안에 당신이 경험하는 어떠한 감각이라도 알아차리세요. 그리고 당신이 준비되었다고 느낄 때 팔을 다시 중앙으로 가져오세요.

그다음, 팔을 왼쪽으로 움직여 보세요. 당신의 엉덩이는 오른쪽으로 움직일 것이고 당신의 몸은 아주 부드럽게 왼쪽으로 구부러집니다. 스트레칭 하는 감각을 알아차리세요. 그다음, 아주 천천히 마음챙김적으로 중앙까지 되돌아오고, 팔을 옆으로 부드럽게 내리세요. 여기에 있는 그 어떤 감각일지라도 알아차리세요. 팔을 빨리 내

리고 싶은 느낌을 알아차려 보세요. [5초 멈춤]

팔이 옆구리에 닿을 때, 몸이 지금 어떤 느낌인지를 단지 알아차려 보세요. 스트레칭을 하고 현재에 존재하며, 발을 딛고 서 있고, 호흡하는 것과 호흡을 자각하는 그 모든 감각을 알아차려 보세요. [5초 멈춤]

이제 손을 골반에 올려 팔꿈치가 옆으로 나오도록 해 보세요. 이 자세를 유지하면서, 엉덩이와 발은 그대로 두고, 아주 부드럽게 상체를 오른쪽으로 돌려 보세요. 계속 발과 엉덩이는 그대로 둔 채로, 할 수 있는 한 최대로 상체와 어깨를 오른쪽으로 돌려 보세요. 밀어붙이지 말고 지금 돌리고 싶은 만큼만 몸을 부드럽게 돌려 보세요. 그리고 부드럽게, 마음챙김적으로 중앙으로 돌아오세요.

이제 왼쪽으로 부드럽게 몸을 돌려 보세요. 땅에 발을 붙이고, 엉덩이도 그대로 둔 채로, 어깨와 상체가 가는 만큼 왼쪽으로 부드럽게 돌려 보세요. 그다음, 중앙으로 돌아와서, 스트레칭 하는 감각을 알아차리세요. 이제 팔을 옆으로 내려놓으세요. [5초 멈춤].

천천히 머리를 오른쪽 어깨로 움직여서, 원하는 만큼 목을 부드럽게 당기고, 감각을 알아차려 보세요. 이제 부드럽게 중심으로 돌아오세요. 그다음 머리를 왼쪽 어깨로 부드럽게 움직이고, 마음챙김적으로 스트레칭 해 보세요. 여러분의 몸이 지금 어떻게 느끼는지를 알아차리세요. 그다음, 머리를 중앙으로 되돌리고 이 자세를 유지합니다. [5초 멈춤]

바닥에 발을 평평하게 두고 서서, 팔을 양옆에 두고, 어깨를 펴고, 머리를 세우고, 이 자세로 잠시 휴식을 취해 보세요. 숨을 들이쉬고 내쉴 때마다 배가 오르내리는 것을 자각해 보세요. 여기 선 채로 호흡을 자각하면서, 스트레칭을 한 몸의 느낌을 알아차려 보세요. [멈춤]

그리고 이제 휴식을 취하면서 이 연습을 마무리합니다. 이 자세를 풀 때, 일상에서 몸의 마음챙김적 태도를 취해 볼 수 있는지 알아보세요.

연습을 마친 후에는 참여자들에게 관찰하도록 해 본다. 참여자들이 알아차린 것에 대해 물어보고, 경험에 대해 궁금했던 것들을 이야기하도록 한다.

지시문 예시

이 연습을 하는 동안 사람들은 무엇을 알아차릴까요? 여러분의 몸과 여러 스트레칭 감각을 알아차릴 수 있었나요? 스트레칭하기 전과 후의 차이를 알아차렸나요? 연습하는 동안 마음이 방황하기도 했나요? 여러분의 몸과 여러 스트레칭을 알아차리는 것에 집중할 수 있었나요?

전념 행동 설정

목표: 한 주 동안 완수할 전념 행동을 설정한다.

다음의 질문과 지침을 화이트보드에 적으면서, 전념 행동 설정을 시작해 보자.

• 가치를 향해 나아갈 수 있도록 여러분이 할 수 있는 행동을 생각해 보세요.
• 여러분이 이 행동을 하려고 할 때 어떤 승객이 방해가 될까요?
• 이 승객에게 여러분은 어떻게 대응할 건가요?
• 다음 주 동안 알아차리기 활동을 연습해 보세요.

참여자들을 소집단으로 나누고, 각 소집단에 한 명의 촉진자가 들어간다. 참여자들이 가치를 향해 나아갈 수 있도록 다음 주 동안에 할 수 있는 가치 기반 행동을 확인하기 위해 전념 행동 활동지를 작성하도록 한다. 그들에게 SMART 목표를 시도하여 설정해 보도록 요청한다.

- 구체적인(Specific)
- 측정 가능한(Measurable)
- 성취 가능한(Achievable)
- 현실적인(Realistic)
- 시간을 고려한(Time-oriented)

소집단에서 참여자들에게 다음 주의 계획에 대해서 다른 사람에게 기꺼이 이야기할 의사가 있는지 물어보고, 다른 사람들과 자신의 전념에 대해 기꺼이 공유하려는 어떤 말이라도 강화한다. 또한 전념 행동이 어떻게 진행되고 있는지 논의하기 위해 촉진자가 회기 사이에 5분 정도 짧게 전화를 걸어도 되는지를 정한다. 통화의 목적이 촉진자가 참여자에게 전념 행동을 수행했는지를 확인하는 것이 아니라, 마음챙김 알아차리기와 기꺼이 경험하기와 같은 전념 행동 과정을 상기시켜 주기 위함이라는 것을 명확히 해야 한다. 참여자들이 전념 행동을 향한 작업을 할 때 그들이 알아차리는 것, 특히 나타날 수 있는 승객들과 참여자들이 승객들에게 어떻게 반응하는지에 관심이 있음을 강조한다. 만일 그들이 전념 행동을 달성한다면, 이는 그 과정에서 얻는 추가적인 보상이라는 것을 강조한다.

지시문 예시

이 회기 초반에 여러분이 확인한 중요한 가치 있는 방향을 생각해 보세요. 다음 주 동안 중요하면서도 당신이 할 수 있는 행동 한 가지를 생각해 볼 수 있나요? 이건 승객과 그들에 대한 당신의 반응을 마음챙김적으로 알아차리도록 연습할 수 있는 기회라는 것을 명심하세요. 활동을 완료한다면 더욱 좋겠지요.

제게 중요한 한 가지는 몸의 건강을 유지하는 것이고, 이것과 연관된 목표는 이번 주에 체육관에 가는 것입니다. 저를 이 목표로 더 가까이 가게 하는 SMART 행동은 이번 주에 두 번 체육관에 가는 것으로, 저에게 이 행동은 성취 가능하고 현실적으로 느껴집니다. 목표에서 시간을 고려하여 저는 이번 주 화요일과 토요일에 최소한 30분 동안 운동할 예정입니다(측정 가능한). 저는 이걸 잊지 않도록 일지에 적을 것입니다. 일이 끝나면 체육관에 갈 수 있게 가방을 미리 싸 둘 겁니다. 제겐 몸의 건강을 유지하는 것이 중요하기 때문에, 저는 '나의 행동과 관련된 가치' 부분에 이걸 적으려고 합니다. 제가 이 가치를 향해 나아가는 데 방해가 될 수 있는 승객들은 '너무 피곤한 느낌' '건망증' '자각을 느낌'이 있습니다.

소집단 활동을 끝내기 전에 참여자들에게 알아차리기 기술 개발 활동지를 완성하도록 요청하고, 다음 주 동안 최소한 세 번 이상 호흡과 몸의 마음챙김 연습을 활용할 의사가 있는지 확인한다.

회기 마무리

목표: 집단 회기를 종료하고, 참여자들이 회기 경험에 대해 피드백하도록 격려한다.

참여자들을 다 같이 모이게 해서 워크숍 회기에 대한 피드백을 요청해 보자. 참여자들에게 일반적으로 회기에서 무엇을 알게 되었고, 가장 기억에 남는 것이 무엇인지 질문한다. 다음 주 회기에 참여하는 것의 중요성을 강조한다.

피드백을 촉진하기 위해 화이트보드에 다음 사항들을 적는 것을 고려해 보자.

- 오늘 회기가 어땠나요?
- 어떤 것을 알아차렸나요?
- 도움이 되었거나, 도움이 되지 않는다고 생각했던 것들이 있나요?
- 오늘 회기에서 어떤 것이 가장 기억에 남나요?

시간이 촉박하다면, '팝콘 피드백'을 시도해 볼 수 있는데, 모두에게 그날 회기에서 가장 기억에 남는 것을 한두 단어로 말하도록 요청하는 것이다.

두 번째 회기

대안으로서의 실행 가능성

　두 번째 회기의 주요 목표는 참여자들(내담자, 보호자)에게 투쟁의 대안인 개방성의 개념을 소개하고, 버스 승객 비유를 시행하는 것이다. 먼저, 촉진자와 참여자는 몸풀기 활동을 하기 전에 워크숍의 목적과 이전 회기에서 다룬 것을 논의한다. 촉진자는 마음챙김 먹기를 시행하고 이후에 결과에 대해서 논의한다. 그 후에 집단은 버스 승객 비유에 대해 되새겨 보고, 집단을 나누어 각자의 전념 행동에 관해 검토한다. 그런 다음 영상을 시청하고, 버스 승객 비유와의 관련성에 대해 논의한다. 촉진자는 기꺼이 경험하기 활동(폴더 밀치기 연습)에 대해 소개하고 이를 진행한 후에 논의하게 한다. 그 후에 집단원들은 자신이 여러 승객들에게 어떻게 반응하는지에 집중하면서 버스 승객 비유를 실행해 본다. 그 뒤에, 촉진자가 3분 호흡 공간법(three-minutes breathing space)[1]을 시행하고, 참여자들을 소집단으로 나누어 전념 행동 활동지를 완성하게 한다. 촉진자가 해당 회기에 대해 피드백을 받고, 참여자들에게 다음 회기에도 출석하기를 당부하면서 회기를 마무리 짓는다. 다음에는 회기에서 다룰 주제와 과제에 대한 시간 구성에 대해 개괄한다. 항상 그렇듯이, 각 활동에 할당된 시간은 대략적이다.

시간표

환영 인사 및 소개	10분
알아차리기 연습(자각하는)	15분
버스 승객 검토	5분
전념 행동 검토	10분
짧은 영상 시청	20분
기꺼이 경험하기 연습(개방하는)	10분
버스 승객 비유 시연하기(개방하는)	25분
알아차리기 연습(자각하는)	5분
전념 행동(능동적인)	10분
회기 마무리	5분

준비물

- 화이트보드
- 프로젝터와 스피커
- 종이와 펜
- 마커 펜
- 간단한 다과

---

1) 역주: 간단한 호흡명상법. breathing space란 기분전환이나 한숨 돌린다는 의미로, 3분 환기 명상이라고 의역하는 것이 본래의 의미에 더 가깝다고 함. 오카다 다카시(2018). 예민함 내려놓기(홍성민, 역). 서울: 어크로스. (원저는 2017년에 출판).

- 전념 행동 활동지
- 폴더(기꺼이 경험하기 연습에 필요함)
- 알아차리기 기술 개발 활동지

이 회기에서 추가적으로 사용하는 물품
- 소프트볼 공
- 포스트잇
- 마음챙김 먹기 연습을 위한 귤(촉진자와 참여자에게 각각 한 개씩 배부)

환영 인사 및 소개

목표: 회복을 위한 ACT 워크숍의 (4회기 중) 두 번째 회기에 온 참여자들을 환영한다. 회기가 대략 두 시간 정도로 진행되며 중간에 짧게 쉴 것이라고 설명한다. 필요하다면 시설에 대해 소개한다(예를 들어, 비상구, 화장실 등). 참여자들에게 명찰을 착용하도록 요청한다. 기분전환으로, 화이트보드에 다음의 사항을 적은 후 읽어 보게 함으로써 워크숍의 목적을 상기시킨다.

- 삶의 방향을 발전시키기
- 장애물에 대한 자각 증진시키기
- 장애물에 더 효과적으로 반응하기 위해 개방적이고, 자각하고, 능동적인 기술 배우기
- 서로 교류하며 즐거운 시간 보내기

지시문 예시

워크숍의 몇 가지 요점에 대해서 한 번 더 말씀드릴게요. 우리는 매주 각 영역을 살펴보게 될 겁니다.

워크숍의 목적에 대해 검토한 후에는 다음 사항을 화이트보드에 적고, 첫 번째 회기에서 어떤 일이 있었는지를 요약하는 것이 유용하다.

- 알아차리기의 마음챙김 기술
- 어떤 것이 인생에서 중요한지(가치) 생각해 보기
- 가치를 향하는 길에 방해되는 것
- 버스 승객 비유

지시문 예시

여기 보시면, 우리가 저번 주에 얘기한 주요 주제들이 있습니다. 우선, 마음챙김 알아차리기의 개념에 대해서 소개했어요. 그 후에는 인생에서 어떤 것들이 중요한지 얘기했었고요. 마지막으로, 버스 승객 비유를 소개했고, 의미 있는 삶으로 가는 길에 어떤 승객이 방해되는지 논의했죠.

그렇게 검토한 후에는 간단한 활동으로 참여자들이 워크숍 회기를 준비할 수 있도록 한다. 모든 사람이 일어서도록 하고, 사막에 갈 때 어떤 물건을 챙길지 그리고, 왜 그 물건을 챙길지에 대해 물어본다. 촉진자가 예시를 들면서 활동을 시작할 수 있다. 예를 들어, 촉진자가 "저는 우리 가족이 얼마나 중요한지를 깨닫게 해 주는 가족사진을 가져갈 거예요."라고 말할 수 있다. 그 후에는 참여자들의 예시와 어떻게 그것들이 참여자들에게 중요한 것들을 반영해 주는지를 연결한다.

지시문 예시

짧은 몸풀기 활동을 하면서 시작해 봅시다. 공을 들고 있는 사람이 사막에 가면 어떤 것을 가지고 갈 것이고, 그 이유는 뭔지 간단하게 이야기하고, 다른 사람한테 공을 전달하는 거예요. 그러면 그다음 사람은 다시 공을 전달하기 전에 사막에 어떤 걸 가져갈지 얘기하고요. 전부 다 한 번씩 이야기할 때까지 이걸 반복해 볼게요.

🖼️ 알아차리기 연습(자각하는)

목표: 사람들에게 알아차리기 연습을 소개하고 이를 이끌며, 이후 질문할 시간을 충분히 갖는다.

연습을 시작하기 전에, 각 참여자가 손에 귤이나 비슷한 과일을 들고 있게 한다. 이 연습을 촉진할 때는, 참여자들이 얼마나 빨리 귤껍질을 까는지 주의 깊게 살펴보고, 모든 사람이 같은 상태에 있을 때 진행하는 것이 도움이 된다.

지시문 예시

이제부터 몇 분 동안 현재에 머물고, 사물을 알아차리는 연습을 해 볼게요. 이번에는 귤을 사용하겠습니다.

마음챙김 먹기 연습

우리는 우리 인생의 많은 시간을 사실상 지금 그리고 여기에 머물지 않으면서 보냅니다. 인생은 바쁘고 우리의 마음은 승객들 때문에 쉽게 흐트러집니다. 그래서 이제부터 몇 분 동안 사물을 알아차리는 데 시간을 쏟으면서 현재에 집중하는 시간을 가져 보겠습니다.

제가 드린 귤을 들고 살펴보세요. [멈춤]

이 사물을 전에 본 적이 없는 것처럼 호기심을 가지고 관찰해 보세요. [멈춤]

사물의 모양과 윤곽을 잘 살펴보세요. [5초간 멈춤]

색깔을 알아차리세요. 얼마나 다양한 빛깔이 있나요? [5초간 멈춤]

손에서 느껴지는 무게를 알아차리고, [멈춤] 피부로 감촉을 느껴 보세요. [멈춤]

손가락으로 사물을 쓸어 보고, 어떤 느낌이 나는지 알아차리세요. [멈춤]

코에 가까이 대고 냄새를 맡아 보세요. 그 향기를 진짜로 알아차리세요. [멈춤]

껍질을 까고 안에 무엇이 있는지 알아차리세요. [5초간 멈춤]

다시 코에 가까이 대고, 향기에 변화가 있는지 보세요. [멈춤]

사물 안쪽의 촉감은 어떤지 알아차리세요. [멈춤]

사물의 한 조각을 떼고, 손으로 들어 보세요. [멈춤]

손가락 사이로 사물을 느껴 보세요. [멈춤]

시간을 두고 사물을 잘 살펴보세요. [멈춤]

살짝 눌러 보고 그 감촉을 알아차리세요. [멈춤]

그리고 원한다면, 그 조각을 입 안으로 부드럽게 넣어 보세요. 씹지 마세요. 그냥 입 안에서 굴려 보세요. [5초간 멈춤]

입 안에서 무슨 일이 일어나는지 알아차리세요. 침이 나오는 걸 알아차리세요. [멈춤]

깨물고 싶은 충동을 알아차리세요. [멈춤]

준비되면, 사물을 깨물어 보세요. 어떤 맛이 나는지 알아차리세요. 감촉을 알아차리세요. [5초간 멈춤]

천천히 사물을 씹어 보고, 삼킬 때의 감각을 알아차리세요. [멈춤]

[가치와 목적을 연결하며 마무리 지음] 귤 같은 작은 사물을 가지고도 현재 순간에 집중함으로써 더 많이 알아차릴 수 있습니다. 지금 해 본 이 방법으로 이 사물과 함께 있었던 경험을 알아차려 보세요. 그리고 이제 이 방에서, 오늘 여기에 온 여러분의 목적과 이 활동을 하는 동안 여러분이 데리고 다니던 승객을 알아차려 보세요.

연습을 마친 후에는, 참여자들이 관찰한 것을 질문한다. 참여자들이 알아차린 것에 대해 물어보고, 경험에 대해 궁금했던 것들을 이야기하도록 한다. 이 경험과 자동조종 경험 사이의 차이를 이끌어 내는 데 집중해 보자.

지시문 예시

이 연습을 하는 동안 사람들이 무엇을 알아차렸을까요? 사람들이 이 귤 조각의 향기와 맛을 더 많이 알아차렸을까요? 여러분은 보통 이렇게 귤을 먹나요? 어떤 점이 다를까요? 가끔씩 향기와 감각을 알아차리지 않고, 그저 빠르고 자동적으로 먹게 되지는 않나요?

이러한 유형의 알아차리기가 여러분이 참여하는 모든 활동에 적용될 수 있다는 점을 고려해 봅시다. 여러분이 매일 하는 일상적이고 지루한 일부터 중요한 일까지요. 일상의 활동에 마음챙김적 태도를 취함으로써 그 활동을 경험하고, 그 순간에 진정으로 살아 있게 됩니다.

연습에서 참여자들이 자동적으로 반응했던 방식(예를 들어, 씹기와 빨리 삼키기)을 이끌어 내고, 이러한 행동이 얼마나 쉬웠는지에 주목하자. 이것이 연습에서 훈련했던 의도적인 기술과 어떻게 대조되는지, 그리고 이러한 기술이 삶의 다른 영역에 어떻게 적용될 수 있는지에 얘기해 보자.

버스 승객 검토

목표: 첫 번째 회기에서 보았던 버스 승객 영상의 핵심 요소를 상기시키는데, 여기에는 가치 있는 방향, 승객의 역할, 승객에 대한 참여자들의 반응이 포함된다. 설명하기 전에 집단원들에게 먼저 비유에 대해서 어떤 것이 기억나는지를 물어보자.

지시문 예시: 일반

이 비유는 우리가 가고 싶은 방향, 즉 우리의 가치와, 그 여행의 버스에 함께 탄 승객에 관한 것입니다.

지시문 예시: 승객을 명시하기

승객은 '가치 있는 방향으로 가는 것을 방해하는 기억, 생각, 감정, 감각'이 될 수 있습니다. 우리가 장애물을 어떻게 다루는지에 대한 예시로는 투쟁하려고 하기, 경험을 밀어내거나 승객에게 항복하기, 승객들이 버스의 방향을 통제하도록 내버려 두기가 될 수 있겠죠.

모든 승객이 무섭거나 위협적이지는 않지만, 우리가 거기에 사로잡히면 여전히 가치 있는 행동을 하지 못하게 한다는 것을 유념해 두세요. 예를 들어, 우리는 즐거운 기억에 사로잡히고 예전에 인생이 어땠는지를 기억하느라 길가에 차를 세울 수 있습니다. 아니면, 좋은 느낌에 너무 집중하느라 다른 모든 것들을 무시할 수도 있겠죠.

지시문 예시: 가치 있는 방향을 명시하기

가치는 우리가 선택한 인생의 방향이나 우리가 버스를 어떻게 조종할지 '선택'한 것과 같습니다. 승객에 대처하기 위해서 운전대에서 손을 뗀 순간, 우리는 더 이상 버스를 운전하지도 않고, 가치 있는 행동을 취하지도 않습니다.

우리는 종종 우리가 '가야 하는' 방향으로 가지 않았다고 해서, 실패에 실망했다고 해서, 혹은 가치 있는 방향으로 이동하면서 나타나는 감정(불안과 같은)과 투쟁했다고 해서 스스로를 비난하는 감정에 쉽게 사로잡히게 됩니다. 이 모든 것은 우리가 중요하게 자각해야 할, 버스 안의 추가적인 승객이 될 수 있습니다. 우리의 목표는 우리를 끌어들이는 승객에 대한 자동적이고 도움이 되지 않는 반응을 알아차리는 동시에, 승객들을 데리고 버스를 운전할 수 있게 되는 것입니다.

전념 행동 검토

목표: 이전 회기의 마지막에 참여자가 완료한 전념 행동 연습을 검토한다.

화이트보드에 다음과 같이 쓴다.

- 여러분이 확인한 가치, 그리고 이 가치와 연결된 행동에 대해서 생각해 보세요.
- 이 행동과 관련하여 나타나는 승객을 알아차렸나요?
- 마음챙김 훈련에서 어떤 것을 경험했나요?

이후 소집단으로 나누고, 한 명의 촉진자가 각 집단을 이끈다. 촉진자들은 각 참여자들의 전념 행동 연습에 대해서 검토하고, 각 집단원이 어떤 승객을 관찰했는지, 혹은 그 과정에서 어떤 것을 알아차렸는지 이야기하도록 격려한다.

지시문 예시

이전 회기의 마지막 즈음에, 저희가 여러분에게 중요한 것과 가치 있는 것들을 하도록 시도해 보라고 했었죠. 해 본 사람이 있나요? 어떤 것들을 알아차렸나요?

마음챙김 훈련은 어떻게 되고 있나요? 일상생활 속에 훈련을 적용시킬 수 있었나요? 어떤 것을 알아차렸나요?

전념 행동 연습을 검토할 때는, 다음의 논의사항과 양식을 유의하는 것이 도움이 된다.

- 검토 과정의 초기에는 보통 참여자들이 과정보다는 내용과 관련한 정보를 제공하는 경우가 많다. 예를 들어, 무엇을 알아차렸는지를 반영하기보다는 어떤 것을 했는지에 대한 세부사항을 이야기하는 것이다. 이것을 타당화하고, 가치를 향한 행동 과정, 장애물과 더불어 사람들의 공통적인 경험을 알아차림으로써 참여자들을 이끄는 것이 도움이 된다.
- 조금이라도 승객에 대한 자각이 증진되었다면 이를 강조하고, 사람들이 이에 대해서 어떻게 반응했는지에 대해서도 강조하자.

- 주요 목표는 사람들이 가치 있는 방향으로 나아가는 것에 대해서 생각하는 것임을 강조하자. 실제로 가치 있는 방향으로 나아갈 수 있는 것도 좋지만, 주요 논점은 과정과 어떤 승객이 나타나는지를 알아차리는 것임을 강조하자.

- 전반적으로, 느낌을 타당화하되, 문제 해결이나 경험에 대한 판단에 사로잡히지 않도록 하자. 알아차리기와 가치 있는 방향으로 움직이기 위해 취한 모든 행동을 강화하자. 만일 참여자가 이런 행동을 계속 회피하는 경향이 있다면, 행동하는 것에 대해 생각하느라 시간을 보낸 것조차 기능적인 개선이 될 수 있다.

- 어떤 참여자들은 동기부여가 부족함에도 불구하고 회기에 참여한다는 것을 타당화하자. 이러한 동기 부족은, 예를 들어 마치 버스에 기름이 없는 것과도 같이 또 다른 승객이 될 수 있다.

- 전념 행동의 질에 대해서 강조하자. "여러분은 여전히 전념 행동을 실행할 수 있지만, 그 결과를 통제할 수는 없습니다. 여러분이 원하는 대로 일이 흘러가지 않았다고 해도 중요하고 의미 있는 것을 행하는 것이 여전히 가치가 있을까요?"

- 만일 참여자들이 특정한 방식으로 감정을 느끼거나 느끼지 않기를 원한다는 것에 대해서 이야기를 꺼낸다면(예를 들어, "저는 그만 우울하고 싶어요."), 이것이 살아 있는 사람보다 시체가 더 잘할 수 있는 '죽은 사람의 목표'임을 제안하자. 예를 들어, 죽은 사람은 절대 우울할 수 없고, 약물을 사용할 수도 없다. 참여자들에게 "만약 우울하지 않다면, 삶에서 어떤 것을 다르게 하고 있을 것 같나요?"라고 물어보자.

- 참여자들에게 할 수 있는 모든 것을 해 보는 데서 만족을 찾을 수 있다는 견해를 안내해 보자. "우리의 마음은 비교하고, 평가하고, 판단하면서, 행동하는 것을 어렵게 만들 수 있습니다. 우리의 마음이 '시작해야 한다'고 하는 곳이 아니라, 우리가 시작하는 곳에서부터 시작합시다."

- 가치 있는 행동을 취하고, 장애물을 알아차리려는 모든 노력을 강화하자. 예를 들어, 이렇게 말할 수 있다. "우리가 가치 있게 여기고 추구하고자 하는 것이 많을 수 있습니다. 어떤 것을 하는 것을 생각하면서 시작할 수 있지만, 그때 장애

물과 승객들이 종종 나타나서 우리의 길을 막을 수 있습니다."

짧은 영상 시청

목표: 폴(내담자 워크숍)이나 조지(보호자 워크숍)의 짧은 영상을 보고, 이것이 버스 승객 비유와 어떻게 관련되어 있는지 논의한다.

영상을 재생하기 전에, 참여자들이 영상을 보면서 살펴봐야 하는 것들을 플립 차트에 적는다.

- 폴/조지의 버스에는 어떤 승객들이 타고 있나요?
- 폴/조지는 승객들에게 어떻게 반응하나요?
- 폴/조지에게 무엇이 중요하다고 생각하나요?

참여자들에게 펜과 종이를 주고, 앞에 말했던 부분(승객, 승객에 대한 반응, 가치)을 잘 살펴보도록 요청한다. 영상을 다 본 후에 이에 대해서 논의할 것이라고 이야기한다.

지시문 예시

승객과 버스에 대해서 조금 더 생각해 보기 위해서, 어떤 사람이 연기하는 가상의 이야기가 담긴 짧은 영상을 보여 드리겠습니다. [이것을 명확히 하자.] 영상에서 여러분은 승객과 투쟁해 온 폴[조지]을 보게 될 것입니다. 이 영상을 볼 때, 그의 승객을 발견하고 그가 승객에게 어떻게 반응하는지, 그리고 그에게 중요한 것은 무엇인지를 찾을 수 있는지 보세요.

폴의 승객에 대한 검토 예시(내담자 워크숍)

화이트보드에 다음과 같이 쓴다.

- 폴의 버스에는 어떤 승객들이 타고 있나요?
- 폴이 승객들에게 어떻게 반응했나요?
- 폴에게 무엇(어떤 가치)이 중요하다고 생각하나요?

그런 다음, 참여자들에게 영상에서 본 세 가지 제목과 관련된 것들을 적어 보도록 하고, 플립 차트에 답을 쓰도록 요청한다. 다음의 예시들은 참여를 촉진하기 위해 사용될 수 있다.

폴의 승객들	승객들에 대한 폴의 반응	폴의 가치
• 집중하기 어려움 • 걱정 • 좌절 • 속상해함 • 편집증(핸드폰에서 나는 딸깍거리는 소음) • "사람들이 나를 감시해/녹음해." • "나는 안전하지 않아." • 수면의 어려움 • "나는 짐 덩어리야." • 걱정: "사람들이 내 음식에 독을 넣었어." "내가 미쳐 가고 있어." • 불안	• 열심히 일하고, 직장에서 오랜 시간을 보냄 • 집으로 일거리를 가져옴 • 사무실에서 다른 사람들을 자극함 • 문제에 대해서 이야기함 • 재확인 추구 • 잠을 자지 않음 • 음식을 먹지 않음 • 불안하게 만드는 상황을 회피함 • 친구를 만나지 않음	• 열심히 일하고, 일을 즐기기 • 부모님과의 관계에서 상호 존중하기 • 애정 어린 관계 만들기 • 지지적인 우정

지시문 예시

이 이야기의 작은 부분이라도 여러분과 관련된 게 있었나요? 예를 들어, 안도(relief), 회피, 혹은 가치 있는 방향의 결핍(lack of valued direction)과 같은 것들이 있었나요? 혹은 폴과 유사한 경험을 한 다른 누군가를 알고 있나요?

폴이 승객에게 반응할 때의 대가(cost)에 대해서 당신은 어떻게 생각하나요? 그 대가가 폴이 가치를 향해 나아가는 능력에 영향을 끼치나요?

우리는 폴이 그다지 사용하지 않은, 승객들에게 반응하는 대안적인 방법을 제안하고 싶습니다. 우리는 이러한 반응을 '개방성(openness)'이라고 부릅니다. 개방적인 반응은 투쟁을 완화하며, 한 사람으로 하여금 가치 기반 행동을 지속시키도록 하는 동시에 이 여정에 함께하게 합니다. 이를 연습해 봅시다.

조지의 승객에 대한 검토 예시(보호자 워크숍)

화이트보드에 다음과 같이 쓴다.

- 조지의 버스에는 어떤 승객들이 타고 있나요?
- 조지가 승객들에게 어떻게 반응했나요?
- 조지에게 무엇(어떤 가치)이 중요하다고 생각하나요?

그런 다음, 참여자들에게 영상에서 본 세 가지 제목과 관련된 것들을 적어 보도록 하고, 플립 차트에 답을 쓰도록 요청한다. 다음의 예시들은 참여자들을 촉진하기 위해 사용될 수 있다.

조지의 승객들	승객들에 대한 조지의 반응	조지의 가치
• "나는 유전적으로 이 병을 아들에게 물려줬어." • "나는 지지받지 못해." • 죄책감(폴에 대한 것, 일을 처리해 주는 동료들에 대한 죄책감) • "나는 나쁜 부모이고, 아버지로서 가망이 없어." • 폴에 대한 원망	• 아내와 싸움 • 과잉보상을 위해 폴에게 더 많이 애씀 • 폴을 보살피기를 포기함 • 폴의 요구를 더 중시함 • 일을 쉼 • 운동을 건너뜀 • 친구를 만나지 않음 • 술을 마심 • 문제에서 벗어나 도망감	• 아들을 돌보기 • 아이들을 지지하기 • 최선을 다해서 열심히 일하기 • 서로 존중하는 관계를 맺고 우정을 쌓기

지시문 예시

- - - - - - - - - - - -

이 이야기의 작은 부분이라도 여러분과 관련된 게 있었나요? 예를 들어, 안도, 회피, 혹은 가치 있는 방향의 결핍과 같은 것들이 있었나요? 혹은 조지와 유사한 경험을 한 다른 누군가를 알고 있나요?

조지가 승객에게 반응할 때의 대가(cost)에 대해서 당신은 어떻게 생각하나요? 그 대가가 조지가 가치를 향해 나아가는 능력에 영향을 끼치나요?

우리는 조지가 그다지 사용하지 않은, 승객들에게 반응하는 대안적인 방법을 제안하고 싶습니다. 우리는 이러한 반응을 '개방성'이라고 부릅니다. 개방적인 반응은 투쟁을 완화하며, 한 사람으로 하여금 가치 기반 행동을 지속시키도록 하는 동시에 이 여정에 함께하게 합니다. 이를 연습해 봅시다.

기꺼이 경험하기 연습(개방하는)

목표: 기꺼이 경험하기 연습을 위해서, 고통스럽고 힘든 생각 및 감정과 투쟁하거나 흡수되는 것과 대조적으로 그것을 기꺼이 받아들인다.

모든 사람이 연습을 위해 종이 폴더나 종이를 갖고 있는지 확인하자. 또한 여러분은 폴더 혹은 종이에 '끈질긴' 사고를 적도록 참여자에게 요청할 수 있다.

지시문 예시

- - - - - - - - - - - -

때때로 우리는 우리 내면에서 일어나는 것을 없애려고 애쓰느라, 정작 우리에게 중요한 것을 더 이상 보지 못하게 됩니다. 만일 우리가 내적 경험을 없애려고 투쟁하는 것을 내려놓고, 이러한 것들이 그곳에 있을 수 있도록 스스로를 조금만 개방한다면(그걸 좋아해야 한다는 건 아니에요), 우리는 정말로 중요한 것을 하도록 되돌아올 수 있습니다. 자 이제, 지금 이 순간에 존재하는 생각과 감정이 있는 그대로 존재하도록 개방하는 연습을 해 봅시다.

폴더 밀치기 연습

두 손으로 여러분의 폴더를 잡아 보세요. 이 폴더가 오랫동안 당신이 투쟁해 왔던 모든 힘겨운 생각과 감정, 기억, 감각을 나타낸다고 상상해 보세요. 그리고 폴더를 잡고, 가능한 한 꽉 쥐어 보세요. [멈춤]

자, 이제 코에 닿을 정도로 그 폴더를 올려서 제가 더 이상 안 보이게 얼굴 가까이 대 보세요. 그러면 여러분은 더 이상 저를 볼 수 없을 겁니다. 그러니까 이러한 생각, 감각 혹은 기억에 완전히 사로잡혔다고 상상해 보는 거죠.

이제, 단지 알아차려 보세요. 여러분이 생각과 감정에 온통 휩싸이는 동안, 저와 대화를 하거나 교류해 보려고 하니 어떤가요? 여러분은 저와 연결되거나 교감하는 것 같나요? 여러분은 제 얼굴의 표정을 읽을 수 있나요? 제가 무엇을 하는지 보이나요?

또 여러분이 이것에 온통 휩싸이는 동안 이 방의 광경은 어떻게 보이나요? [멈춤]

여러분이 완전히 여기에 사로잡혀 있는 동안 여러분은 많은 것을 놓치고 있는 셈입니다. 여러분의 주변 세상과도, 저와도 연결이 끊어지게 됩니다. 이런 것들을 당신이 꽉 잡고 있는 동안에 여러분은 삶을 작동하게 만드는 무언가를 할 수 없게 된다는 것 또한 알기 바랍니다. 확인해 봅시다. 여러분이 할 수 있는 한 꽉 폴더를 잡아 보세요.

이 폴더에 휩싸여 있는 동안, 여러분이 사랑하는 사람과 정말로 관계를 유지할 수 있을까요? 여러분의 일을 잘 해낼 수 있나요?

이제, 여러분의 폴더를 놓지 않으면서 밀쳐 내 보세요. 이러한 힘든 생각과 감정을 없애려고 시도해 보세요.

계속 밀쳐 내 보세요. 여러분은 이러한 감정을 견딜 수 없습니다. 여러분은 그걸 없애버리고 싶어 합니다. 더 세게 밀쳐 내 보세요.

이러한 생각과 감정을 없애 버리려 애쓰는 데 얼마나 노력과 에너지가 소모되는지를 알아차려 보세요. [멈춤]

여기서 여러분은, 이러한 고통스러운 생각과 감정을 눌러 없애려고 애를 쓰고 있습니다. 여러분은 TV, 음악, 컴퓨터, 음주, 사람들이나 일하는 것을 피하려 하기 등 주의를 분산시키려고 애써 왔을 수 있어요.

여러분은 오랫동안 단지 누르고 또 누르는 이러한 일을 해 왔습니다. 이러한 고통스러운 생각과 감정은 어디로 없어지던가요? 사라지던가요? [멈춤]

여러분은 그것들에 어느 정도 거리를 두고 지낼 수 있지만, 그걸로 인한 대가는 무엇일까요? 어깨가 무겁진 않았나요?

여러분이 이렇게 폴더를 밀쳐 내면서 여러분은 친구와 가족과 교류하거나, 저녁을 준비하고, 일을 효율적으로 하거나 삶의 버스를 잘 운전할 수 있었나요? 여러분은 이렇게 하는 동안 다른 사람과 대화를 하거나 실제로 교류하는 것이 쉬웠다고 생각하나요? [멈춤]

이러한 모든 감정을 밀쳐 내려 시도하는 것은 그래서 많은 노력과 에너지를 잡아먹는 일이 됩니다. 이렇듯 여러분이 유쾌하지 않은 생각과 감정을 제거하려 시도하는 것은 지금까지 오랫동안 해 왔던 것입니다. 그런데도 그런 것들은 계속 나타납니다. 그것들은 여전히 여러분 삶에서 영향력을 가지고 있습니다.

자, 이제 잠깐 동안 폴더를 무릎에 내려놓아 보세요. 이러한 생각과 감정이 무릎 위에 있도록 그저 놓아두세요. [5초 동안 멈춤]

어떻게 느껴지세요? 힘이 훨씬 덜 들어가진 않나요?

이렇게 고통스럽고 복잡한 생각과 감정은 여전히 거기에 있습니다. 하지만 차이를 알아차려 보세요. 지금 여러분은 사랑하는 누군가를 껴안을 수 있고, 요리를 하거나 인생의 버스를 운전할 수 있습니다. 그것은 당신을 고갈시키거나 기진맥진하게 만들지 않습니다. [멈춤]

[폴더를 눌러서 밀쳐 버리고, 코까지 올리는 시늉을 하기] 이러한 감정을 눌러서 없애려 끊임없이 노력하거나, 그것들에 발목 잡히게 되는 것보다 무릎 위에 내려놓는 것이 더 쉬운 일이 아닐까요?

힘겨운 감정은 여전히 거기 있습니다. 물론 여러분은 그것들을 원하지는 않습니다. 누가 이러한 고통스러운 생각과 감정을 원하겠어요? 하지만 이것이 얼마나 당신에게 훨씬 덜 영향을 미치는지를 알아차려 보세요. 물론 이상적으로는 이렇게 하고 싶겠죠. [폴더를 바닥에 던지는 시늉을 하기]

하지만 생각해 보세요. 몇 년이나 이렇게 하려고 노력해 왔죠. 당신은 이러한 생각과 감정을 없애려고 애쓰느라 참으로 많은 시간과 노력, 대가를 지불했지요. 그리고 그러한 모든 노력에도 불구하고 그것들은 여전히 눈에 띕니다. 그것들은 오늘도 여기에 있네요.

이 워크숍의 목표 중 하나는 당신에게 힘겨운 생각이나 감정과 싸우거나 피하는 대신, 힘겨운 생각이나 감정을 경험하는 데 개방적인 태도를 가지도록 하는 겁니다.

연습을 촉진시킨 후, 참여자들이 연습을 통해 관찰한 것을 논의해 본다. 사람들이 알아차린 그 어떤 것이라도 강화하자. 참여자들은 여전히 힘겨운 감정들이 존재한다고 강조할 수 있는데, 이 경우 다음의 지시문 예시가 유용할 것이다.

지시문 예시

사람들이 이 연습을 어떻게 하는 것 같던가요? 어떠한 생각과 감정에 사로잡히게 되던가요? 당신 마음에서 생각이랑 감정과 밀치고 싸워 보니까 어떻던가요?

여러분의 몸에서 어떤 걸 알아차렸나요? 여러분이 폴더를 눌러서 밀쳐 내었을 때, 무엇을 할 수 없었나요? 폴더를 무릎에 둔 채 힘겨운 사고와 감정이 그대로 있도록 하면서 투쟁을 중단해 보니 어떠셨나요? 투쟁을 중단한 것은 당신에게 어떻게 여겨졌나요?

이 워크숍에서 우리는 알아차리기 기술을 배우고 있습니다. 이것은 여러분이 고통스러운 생각과 감정에 훨씬 더 효과적으로 반응하게 해 줄 거예요. 당신에게 충격이나 영향을 훨씬 덜 끼치는 식으로 말이죠. 우리는 몇 가지 기법을 이미 다뤄 왔습니다.

이를테면, 당신에게 중요한 것(가치)에 초점을 맞추기, 마음챙김 태도를 취하는 기술을 연습하기, 현재에 머물러 있기와 같은 기법들은 반응하기 전에 여러분에게 생각할 여지를 주게 됩니다.

🚌 버스 승객 비유 시연하기(개방하는)

목표: 영상에 제시된 내용을 사용하여, 승객에게 다른 방식으로 대처하는 세 가지 상황을 연기하며 버스 승객 비유를 시연한다. 시연 영상은 http://www.actforpsychosis. com에서 이용 가능하다.

폴 또는 조지의 영상에서 나온 내용을 사용하여 집단원들이 버스 승객 비유의 역할 연기를 하게 된다는 것을 설명한다. 참여의 즐거운 측면에 대해 강조하되, 단지 연습을 관찰하는 것만으로도 괜찮다는 것을 확실히 하자. 먼저, 지원자를 요청하자.

- 한 사람은 운전사 역할을 한다(폴 또는 조지). 집단원들이 영상의 내용에 근거하여 주요 승객을 결정하도록 하자(예를 들어, 걱정, 편집증, 죄책감, '내가 미쳐 가는 것 같다' 혹은 '나는 나쁜 아버지다'와 같은 사고)
- 다른 3~4명은 승객 역할을 한다. 지원자들에게 운전사의 승객 역할을 연기해 달라고 한다. 승객 이름이 써진 포스트잇을 주고, 각 승객이 말할 법한 것에 대해 상기시킨다(예를 들어, 폴의 '걱정' 승객은 사람들이 자신을 도청하거나 음식에 독을 탄다고 이야기한다. 조지의 '죄책감' 승객은 그에게 유전자를 물려준 나쁜 아버지라고 이야기할 수 있다).
- 한 사람은 가치 있는 방향의 역할을 한다. 운전사에게 승객이 방해하고 있는, 가치 있는 방향을 찾아보게 하자. 큰 종이에 이를 한두 단어로 요약하고, 운전사의 가치 있는 방향을 표현할 종이를 들고 있도록 요청한다.

다음 사항을 유의하면 역할연기에 도움이 될 것이다.

- 가치를 명료화하도록 노력한다(목표보다는 가치를 명시하기).
- 사람들에게 연습이 얼마나 걸리고, 그 역할을 얼마나 연기할지 알려 주자.

- 적어도 세 명의 승객이 탑승하도록 하자. 다만, 워크숍의 참여 인원에 따라 이 숫자는 달라질 수 있다.
- 각 상황을 시작하기 전에, 승객이 얼마나 다양한 반응을 시연하게 될지 운전사와 상의하자. 예를 들어, 운전사에게 그가 승객과 어떻게 투쟁할 것인지, 승객에게 어떻게 굴복할 것인지를 물어볼 수 있다. 필요하다면 지시문을 제시하자.
- 과제가 정서적인 특징을 띠기 때문에, 집단원들이 모여서 이 연습을 어떻게 할지에 대한 기본적인 규칙을 정하는 것이 도움이 될 수 있다. 예를 들어, 승객의 말이 지나치게 기억을 자극하지 않도록 하여 운전사가 안전하다고 느낄 수 있도록 하자.
- 승객에게 어떤 말을 할지 지시할 때는 융통성과 즉흥성을 허용하자. 이 연습은 참여자들이 고유의 말과 행동을 생각해 낼 때 더욱 잘 적용될 수 있다.
- 폴더 밀치기 연습을 하는 동안 나타났던 참여자들의 반응을 다양한 방식으로 연결 지어 보자.
- 나머지 집단원들에게 역할연기가 진행되는 것을 적극적으로 지켜보도록 하자.

싸움/투쟁하는 상황

이 상황에서는 운전사에게 버스를 운행하고(승객이 따라오는 상태로 방을 돌아다니기), 멈춰서 싸우고 투쟁하는(예를 들어, 승객들에게 고함을 치고 이들과 논쟁하기) 역할극을 진행한다. 승객들에게 실제 '승객'처럼 행동하도록 하자(따지고, 부추기고, 애원하고, 산만하게 하기). 이를 2~4분간 지속한다. 연습이 끝난 후 다음과 같이 질문해 보자.

- 버스 운전사에게 피드백을 받기: 승객들과 투쟁하는 것은 어땠나요? (촉진자는 승객들과 아무리 논쟁하고 싸우더라도, 꼼짝할 수 없다는 것은 변하지 않는다는 점을 이야기할 수 있다.)

- 승객들에게 피드백을 받기: 운전사를 통제하고 있다고 느꼈나요?
- 가치를 표현했던 사람에게 피드백을 받기: 가치를 표현했던 사람이 버스 운전사와 연결되어 있다고 느꼈나요, 아니면 무시당하는 느낌이었나요?
- 더 많은 집단원들에게 피드백을 받기: 집단원들은 관찰자로서 어떤 것들을 알아차렸나요?

굴복하는 상황

운전사에게 버스를 다시 운전하도록 요청하는데, 이번에는 승객들에게 굴복하는 역할연기를 해 보도록 한다(예를 들어, 승객에게 동의하고, 승객들이 버스의 방향을 정하게 허락함으로써 평화롭게 지내려는 것). 이를 2~4분간 지속한다. 연습이 끝난 후 다음과 같이 질문해 보자.

- 버스 운전사에게 피드백을 받기: 승객들에게 굴복하는 것은 어땠나요? 운전대를 놓아 보니 어땠나요? 승객들이 버스의 방향을 통제하는 것처럼 느껴졌나요? 이는 단기적으로는 기분이 나아지게 할 수도 있지만 중요한 삶의 영역에서 대가를 치러야 한다는 점을 강조하자. 즉, 다른 길에 갇혀 버리게 된다는 것이다.
- 승객에게 피드백을 받기: 운전사를 통제하고 있다고 느꼈나요?
- 가치를 표현했던 사람에게 피드백을 받기: 가치를 표현했던 사람이 버스 운전사와 연결되어 있다고 느꼈나요, 아니면 무시당하는 느낌이었나요?
- 더 많은 집단원들에게 피드백을 받기: 집단원들은 관찰자로서 어떤 것들을 알아차렸나요?

개방성을 적용하는 상황

마지막으로, 운전사에게 개방성을 적용하는 반응을 연습하도록 요청하자(예를 들어, 승객들을 알아차리기 위한 기술을 사용하기, 그들의 말에 감사해하기, 버스에 탑승한 것을 환영하기, 가치 있는 방향으로 운전하는 동안 승객들이 버스 뒤쪽에서 평소대로 말하거나 행동하도록 하기). 이를 2~4분간 지속한다. 연습이 끝난 후 다음과 같이 질문해 보자.

- 버스 운전사에게 피드백을 받기: 승객들이 말하거나 행동하는 와중에도 가치 있는 방향에 집중하고 이를 마음에 새기는 것은 어땠나요?
- 승객에게 피드백을 받기: 여전히 운전사를 통제하고 있다고 느꼈나요?
- 가치를 표현했던 사람에게 피드백을 받기: 가치를 표현했던 사람이 버스 운전사와 연결되어 있다고 느꼈나요, 아니면 무시당하는 느낌이었나요?
- 더 많은 집단원들에게 피드백을 받기: 집단원들은 관찰자로서 어떤 것들을 알아차렸나요?

논의하기

모든 집단원에게 활동이 어땠는지를 묻고, 세 가지 상황을 비교하고 대조해 보자. 현재 순간에 집중하기, 수용, 탈융합, 가치 명료화, 전념 행동과 같은 핵심적인 과정의 측면에서 첫 두 반응과 개방하는(기꺼이 경험하는) 반응 사이의 차이점을 강조해 보자.

알아차리기 연습(자각하는)

목표: 참여자들에게 3분 호흡 공간법(three-minute breathing space exercise)을 안내하고, 이에 대해 논의한다.

3분 호흡 공간법

우리는 자동조종 모드(automatic pilot mode)에서 벗어나 현재 순간에 다시 접촉하도록 돕는 짧은 호흡 연습을 훈련할 것입니다.

편안하고 바른 자세로 눈을 감거나 앞에 있는 한 지점에 주의를 집중하세요. 이제 깊게 호흡하여 당신을 현재 순간에 집중시키고, [멈춤] 지금 여러분이 경험하고 있는 어떤 것이든 그저 알아차려 보세요. 그것이 불편감이나 긴장감일지라도, 어떠한 감각이든 알아차려 보세요. 땅에 닿은 발을 알아차리고, 만약 앉아 있다면 앉아 있는 것을 알아차리세요. 당신의 몸에 닿은 옷과 피부에 스치는 공기를 알아차려 보세요. [5초간 멈춤]

이번에는 마음속에 있는 어떤 것이든 알아차려 보세요. 어떤 생각이 들더라도, 할 수 있는 한 지금 당신의 마음속에 있는 그대로의 생각을 관찰하세요. [멈춤] 이번엔 감정적으로 느껴지는 어떤 것이든 알아차려 보세요. 이를 바꾸려 하지 말고, 단순히 여러분이 어떻게 느끼고 있는지만을 알아차려 보세요. [5초간 멈춤]

그리고 호흡에 집중하고, 당신이 숨을 들이쉴 때 배가 부풀고, [멈춤] 내쉴 때 배가 가라앉는 것을 알아차려 보세요. [5초간 멈춤]

숨을 들이쉴 때 코를 통해 시원한 바람이 들어오고, [멈춤] 내쉴 때 따뜻한 공기가 나가는 것을 알아차려 보세요. [멈춤]

만약 마음이 호흡이 아니라 다른 곳으로 방황하는 것 같다면, 단순히 숨을 들이쉰 후 내쉬는 것에 마음을 다시 집중해 보세요. [5초간 멈춤]

이번에는 여러분의 의식을 넓혀서 호흡에서 몸까지 아우르도록 이동시켜 보세요. [멈춤] 지금 여러분의 생각을 자각하고, [멈춤] 이 순간에 느껴지는 감정에 집중해 보세요. 의식을 부드럽게 확장해서 모든 것을 의식 속에 두고, 모든 경험을 알아차려 보세요. [5초간 멈춤]

이제 다시 이 방으로 주의를 집중해 보세요. 눈을 감고 있었다면 떠 보세요. 보이는 것을 알아차리고, 들리는 것을 알아차려 보세요. 발을 땅에 딛고 뻗어 보세요. 여러분이 스트레칭을 하고 있다는 것을 알아차려 보세요. 다시 돌아온 것을 환영합니다!

연습을 마치고 난 후, 참여자들에게 활동에 대해 논의해 볼 수 있도록 한다. 참여자들이 알아차린 것에 대해 질문해 보고, 경험에 대해 호기심을 가질 수 있도록 한다. 이 경험과 자동조종 경험 간의 차이점에 대해 초점을 두고 이야기해 보도록 한다.

지시문 예시

이 연습을 하는 동안 사람들이 무엇을 알아차렸나요? 어떠한 감각이라도 알아차릴 수 있었나요? 어떠한 생각이라도 알아차렸나요? 연습하는 동안 마음이 방황하기도 했나요? 주의를 다시 경험을 알아차리는 것에 집중할 수 있었나요?

전념 행동(능동적인)

목표: 한 주 동안의 전념 행동을 설정한다.
화이트보드에 다음과 같이 작성한다.

- 여러분이 가치를 향해 실천할 수 있는 한 가지 활동을 생각해 보세요.
- 이 행동을 할 때 어떤 승객들이 끼어들 수 있을까요?
- 여러분은 이 승객들에게 어떻게 반응할까요?
- 한 주 동안 알아차리기 활동을 연습해 보세요.

지시문 예시

지난주에 여러분들이 확인한 중요한 가치에 대해 생각해 보세요. 이 중요한 가치를 강화시킬 수 있는 활동 중 실천할 만한 것을 생각해 볼 수 있을까요? 지난주에 했던 것과 같은 활동일 필요는 없습니다. 완전히 다른 것을 선택할 수도 있죠. 이 활동이 승객들과 그에 대한 여러분들의 반응을 마음챙김적으로 알아차리는 연습을 할 기회라는 것을 유념해 주세요. 활동을 완료한다면 더욱 좋겠지요.

화이트보드에 있는 항목들에 관해 이야기하고 난 후, 참여자들을 소집단으로 나누고 각 소집단에 한 명의 촉진자가 들어간다. 참여자들이 가치를 향해 나아갈 수 있도록 다음 주 동안에 할 수 있는 가치 기반 행동을 확인하기 위해 전념 행동 활동지를 작성하도록 한다. 참여자들에게 SMART 목표를 정하도록 상기시킨다.

소집단 내에서는 촉진자가 참여자에게 자신의 계획에 대해 다른 사람들에게 이야기할 의향이 있는지를 물어보는 것이 좋다. 또한 촉진자 중 한 명이 다음 회기가 진행되기 전에 5분 정도의 전화통화를 통해 참여자의 전념 행동에 대해 논의해 봐도 좋을지 여부를 결정한다. 통화의 목적이 촉진자가 참여자에게 전념 행동을 수행했는지를 확인하는 것이 아니라, 마음챙김 알아차리기와 기꺼이 경험하기와 같은 과정을 상기시켜 주기 위함이라는 것을 명확히 해야 한다.

참여자들이 자신의 전념 행동에 대해 다른 사람들과 논의하려 한다면, 어떠한 형태의 시도든지 이에 대해 강화해 주자. 참여자들에게 알아차리기 기술 개발 활동지를 완성하도록 요청하고, 한 주 동안 적어도 세 번 이상 '3분 호흡 공간법'을 연습해 볼 의향이 있는지를 확인한다.

회기 마무리

목표: 집단을 마무리하고, 참여자들이 회기 경험에 대해 피드백하도록 격려한다.

참여자들이 다 같이 모여 워크숍 회기에 대한 피드백을 요청해 보자. 참여자들에게 일반적으로 회기에서 무엇을 알게 되었고, 가장 기억에 남는 것이 무엇인지 질문한다. 다음 주 회기에 참여하는 것의 중요성을 강조한다.

피드백을 촉진하기 위해 화이트보드에 다음 사항들을 적는 것을 고려해 보자.

- 오늘 회기가 어땠나요?
- 어떤 것을 알아차렸나요?

- 도움이 되었거나, 도움이 되지 않는다고 생각했던 것들이 있나요?
- 오늘 회기에서 어떤 것이 가장 기억에 남나요?

　시간이 촉박하다면, '팝콘 피드백'을 시도해 볼 수 있는데, 모두에게 그날 회기에서 가장 기억에 남는 것을 요약해 한두 단어로 말하도록 요청하는 것이다.

세 번째 회기

개방성, 자각하기, 그리고 기꺼이 경험하기의 가치로 행동하기

　세 번째 회기의 주요 목적은 가치에 대한 행동을 알아차리기 및 기꺼이 경험하기와 연계시키고, 경험에 대한 탈융합을 연습하며, 가치 있는 방향에 접촉하도록 하는 것이다. 먼저, 촉진자들과 참여자들은 몸풀기 활동을 하기 전에 워크숍의 목적과 이전 회기에서 다루었던 것에 대해 이야기한다. 촉진자는 나뭇잎 명상 연습(leaves on the stream exercise)을 진행하고, 이후에 결과에 대해서 논의한다. 그다음, 소집단으로 나누어 각자의 전념 행동에 관해 검토한다. 그다음에 스티커를 사용하여 '생각 가지기 대 생각 믿기(having versus buying into thoughts)' 활동으로 개방성을 연습한다. 여러 승객에게 어떻게 반응하는지에 초점을 두고 버스 승객 비유를 시연해 볼 것이다. 그 후에 촉진자는 집단원들과 3분 호흡 공간법을 시행하고, 참여자들을 소집단으로 나누어 전념 행동 활동지를 완성하게 한다. 향후 워크숍 날짜를 논의하고, 촉진자가 참여자들에게 다음 회기에도 출석하기를 당부하면서 회기를 마무리 짓는다. 다음에서는 회기에서 다룰 주제와 과제에 대한 시간 구성에 대해 개괄한다. 항상 그렇듯이, 각 활동에 할당된 시간은 대략적이다.

시간표

환영 인사 및 소개	10분
알아차리기 연습(자각하는)	15분
전념 행동 검토	15분
개방성	25분
버스 승객 비유 시연하기(개방하는)	25분
알아차리기 연습(자각하는)	10분
전념 행동(능동적인)	15분
회기 마무리	5분

준비물

- 화이트보드
- 종이와 펜
- 마커 펜
- 폴더
- 간단한 다과
- 전념 행동 활동지
- 알아차리기 기술 개발 활동지

이 회기에서 추가적으로 사용하는 물품

- 소프트볼 공
- 포스트잇

🖳 환영 인사 및 소개

목표: 회복을 위한 ACT 워크숍의 (4회기 중) 세 번째 회기에 온 참여자들을 환영한다. 회기가 대략 2시간 정도로 진행되며, 중간에 짧게 쉴 것이라고 설명한다. 필요하다면, 시설에 대해 소개한다(예를 들어, 비상구, 화장실 등). 참여자들에게 명찰을 착용하도록 요청한다. 화이트보드 위에 두 번째 회기에서 무엇을 다루었는지 정리한다.

- 우리에게 무엇이 중요한지에 대해 생각하기(우리의 가치)
- 우리의 마음이 어떻게 장애물(승객)을 만들어 내는가
- 마음과 투쟁하는 것의 영향을 생각해 보기
- 대안으로서의 개방성에 대해 생각해 보기

지시문 예시

지금까지 우리가 이 워크숍에서 이야기했던 주요 주제들이 여기 있습니다.

그렇게 검토한 후에는 간단한 활동으로 참여자들이 워크숍 회기를 준비할 수 있도록 돕는다. 모든 사람에게 일어서도록 하고, 한 주 동안 어떤 승객을 알아차렸고 그들에게 어떻게 반응하였는지 물어본다. 촉진자가 예시를 들면서 활동을 시작할 수 있다. 예를 들어, 촉진자가 '나는 쓸모없어' '나는 귀찮아' '불안' 승객에 대해 말할 수 있다. 그 후에 사람들의 승객에 관한 내용에서 유사점을 확인하고 도출하여 회기 후반부의 연습 장면을 설정한다.

지시문 예시

짧은 몸풀기 활동을 하면서 시작해 봅시다. 공을 들고 있는 사람이 한 주 동안 자신이 알아차린 승객이나, 다른 사람의 승객, 혹은 일반적인 승객에 대해, 그리고 그가 승객에게 어떻

게 반응했는지에 대해 간단하게 이야기합니다. 그러고 나서 다른 사람한테 공을 전달하는 거예요. 그러면 그 사람은 다시 공을 전달하기 전에 자신의 승객에 대해 이야기하고요. 전부 다 한 번씩 이야기할 때까지 이걸 반복해 볼게요.

🖼 알아차리기 연습(자각하는)

목표: 연습을 통해 사람들에게 소개하고 안내하며, 이후 질문 시간을 가진다.

지시문 예시

이제 우리는 여러분이 개방성을 가지고 원치 않는 생각, 충동, 감정을 판단하거나, 얽매여 있거나, 밀어내지 않은 채로 함께 두면서 지켜볼 수 있는 방법에 대한 아이디어를 제공하는 짧은 연습을 해 볼 겁니다.

여러분은 이 과정이 버스 승객과 함께 있는 것과 비슷하다는 것을 알아차릴지도 모릅니다. 여러분은 투쟁하거나 고치려는 데 사로잡혀 있을 때를 알아차리고, 다시 여러분의 손을 운전대로 옮겨서 승객들이 있더라도 삶에서 여러분이 원하는 곳으로 향하는 연습을 해 볼 겁니다.

나뭇잎 명상 연습
편안하지만 똑바른 자세로 의자에 앉아 발을 바닥에 평평히 두고, 팔이나 다리를 꼬지 않고, 손을 무릎에 얹어 놓으세요. [멈춤] 눈을 부드럽게 감거나, 앞에 있는 한 점에 시선을 고정하세요. [5초간 멈춤] 두어 번 부드럽게 숨을 들이쉬고, [멈춤] 내쉬세요. [멈춤] 숨을 들이쉬고, [멈춤] 내쉴 때 여러분의 숨결의 소리나 느낌을 알아차리세요. [5초간 멈춤]

이제 부드럽게 흐르는 시냇물의 주변에 서서 물이 흐르는 걸 지켜보고 있다고 상상해 보세요. [멈춤] 여러분 아래의 땅의 느낌, 지나가는 물의 소리, 여러분이 바라보는 시냇물의 모습을 상상해 보세요. [5초간 멈춤] 각기 다른 모양과 크기, 색깔의 나뭇잎이 나무에서 떨어져 시냇물 위를 떠다닌다고 상상해 보세요. 그리고 여러분은 단지 시냇물에 떠 있는 나뭇잎들을 보고 있을 뿐입니다. 얼마간은 이것만 해 볼 겁니다. [5초간 멈춤]

생각이나 감정, 혹은 감각을 자각해 보세요. [멈춤] 생각이나 감정, 혹은 감각을 알아차릴 때마다, 그걸 나뭇잎에 얹어서 시냇물에 흘러가게 두는 상상을 해 보세요. [5초간 멈춤] 생각이나 감정, 혹은 감각이 긍정적이든 부정적이든, 유쾌한 것이든 고통스러운 것이든 상관없이 해 보세요. [멈춤] 심지어는 그게 최고로 멋진 생각이라도, 나뭇잎에 두고 흘러가게 하세요. [5초간 멈춤]

생각이 멈추게 되면, 단지 시냇물을 바라보세요. 머지않아 생각이 떠오를 겁니다. [5초간 멈춤] 시냇물이 자연스럽게 흐르도록 하세요. [멈춤] 시냇물의 속도를 높이거나 늦추고 싶다는 충동을 알아차리면, 이것을 나뭇잎에 얹어 두세요. 시냇물이 어떻게 흘러가든지 그냥 두세요. [5초간 멈춤]

만일 여러분이 이 연습을 하는 것에 대한 어떤 생각이나 감정, 감각이 생긴다면, 이것 역시 나뭇잎에 얹어 두세요. [5초간 멈춤]

나뭇잎이 막히거나 가지 않는다면, 거기에 맴돌게 두세요. 잠시 동안 이 경험을 관찰해 보세요. 시냇물에 나뭇잎을 억지로 흘려보내려고 할 필요는 없습니다. [5초간 멈춤]

만일 지루함이나 조급함과 같은 생각이나 감정에 사로잡혀 있는 걸 발견했다면, 그냥 인정해 보세요. '지루한 느낌이 있군.' 혹은 '조급한 느낌이 있어.'라고 스스로에게 이야기하세요. 그다음 그것을 나뭇잎에 올려 흘러가게 두세요. [5초간 멈춤]

여러분은 각각의 경험을 단지 관찰하고 나뭇잎에 얹어 시냇물에 띄워 두면 됩니다. 이 활동을 하면서 다른 곳으로 정신이 팔리는 것은 당연하고 자연스러운 것이고, 계속 그럴 겁니다. 여러분이 그걸 알아차렸을 때 단지 시냇물의 나뭇잎을 보도록 자신을 돌아오게 하면 됩니다. [10초간 멈춤]

시냇물을 알아차리고, 나뭇잎에 어떤 생각이나 감정, 혹은 감각이라도 놓아두고

그것들이 시냇물에 부드럽게 흘러 내려가도록 해 보세요. [5초간 멈춤]

마지막으로, 시냇물의 이미지를 차차 바꾸어서, 앉아 있는 방 안의 의자로 천천히 주의를 돌려주세요. [멈춤] 부드럽게 눈을 뜨고 여러분이 무엇을 볼 수 있는지 알아차려 보세요. 무엇을 들을 수 있는지 알아차려 보세요. 발을 바닥에 디뎌 보고 쭉 뻗어 보세요. 스트레칭하는 것을 알아차려 보세요. 다시 돌아온 것을 환영합니다.

연습을 마친 후에는, 참여자들이 관찰한 것에 대해 질문한다. 참여자들이 알아차린 생각과 감정에 빠져드는 경향, 그리고 스스로 다시 나뭇잎을 관찰하는 것으로 돌아온 능력에 대해 알아차린 것을 탐색해 본다.

알아차리기를 강화하고, 우리의 마음이 얼마나 쉽게 생각이나 감정에 빠져들 수 있는지에 주의를 두게 한다. 경험을 관찰하는 것은 선택이며, 여기에는 능동적인 알아차리기가 필요하다고 강조한다.

몇몇 사람은 긍정적인 생각을 나뭇잎에 놓아두는 대신 가지고 있기를 원한다고 말할 수 있다. 이러한 반응을 타당화하면서도, 생각이 긍정적이든 부정적이든, 생각이 오고 가게 하면서 자연스러운 흐름을 관찰하는 것이 목표라고 강조한다.

지시문 예시

이 연습을 하는 동안 사람들이 무엇을 알아차렸나요? 여러분은 어떤 경험에 빠져들었죠? 경험을 붙잡고 있지 않으면서 내버려 둔 채 오고 가도록 하는 건 어땠나요?

🔖 전념 행동 검토

목표: 이전 회기 마지막에 참여자가 완료한 전념 행동 활동지를 검토하고, 개방성 반응을 향상시킬 수 있는 기회가 있었는지 알아본다.

화이트보드에 다음과 같이 쓴다.

- 여러분이 확인한 가치, 그리고 이 가치와 연결된 행동에 대해서 생각해 보세요.
- 이 행동과 관련하여 나타난 승객을 알아차렸나요?
- 마음챙김 훈련에서 어떤 경험을 했나요?

이후 소집단으로 나누고, 한 명의 촉진자가 각 집단을 이끈다. 참여자들에게 그들이 어떤 승객을 마주쳤고 전념 행동 과정에서 무엇을 알아차렸는지 이야기하도록 격려한다. 참여자의 입장에서 모든 알아차림이나 가치 있는 방향에 대한 전념 행동을 취하려는 모든 노력을 강화한다. 가치 있는 방향으로 향하기 위해 집단원이 취했던 모든 단계와 의향은 효과적인 행동의 레퍼토리를 구축하는 과정의 일부이므로, 이를 강화해 주자.

전념 행동에 관여하기 어려워했던 참여자들에게는 작은 계획이나 의향 등과 같이 행동을 하고자 하는 생각과 관련된 어떠한 피드백이라도 강화한다. 마찬가지로, 과제를 하는 데 있어 장애물이나 투쟁 등에 대한 모든 알아차림을 강화한다. 이는 장애물에 직면하였을 때 탈융합/수용 및 마음챙김 기술을 사용하는 것에 더해 원치 않는 경험에 대한 개방성이 가치 있는 방향으로 전념 행동을 취하는 것의 일환이라는 것을 언급하기 좋은 기회이다.

지시문 예시

지난 회기 이후로 여러분이 개방성을 확장하는 것은 어땠는지 듣고 싶어요. 여러분이 취한 전념 행동은 무엇인가요? 그건 어땠나요? 어떤 승객을 알아차렸나요? 그들에게 어떻게 반응했나요? 가치 있는 방향으로 나아가는 동안 승객들을 그대로 두기 위해서 어떻게 하셨나요?

[참여자들에게 관찰한 것을 물어본다.] 마음챙김 활동은 어땠나요? 이 활동을 평소 일과에 적용해 볼 수 있었나요? 사람들은 무엇을 알아차렸나요?

🔲 개방성

목표: 참여자들이 힘겨운 경험에 대한 탈융합과 개방성 활동을 경험하도록 한다.

참여자들에게 포스트잇 활동을 설명한다. 촉진자는 그들의 끈질긴 생각을 종이에 적어 붙이는 예시로 시범을 보일 수 있다. 모두가 자신의 스티커에 적고 가슴에 붙이면, 참여자들에게 방을 돌면서 서로의 스티커에 대해 언급하지 말고 바라보기만 하라고 이야기한다.

연습이 끝나고 잠시 휴식한 뒤에, 사람들의 경험을 묻고, 경험의 공통점을 도출하여, 개방성에 대한 생각과 승객을 연관시키는 논의를 해 본다. 이 활동은 쉬는 시간전에 해서 참여자들이 쉬는 시간 동안 스티커를 붙일 수 있게 한다.

스티커 활동

우리는 이제 마음이 만들어 내는 끈질기고 까다로운 것들과 접촉해 보는 활동을 할 겁니다. 이것들은 지나치게 신경이 쓰여서 우리가 중요한 일을 하지 못하게 합니다.

저는 여러분의 승객들이 여러분에 대해 이야기하는 것 중에서 지나치게 신경 쓰이는 것에 대해 알아차린 경험을 이야기하는 시간을 가지려고 합니다. 이러한 것들은 흔히 우리가 스스로에 대해 비판적이고, 평가적이고, 부정적으로 말하는 것들입니다.

만일 여러분이 저와 같다면, 아마도 이걸 숨기고 누구도 알지 못하게 하려는 충동을 알아차릴 겁니다. '이건 너무 수치스러워!' 혹은 '만약 이게 진짜면 어쩌지?' 혹은 '다른 사람들이 이걸 알면 어떻게 해!' 이는 종종 승객들이 우리를 납득시키고, 그들이 말하는 것을 계속 숨기게 만드는 방식입니다.

오늘 우리는 자동조종 상태에 있을 때 일반적으로 하는 일과는 조금 다른 것을 할 예정입니다. 저는 승객들이 여러분에게 말하는 것 중에 여러분이 다른 집단원과 편하게 공유할 수 있다고 느끼는 것을 하나 생각해 보도록 요청할 겁니다. 큰 비밀을 털어놓을 필요는 없고, 여러분을 약간 불편하게 하는 것이면 충분합니다.

그다음 이걸 한두 단어로 줄일 수 있는지 알아봅시다. 예를 하나 들어 보겠습니다. 제 승객은 종종 "넌 다른 사람에 대해 충분히 고려하지 않아. 너는 이기적이야!"라고 이야기합니다.

그래서 제 스티커에 저는 '이기적인'이라고 적을 겁니다.

[참여자들에게 각자의 끈질긴 생각을 스티커에 적고 이것을 옷에 붙이도록 요청한다. 두 단어를 넘지 않게 쓰라고 권한다.]

이 과제를 할 때, 저는 여러분에게 나타나는 어떤 승객이라도 주의해서 보고 알아차리기를 바랍니다. 승객들이 말하는 대로 따르거나 그들과 싸우거나 투쟁하려는 그 어떤 충동이라도 알아차려 보세요. 여러분이 그들을 위한 방이나 공간을 만들 수 있는지 알아보고, 주어진 과제에 마음챙김적으로 관여해 보세요.

모두가 종이에 쓰고 나면, 모두 일어서서 방을 돌아다니라고 이야기할 겁니다. 다른 사람들을 보고, 그들의 종이를 읽고, 마음에서 떠오르는 걸 알아차리는 기회를 가지세요. 여러분이 종이에 쓴 것을 왜 적었는지 설명하려고 하지 말고, 다른 사람이 종이에 적은 것을 볼 때 이야기하거나 '구출'하려고 하지 마세요.

쉬는 시간 동안 이 종이를 붙이고 있어 봅시다.

쉬는 시간 후에, 활동한 것에 대해 물어보자.

• 무엇을 알아차렸나요?
• 승객이 목소리를 내는 걸 알아차린 사람이 있나요?
• 어떤 느낌, 감정, 그리고 감각이 나타났나요?
• 다른 사람들의 승객이 이야기하는 것을 알아차린 것은 어땠나요?

생각 가지기 대 생각 믿기

이 활동은 참여자들이 탈융합 기법을 연습하도록 돕는다. 화이트보드에 다음과 같이 적는다.

- 귀찮아.
- 모든 것이 잘못될 거야.
- 나는 바보처럼 보일 거야.
- 난 이걸 하나도 못해.

여러분은 이 문장들 중에서 선택할 수 있고, 스티커 활동에서 논의된 끈질긴 생각 예시가 더 적절하다면 그중 하나를 사용한다.

참여자들에게 화이트보드에 적은 문장과 어울리는 톤(무거운, 암울한, 날카로운 등)으로 마음속으로 읽어 보고 어떤 기분이 드는지 알아차리도록 요청한다. 그다음 그들에게 각 문장 앞에 '나는 ~라는 생각을 가지고 있다.'라는 말을 넣도록 요청하거나, 촉진자가 화이트보드에 각 문장 앞에 그 구절을 넣고 참여자들에게 그 문장을 머릿속으로 다시 읽도록 요청한다. 문장을 처음 읽었을 때와 두 번째 읽었을 때의 차이점을 알아차릴 수 있는지 묻는다. 마지막으로 '나는 ~한 생각을 가지고 있다는 것을 알아차렸다.'는 말을 각 문장에 추가해서 다시 읽도록 한다. 그들에게 어떤 차이라도 알아차린 것이 있는지 다시 묻는다.

지시문 예시

우리의 생각, 느낌, 감각과 같은 승객은 종종 아주 생생하고 강력한 것처럼 보입니다. 우리는 이 승객을 없앨 수 없을지 모르지만, 그들의 다른 측면을 알아차리고 그들과 우리의 관계를 변화시킬 수는 있습니다.

연습을 완료한 후, 참여자들에게 관찰한 것에 대해 물어본다. 그들이 알아차린 것을 묻고 경험에 대한 호기심을 불러일으킨다. 세 가지 다른 문장에 참여자들이 어떻게 반응했는지 차이를 도출하는 데 초점을 둔다. 세 번째 반복을 할 때 보통 원래 하던 생각이 영향력과 힘을 잃고, 어떻게 반응할지에 대해 더 많은 선택의 여유가 생긴다는 것을 지적한다. "승객들로부터 이런 여유를 가지는 것이 도움이 될 것 같나요?"라고 질문하면서 이 활동을 버스 승객 비유와 연관시킨다.

버스 승객 비유 시연하기(개방하는)

목표: 버스 승객 비유를 시연해 본다. 가장 좋은 것은 참여자의 예시에서 내용을 사용하는 것이다. 그럴 수 없다면, 예시를 만들어 내거나, 이전 회기의 폴과 조지의 예시를 사용할 수 있다. 버스 승객 비유 시연 영상은 http://www.actforpsychosis.com에서 이용 가능하다.

참여자에게 다시 한번 버스 승객 비유의 역할연기를 할 것이지만, 이번에는 참여자의 예시에서 나온 내용을 사용하는 게 가장 좋다고 설명한다. 참여자들에게는 운전사가 되어 승객에게 세 가지 다른 반응을 시도해 보는 기회가 주어진다. 참여의 즐거운 측면에 대해 강조하되, 단지 연습을 관찰하는 것만으로도 괜찮다는 것을 확실히 하자.

지시문 예시

혹시 시연해 볼 만한 예시가 있는 사람 있나요? 지난주에 우리가 이야기했던 것들도 괜찮아요.

[아무도 나오지 않는다면, 촉진자가 다음과 같이 물어볼 수 있다.] 혹시 다른 사람이 시연해 볼 수 있도록 예시를 얘기해 줄 사람 없나요?

아무도 예시를 말하지 않는다면, 이전 회기에서 참여자들이 보고한, 흔한 승객의 일반적인 예시를 시연한다. 혹은 모든 참여자의 공통적인 경험인, 집단에 속하고 기여하는 것에 대한 예시를 사용하자!

그 후 지원자를 요청하자.

- 한 사람은 운전사 역할을 한다(폴이나 조지). 집단원들이 영상의 내용에 근거하여 주요 승객을 결정하도록 하자(예를 들어, 걱정, 편집증, 죄책감, '내가 미쳐 가는 것 같다' 혹은 '나는 나쁜 아버지이다'와 같은 사고 등).
- 다른 3~4명은 승객 역할을 한다. 지원자들에게 운전사의 승객 역할을 연기해 달라고 한다. 승객 이름이 써진 포스트잇을 주고, 각 승객이 말할 법한 것에 대해 상기시킨다(예를 들어, 폴의 '걱정' 승객은 사람들이 자신을 도청하거나 음식에 독을 탄다고 이야기한다. 조지의 '죄책감' 승객은 그에게 유전자를 물려준 나쁜 아버지라고 이야기할 수 있다).
- 한 사람은 가치 있는 방향의 역할을 한다. 운전사에게 승객이 방해하고 있는, 가치 있는 방향을 찾아보게 하자. 큰 종이에 이를 한두 단어로 요약하고, 지원자에게 이 운전사의 가치 있는 방향을 표현할 종이를 들고 있도록 요청한다.

다음 사항을 유의하면 역할연기에 도움이 될 것이다.

- 가치를 명료화하도록 노력한다(목표보다는 가치를 명시하기).
- 사람들에게 연습이 얼마나 걸리고, 그 역할을 얼마나 연기할지 알려 주자.
- 방에 있는 사람들의 수에 따라 버스 승객의 수가 달라질 수 있다는 것을 유의하자.
- 과제가 정서적인 특징을 띠기 때문에, 집단원들이 모여서 이 연습을 어떻게 할지에 대한 기본적인 규칙을 정하는 것이 도움이 될 수 있다. 예를 들어, 승객의 말이 지나치게 기억을 자극하지 않도록 하여 운전사가 안전하다고 느낄 수 있

도록 하자.
• 승객에게 어떤 말을 할지 지시할 때는 융통성과 즉흥성을 허용하자. 이 연습은 참여자들이 고유의 말과 행동을 만들어 낼 때 더욱 잘 적용될 수 있다.

싸움/투쟁하는 상황

이 상황에서는, 운전사가 버스를 운행하고(승객이 따라오는 상태로 방을 돌아다니기), 멈춰서 싸우고 투쟁하는(예를 들어, 승객들에게 고함을 치고 이들과 논쟁하기) 역할극을 진행한다. 승객들에게 실제 '승객'처럼 행동하도록 하자(따지고, 부추기고, 애원하고, 산만하게 하기). 이를 2~4분간 지속한다. 이를 2분에서 4분간 시행하고, 연습이 끝난 후 다음과 같이 질문해 보자.

• 버스 운전사에게 피드백을 받기: 승객들과 투쟁하는 것이 어땠나요?(촉진자는 승객들과 아무리 논쟁하고 싸우더라도, 꼼짝할 수 없다는 것은 변하지 않는다는 점을 이야기할 수 있다.)
• 승객에게 피드백을 받기: 운전사를 통제하고 있다고 느꼈나요?
• 가치를 나타낸 사람에게 피드백을 받기: 가치를 표현했던 사람이 버스 운전사와 연결되었다고 느꼈나요, 아니면 무시당하는 느낌이었나요?
• 다른 집단원들에게 피드백을 받기: 집단원들은 관찰자로서 어떤 것들을 알아차렸나요?

굴복하는 상황

운전사에게 버스를 다시 운전하도록 요청하는데, 이번에는 승객들에게 굴복하는 역할연기를 해 보도록 한다(예를 들어, 승객에게 동의하고, 승객들이 버스의 방향을 정하게 허락함으로써 평화롭게 지내려는 것). 이를 2~4분간 지속한다. 연습이 끝난 후 다음과 같이 질문해 보자.

- 버스 운전사에게 피드백을 받기: 승객들에게 굴복하는 것은 어땠나요? 운전대를 놓아 보니 어땠나요? 승객들이 버스의 방향을 통제하는 것처럼 느껴졌나요? 이는 단기적으로는 기분이 나아지게 할 수도 있지만 중요한 삶의 영역에서 대가를 치러야 한다는 점을 강조하자. 즉, 다른 길에 갇혀 버리게 된다는 것이다.
- 승객에게 피드백을 받기: 운전사를 통제하고 있다고 느꼈나요?
- 가치를 나타낸 사람에게 피드백을 받기: 가치를 표현했던 사람이 버스 운전사와 연결되었다고 느꼈나요, 아니면 무시당하는 느낌이었나요?
- 다른 집단원들에게 피드백을 받기: 집단원들은 관찰자로서 어떤 것들을 알아차렸나요?

개방성을 적용하는 상황

마지막으로, 운전사에게 개방성을 적용하는 반응을 연습하도록 요청하자(예를 들어, 승객들을 알아차리기 위한 기술을 사용하기, 그들의 말에 감사해하기, 버스에 탑승한 것을 환영하기, 가치 있는 방향으로 운전하는 동안 승객들이 버스 뒤쪽에서 평소대로 말하거나 행동하도록 하기). 이를 2~4분간 지속한다. 연습이 끝난 후 다음과 같이 질문해 보자.

- 버스 운전사에게 피드백을 받기: 승객들이 말하거나 행동하는 와중에도 가치 있는 방향에 집중하고 이를 마음에 새기는 것은 어땠나요?
- 승객에게 피드백을 받기: 여전히 운전사를 통제하고 있다고 느꼈나요?
- 가치를 나타낸 사람에게 피드백을 받기: 가치를 표현했던 사람이 버스 운전사와 연결되었다고 느꼈나요, 아니면 무시당하는 느낌이었나요?
- 다른 집단원들에게 피드백을 받기: 집단원들은 관찰자로서 어떤 것들을 알아차렸나요?

논의하기

모든 집단원에게 활동이 어땠는지를 묻고, 세 가지 상황을 비교하고 대조해 보자. 현재 순간에 집중하기, 수용, 탈융합, 가치 명료화, 전념 행동과 같은 핵심적인 과정의 측면에서 첫 두 반응과 개방하는(기꺼이 경험하는) 반응 사이의 차이점을 강조해 보자.

📑 알아차리기 연습(자각하는)

목표: 참여자들에게 3분 호흡 공간법을 안내하고, 이에 대해 논의한다.

3분 호흡 공간법

우리는 자동조종 모드에서 벗어나 현재 순간에 다시 접촉하도록 돕는 짧은 호흡 연습을 훈련할 것입니다.

편안하고 바른 자세로 눈을 감거나 앞에 있는 한 지점에 주의를 집중하세요. 이제 깊게 호흡하여 당신을 현재 순간에 집중시키고, [멈춤] 지금 여러분이 경험하고 있는 어떤 것이든 그저 알아차려 보세요. 그것이 불편감이나 긴장감일지라도, 어떠한 감각이든 알아차려 보세요. 땅에 닿은 발을 알아차리고, 만약 앉아 있다면 앉아 있는 것을 알아차리세요. 당신의 몸에 닿은 옷과 피부에 스치는 공기를 알아차려 보세요. [5초간 멈춤]

이번에는 마음속에 있는 어떤 것이든 알아차려 보세요. 어떤 생각이 들더라도, 할 수 있는 한 지금 당신의 마음속에 있는 그대로의 생각을 관찰하세요. [멈춤] 이번엔 감정적으로 느껴지는 어떤 것이든 알아차려 보세요. 이를 바꾸려 하지 말고, 단순히 여러분이 어떻게 느끼고 있는지만을 알아차려 보세요. [5초간 멈춤]

그리고 호흡에 집중하고, 당신이 숨을 들이쉴 때 배가 부풀고, [멈춤] 내쉴 때 배가

가라앉는 것을 알아차려 보세요. [5초간 멈춤]

숨을 들이쉴 때 코를 통해 시원한 바람이 들어오고, [멈춤] 내쉴 때 따뜻한 공기가 나가는 것을 알아차려 보세요. [멈춤]

만약 마음이 호흡이 아니라 다른 곳으로 방황하는 것 같다면, 단순히 숨을 들이쉰 후 내쉬는 것에 마음을 다시 집중해 보세요. [5초간 멈춤]

이번에는 여러분의 의식을 넓혀서 호흡에서 몸까지 아우르도록 이동시켜 보세요. [멈춤] 지금 여러분의 생각을 자각하고, [멈춤] 이 순간에 느껴지는 감정에 집중해 보세요. 의식을 부드럽게 확장해서 모든 것을 의식 속에 두고, 모든 경험을 알아차려 보세요. [5초간 멈춤]

이제 다시 이 방으로 주의를 집중해 보세요. 눈을 감고 있었다면 떠 보세요. 보이는 것을 알아차리고, 들리는 것을 알아차려 보세요. 발을 땅에 딛고 뻗어 보세요. 여러분이 스트레칭을 하고 있다는 것을 알아차려 보세요. 다시 돌아온 것을 환영합니다!

연습을 마치고 난 후, 참여자들에게 활동에 대해 논의해 볼 수 있도록 한다. 참여자들이 알아차린 것에 대해 질문해 보고, 경험에 대해 호기심을 가질 수 있도록 한다. 이 경험과 자동조종 경험 간의 차이점에 대해 초점을 두고 이야기해 보도록 한다.

지시문 예시

이 연습을 하는 동안 사람들이 무엇을 알아차렸나요? 어떠한 감각이라도 알아차릴 수 있었나요? 어떠한 생각이라도 알아차렸나요? 연습하는 동안 마음이 방황하기도 했나요? 주의를 다시 경험을 알아차리는 것에 집중할 수 있었나요?

전념 행동(능동적인)

목표: 한 주 동안의 전념 행동을 설정한다.

화이트보드에 다음과 같이 작성한다.

- 여러분이 가치를 향해 실천할 수 있는 한 가지 활동을 생각해 보세요.
- 여러분이 이 행동을 하는 데 어떤 승객이 끼어들 수 있을까요?
- 여러분은 이 승객에게 어떻게 반응할까요?
- 한 주 동안 알아차리기 활동을 연습해 보세요.

지시문 예시

첫 번째 회기에서 여러분이 확인한 중요한 가치에 대해 생각해 보세요. 이 중요한 가치를 강화시킬 수 있는 활동 중 다음 주에 실천할 만한 것을 생각해 볼 수 있을까요? 지난주에 했던 것과 같은 활동일 필요는 없습니다. 완전히 다른 것을 선택할 수도 있죠. 이 활동이 승객들과 그에 대한 여러분들의 반응을 마음챙김적으로 알아차리고 개방성 반응의 일부로서 승객들과 있는 것을 연습하는 기회라는 것을 유념해 주세요.

화이트보드에 있는 항목들에 관해 이야기하고 난 후, 참여자들을 소집단으로 나누고 각 소집단에 한 명의 촉진자가 들어간다. 참여자들이 가치를 향해 나아갈 수 있도록 다음 주 동안에 사용할 수 있는 가치 기반 행동을 확인하기 위해 전념 행동 활동지를 작성하도록 한다. 참여자들에게 SMART 목표를 정하도록 상기시킨다.

소집단 내에서는 촉진자가 참여자에게 자신의 계획에 대해 다른 사람들에게 이야기할 의향이 있는지를 물어보는 것이 좋다. 또한 촉진자 중 한 명이 다음 회기가 진행되기 전에 5분 정도의 전화통화를 통해 참여자의 전념 행동에 대해 논의해 봐도 좋을지 여부를 결정한다. 통화의 목적이 촉진자가 참여자에게 전념 행동을 수행했는지를 확인하는 것이 아니라, 마음챙김 알아차림 및 기꺼이 경험하기와 같은 과정을 상기시켜 주기 위함이라는 것을 명확히 해야 한다.

참여자들이 자신의 전념 행동에 대해 다른 사람들과 논의하려 한다면, 어떠한 형태의 시도든 이에 대해 강화해 주자. 참여자들에게 알아차리기 기술 개발 활동지를 완성하도록 요청하고, 한 주 동안 적어도 세 번 이상 '나뭇잎 명상 연습'을 연습해 볼 의향이 있는지를 확인한다.

회기 마무리

목표: 집단을 마무리하고, 참여자들이 회기 경험에 대해 피드백하도록 격려한다.

참여자들을 다 같이 모이게 해서 워크숍 회기에 대한 피드백을 요청해 보자. 참여자들에게 일반적으로 이번 회기에서 무엇을 알게 되었고, 가장 기억에 남는 것이 무엇인지 질문한다. 다음 주 회기에 참여하는 것의 중요성을 강조한다.

피드백을 촉진하기 위해 화이트보드에 다음 사항들을 적는 것을 고려해 보자.

- 오늘 회기가 어땠나요?
- 어떤 것을 알아차렸나요?
- 도움이 되었거나, 도움이 되지 않는다고 생각했던 것들이 있나요?
- 오늘 회기에서 어떤 것이 가장 기억에 남나요?

시간이 촉박하다면, '팝콘 피드백'을 시도해 볼 수 있는데, 모두에게 그날 회기에서 가장 기억에 남는 것을 요약해 한두 단어로 말하도록 요청하는 것이다.

네 번째 회기
- - - - - - - - - - - - -

모든 것을 종합하기–
개방하는, 자각하는, 능동적인

네 번째 회기의 주요 목적은 지금까지의 과정을 검토하고, '개방하는, 자각하는, 능동적인'이라는 개념을 보충하는 것이다. 이는 집단원의 이야기를 검토하고, 활동을 연습할 기회를 제공하며 집단 참여를 강화한다. 먼저, 촉진자와 참여자들은 몸풀기 활동을 하기 전에 워크숍에서 다루어 왔던 것을 논의할 것이다. 촉진자는 마음챙김 걷기 연습(mindful walking exercise)을 진행하고, 이후에 결과에 대해서 논의한다. 그다음, 소집단을 나누어 전념 행동을 검토한다. 그런 다음, 그들은 다른 사람들의 가치를 알아차리는 연습을 할 것이다. 그리고 집단은 핵심 메시지 연습(key messages exercise)에 참여하게 되는데, 여기서는 '개방하는, 자각하는, 능동적인'의 작업을 하며, 버스 승객 비유를 요약하며, 참여자가 '어떻게 승객과 함께 있을 수 있을지'를 강조하게 된다. 그 후에 참여자들이 지금까지 무엇을 배웠고 어떻게 나아가야 할지에 대해 논의한 후, 운전면허증 활동지를 완성하게 한다. 촉진자는 '하늘의 구름(clouds in the sky)' 연습을 진행하고, 이후에 결과에 대해서 논의한다. 마지막으로, 집단은 그들이 학습한 모든 내용을 엮어서 종합하는 방법을 논의할 것이다. 촉진자는 부스터(booster) 워크숍 회기 일정을 논의하고 다음 회기에도 출석하기를 당부하면서 회기를 마무리 짓는다. 다음에서는 회기에서 다룰 주제와 과제에 대한 시간 구성에 대해 개괄한다. 항상 그렇듯이, 각 활동에 할당된 시간은 대략적이다.

시간표

환영 인사 및 소개	10분
알아차리기 연습(자각하는)	15분
전념 행동 검토(능동적인)	15분
알아차리기 연습(자각하는)	10분
핵심 메시지 연습	20분
버스 승객 비유 검토	15분
검토하고 앞으로 나아가기	15분
알아차리기 연습(자각하는)	10분
모든 내용을 종합하기	5분
회기 마무리	5분

준비물

- 노트북과 프로젝터
- 종이와 펜
- 마커 펜
- 폴더
- 간단한 다과
- 운전면허증 활동지
- 알아차리기 기술 개발 활동지

이번 회기에서 추가적으로 사용하는 물품

- 소프트볼 공
- 핵심 메시지 연습을 위한 두꺼운 종이와 포스트잇
- '개방하는' '자각하는' '능동적인'이라는 제목이 적힌 세 장의 플립 차트 종이
- 물방울이나 별 모양 스티커
- 수료증

🔖 환영 인사 및 소개

목표: 회복을 위한 ACT 워크숍의 마지막 네 번째 회기에 온 참여자들을 환영한다. 화이트보드에 요점을 요약하면서 지금까지 워크숍에서 다루어 왔던 것에 대해 상기시킨다.

- 우리에게 무엇이 중요한지에 대해 생각하기(우리의 가치)
- 우리의 마음이 어떻게 장애물(승객)을 만들어 내는가
- 마음과 투쟁하는 것의 영향을 생각해 보기
- 대안으로서의 개방성을 생각해 보기
- 승객들에게 대응하지 않고 알아차리기

지시문 예시

지금까지 우리가 이 워크숍에서 이야기했던 주요 주제들이 여기 있습니다.

그렇게 검토한 후에는, 간단한 활동으로 참여자들이 워크숍 회기를 준비할 수 있도록 돕는다. 모든 사람에게 일어서도록 하고, 워크숍에서 그들이 지향했던 가치에 대해 이야기해 보도록 한다. 촉진자는 자신의 가치와 그들이 실행했던 것에 대한 예

시를 들어 줄 수 있다.

지시문 예시
- - - - - - - - - - - -

짧은 몸풀기 활동을 하면서 시작해 봅시다. 공을 들고 있는 사람은 워크숍에 참여하면서 지향했던 가치에 대해 이야기하고, 다른 사람한테 공을 전달하는 거예요. 그러면 그다음 사람도 다시 자신의 가치에 대해 이야기할 거예요. 전부 다 한 번씩 이야기할 때까지 이걸 반복해 볼게요.

알아차리기 연습(자각하는)

목표: 사람들에게 마음챙김 걷기 연습을 소개하고 이를 이끌며, 이후 질문할 시간을 충분히 갖는다.

마음챙김 걷기 연습을 할 때, 모든 참여자는 시계 방향이든 반시계 방향이든 같은 방향으로 걷는 것이 좋다. 연습 시, 참여자들이 눈을 뜨고 있도록 요청해 본다. 높은 굽의 신발을 신고 있는 사람들에게는 원하면 신발을 벗고 하는 것이 좋겠다고 권유할 수 있다.

지시문 예시
- - - - - - - - - - - -

이제 다음 연습에서 우리는 몸의 움직임을 사용하여 우리의 알아차리기를 탐색하도록 하겠습니다. 여러분의 몸에서의 감각이 변하는 것을 알아차리고 또 여러분의 몸이 알려 주는 것에 대해 알아차리기를 개방해 보세요. 이 연습을 하면서 여러분의 경험에 호기심을 가져보세요. 간단한 걷기 활동에 주의를 기울이면서 우리의 주의를 전환하는 걸 탐색해 보는 연습을 하게 됩니다. 우리 모두는 매일 걷지만 자주 자동조종 모드로 있기에, 우리가 무엇을 하고 어디로 가는지 알아차리지 못합니다. 우리는 그 어떤 곳에 가려는 목표나 목적 없이 이 연습을 할 겁니다. 오히려 우리는 몸의 감각과 우리 마음의 활동, 규칙적인 호흡에 대해 단지 알아차릴 것입니다.

마음챙김 걷기 연습

바닥에 발을 평평하게 두는 것에서 시작할 겁니다. 여러분의 발바닥에 주의를 집중해 보세요. [멈춤] 만일 발가락을 꼼지락거려 보는 게 당신의 알아차림을 돕는다면, 그렇게 하세요. [멈춤] 땅에서 닿는 발바닥을 통해 여러분의 몸의 무게를 알아차려 봅시다. 우리가 균형을 잡고 서 있도록 하기 위해 일어나는 모든 미묘한 움직임을 알아차려 보세요. [멈춤]

자, 이제 느린 걸음으로 걷기 시작하겠습니다. 걷는 방식을 바꾸려고 애쓰지 마세요. 여러분이 걷고 있는 방식을 단지 알아차리기만 하세요. [멈춤] 여러분이 스스로를 의식하자마자 몸이 이상하게 흔들릴 수 있습니다. 자연스러운 현상이니 걱정하지 마세요. [5초간 멈춤]

발바닥으로 주의를 집중해 보세요. 발바닥이 땅에 닿고 떨어지는 지속적인 패턴을 알아차려 봅니다. [5초간 멈춤] 발뒤꿈치가 처음 바닥에 닿을 때, 발을 알아차려 보세요. 발을 어떻게 앞으로 내딛고 다시 허공으로 들게 되는지를 알아차려 보세요. [멈춤] 여러분이 걸으면서 이런 패턴을 통해 움직이는 발을 머릿속에 그림처럼 떠올려 보세요. [5초간 멈춤]

발에서의 모든 다른 감각을 알아차려 보세요. [멈춤] 발바닥에 닿는 것뿐만 아니라, 발가락 사이의 연결부위도 알아차려 보세요. [멈춤] 그리고 발에 닿는 양말이나 신발의 재질도 알아차려 보세요. [멈춤] 가능한 한 발이 편안히 이완될 수 있도록 해 보세요. [5초간 멈춤]

자, 여러분의 발목에 주의를 두세요. [멈춤] 관절의 감각을 알아차려 보세요. 발목이 이완될 수 있도록 풀어 주세요. 어떤 식으로라도 발목의 움직임에 저항하려 하지 마세요. 자, 아래쪽 다리를 알아차려 보고, [멈춤] 정강이도 알아차려 보고, [멈춤] 여러분이 걸을 때의 종아리도 알아차려 보세요. [5초간 멈춤]

여러분은 이 연습을 하는 동안 마음이 방황하는 것을 알아차릴 수도 있습니다. 이것은 흔한 일이고, 또다시 반복해서 일어날 수 있습니다. 만일 그렇다면, 여러분의 주의를 다시 걷거나 몸에 초점을 맞추는 연습으로 돌려 보세요. [5초간 멈춤]

자, 여러분의 허벅지로 주의를 확장시켜 보세요. [멈춤] 여러분의 옷이 피부에서 어떻게 느껴지는지를 알아차려 보세요. [멈춤] 앞쪽 그리고 뒤쪽 허벅지 근육을 알아차려 보세요. [멈춤] 여러분의 골반 전체를 알아차려 보세요. [멈춤] 그리고 걸을 때 골반에서 일어나는 모든 움직임을 알아차려 보세요. 어떻게 한쪽 골반이 앞으로 움직이는지, 다른 한쪽도 움직이는지 알아차려 보세요. [멈춤] 한쪽 골반이 올라가고, 다른 쪽은 내려가고, 여러분은 걸어갑니다. [멈춤] 이 연습을 하면서 여러분이 단지 걸어가는 것을 보고 몸을 알아차려 보세요. [5초간 멈춤]

그다음에 여러분의 어깨를 알아차려 보세요. [멈춤] 여러분이 걸을 때, 어깨가 움직이는 리듬이 어떤지 느껴 보도록 하세요. [멈춤] 그것들은 여러분의 골반과 반대쪽으로 움직이고 있나요? 여러분의 팔은 옆에 단순히 늘어져서 자연스럽게 흔들리나요? [5초간 멈춤]

마지막으로, 자연스럽게 멈춰 보고 여러분이 단지 서 있는 경험을 해 보세요. [멈춤] 더 이상 움직이지 않는 것 같은 느낌을 알아차려 보세요. [5초간 멈춤] 여러분이 똑바로 서 있기 위해 일어나고 있는, 균형 잡는 행동을 다시 알아차려 보세요. [멈춤] 땅에 닿은 발바닥을 통해 몸무게를 다시 한 번 느껴 보세요. 걸을 때 여러분의 마음이 얼마나 많이 분산되거나, 오늘 여러분의 연습에 대해 얼마나 '잘했는지'를 생각했든지 간에 마음챙김 걷기를 연습하려는 의지를 스스로 칭찬해 주세요. 마음챙김 하려는 의도 자체가 연습의 핵심이라는 것을 알아차려 보세요. 다시 돌아온 것을 환영합니다.

연습을 마친 후에는 참여자들이 관찰한 것에 대해 질문한다. 사람들이 생각이나 감정에 걸려드는 경향과 스스로 다시 마음챙김 걷기를 관찰하도록 하는 능력에 대해 알아차린 것을 탐색해 본다.

알아차리는 것을 강화하고, 우리의 마음이 얼마나 쉽게 생각이나 감정에 걸려들 수 있는지에 주의를 두게 한다. 경험을 관찰하는 것은 선택이며, 여기에는 능동적으로 알아차리는 것이 필요하다고 강조한다.

지시문 예시

　　이 연습을 하는 동안 사람들이 무엇을 알아차렸나요? 이렇게 걸을 때, 주의를 기울이는 건 어땠나요? 정말 천천히 걸을 때 무엇을 알아차렸나요? 연습을 하는 동안 사람들은 마음이 어디로 가는지 알아차리던가요?

전념 행동 검토(능동적인)

목표: 이전 회기 마지막에 참여자가 완료했던 전념 행동 활동지를 검토하고 개방적인 반응을 향상시킬 수 있는 기회가 있었는지를 알아본다.

화이트보드에 다음과 같이 쓴다.

- 여러분이 확인한 가치, 그리고 이 가치와 연관된 행동을 생각해 보세요.
- 이 행동과 관련하여 나타난 승객을 알아차렸나요?
- 마음챙김 훈련에서 어떤 것을 경험했나요?

　이후 소집단으로 나누고 한 명의 촉진자가 각 집단을 이끈다. 참여자들에게 그들이 어떤 승객을 마주쳤고 전념 행동 과정에서 무엇을 알아차렸는지 이야기하도록 격려한다. 참여자의 입장에서 모든 알아차림이나 가치 있는 방향에 대한 전념 행동을 취하려는 모든 노력을 강화한다. 가치 있는 방향으로 향하기 위해 집단원이 취했던 모든 단계와 의향은 효과적인 행동의 레퍼토리를 구축하는 과정의 일부이므로, 강화해 주자.

　전념 행동에 관여하기 어려워했던 참여자들에게는 작은 계획이나 의향 등과 같이 행동하고자 하는 생각과 관련된 어떠한 피드백이라도 강화한다. 마찬가지로, 과제를 하는 데 있어 장애물이나 투쟁 등에 대한 모든 알아차림을 강화한다. 이는 장애물을 직면하였을 때 탈융합/수용 및 마음챙김 기술을 사용하는 것에 더해 원치 않는 경험에 대한 개방성이 가치 있는 방향으로 전념 행동을 취하는 것의 일환이라는 것을 언급하기 좋은 기회이다.

지시문 예시

지난 회기 이후로 여러분이 개방성을 확장하는 것은 어땠는지 듣고 싶어요. 어떤 전념 행동을 실천해 보셨나요? 그리고 그 경험은 어땠나요? 여러분은 어떤 승객을 알아차렸나요? 그들에게 여러분은 어떻게 반응했나요? 여러분이 가치 있는 방향으로 향하는 동안 승객들을 그대로 두기 위해서 어떻게 하셨나요?

[참여자들에게 관찰한 것을 물어본다.] 마음챙김 활동은 어땠나요? 이 활동을 평소 일과에 적용해 볼 수 있었나요? 사람들은 무엇을 알아차렸나요?

알아차리는 것을 강화하고, 우리의 마음이 얼마나 쉽게 생각이나 감정에 걸려들 수 있는지에 주의를 두게 한다. 경험을 관찰하는 것은 선택이며, 여기에는 능동적으로 알아차리는 것이 필요하다고 강조한다.

🖼 알아차리기 연습(자각하는)

목표: 참여자들에게 중요한 것(가치)에 대해 다루는 워크숍 회기의 과정이 진행되는 동안 동료들이 알아차린 것을 설명할 수 있도록 참여자들을 격려한다.

지시문 예시

이제 우리는 여기 계신 다른 참여자들을 알아차리고, 인정하면서 자신의 가치에 다시금 접촉해 보도록 하겠습니다.

참여자들에게 짝을 짓고, 워크숍 회기가 진행되는 동안 동료들에게서 무엇을 알아차렸고 그중 각자에게 중요한 것(각자의 가치)을 반영하는 것은 무엇인지 한두 가지 정도(예를 들어, 행동들) 설명하도록 격려한다. 짝과 함께 이에 대해 논쟁하지는 말라고 한다. 가치란 인생에서 우리가 행하고자 하는 것이고, 취하고자 하는 입장이며, 유지하고 싶은 행동의 방식을 이야기하는 것임을 상기시키는 것이 유용할 것이다.

　촉진자는 이전 회기에서 논의했던 것을 참여자들에게 유도하거나 상기시킬 필요가 있을 것이다[예를 들어, "밥(Bob)이 승객 역할을 자원해서 시연한 것은 참여하는 것이 그에게 그만큼 중요한 것임을 의미해요." 혹은 "저는 조이(Joy)가 음주를 줄이려고 많은 노력을 기울였다는 것을 알아차렸어요. 제 생각에 이게 그녀의 가치와 연결되는 것 같거든요."]. 참여자들에게 이러한 행동을 하도록 만드는 가치가 무엇인지 생각해 보도록 한다. 한 집단으로 다시 함께 모이게 하고, 집단원들에게 지난 4주 동안 짝이 보였던 한 가지 행동을 알아차리게 하며, 그것이 반영된 가치는 어떤 것인지에 대해 물어본다.

　이후 연습에서 얻은 것들에 대해 참여자들에게 물어본다.

- 누군가가 여러분의 행동과 가치를 알아차리는 것이 어땠나요?
- 여러분에게 중요한 것이 반영된 말이 있었나요?
- 행동이나 활동은 여러분의 가치와 연결되나요? 혹은 여러분이 이전에 생각하지 않았던 가치를 찾게 되었나요?

핵심 메시지 연습

목표: 참여자들에게 지금까지 워크숍 회기에서 다루었던 활동에 대해 상기시키고, 이를 '개방하는' '자각하는' '능동적인'의 세 범주로 분류한다.

　핵심 메시지 연습을 위해 각 활동을 포스트잇에 적거나, 이를 자주 사용할 예정이

라면 인쇄한 후 코팅하는 것이 유용하다(핵심 메시지의 복사본은 다음 활동 목록이나
부록 A13 참조).

개방하는
- 버스 승객 비유 연습
- 전념 행동(과제)
- 폴더 밀치기 연습
- 생각 가지기 대 생각 믿기 연습
- 스티커 활동

자각하는
- 호흡과 몸의 마음챙김 연습
- 마음챙김 스트레칭 연습
- 마음챙김 먹기 연습
- 3분 호흡 공간법 연습
- 나뭇잎 명상 연습
- 마음챙김 걷기 연습
- 하늘의 구름 연습
- 폴과 조지의 영상
- 촉진자가 매주 전화하기
- 생각 가지기 대 생각 믿기 연습
- 다른 사람의 가치 알아차리기 연습

능동적인
- 워크숍에 참석하는 것
- 가치 있는 방향을 선택하는 것

- SMART 목표
- 전념 행동(과제)
- 생각 가지기 대 생각 믿기 연습
- 버스 승객 비유 연습

플립 차트 세 장의 각 상단에 다음의 제목 세 개를 작성해 보자.

1. **개방하는:** 기꺼이 경험하기, 여유 공간 만들기/함께하기
2. **자각하는:** 마음챙김 알아차리기/현재 순간에 집중하기
3. **능동적인:** 가치를 향해 한 걸음씩 나아가기/중요한 것 실천하기

코팅된 카드나 포스트잇을 테이블에 펼쳐 둔다. 참여자들에게 핵심 메시지를 듣고 그 메시지를 세 개의 제목 중 해당하는 곳에 두도록 한다. 참여자들에게 일부 활동은 한 가지 이상의 범주에 해당할 수 있으므로, 같은 활동이 여러 개의 제목에 해당될 수도 있다는 것을 설명하자.

이후에 촉진자가 참여자들과 함께 방을 돌아다니며 세 범주를 검토해 보고, 참여자들이 선택한 것에 대해 논의해 본 후, 활동이 정확한 곳에 놓였는지 확인한다. 어떤 활동이 잘못된 범주에 분류되어 있다면, 촉진자는 참여자들에게 이것이 적절하다고 생각하는지를 묻고, 정확한 분류에 대해 논의해 보도록 격려할 수 있다.

다음으로, 참여자들에게 가장 기억에 남거나 도움이 된다고 생각했던 활동에 스티커를 붙여 투표해 보도록 한다. 참여자들 모두와 함께 어떤 활동이 가장 인기가 많았는지 검토하고, 그 이유에 대해 질문해 보자(예를 들어, "어떤 점에서 이 활동이 기억에 남았나요?").

참여자들은 종종 특정 활동의 명칭을 잊거나 알지 못하기 때문에, 먼저 모든 참여자와 함께 모든 카드와 포스트잇을 검토하여 이해했는지 확인하고 충분히 명료화하는 것이 도움이 될 수 있다. 또한 가장 도움이 되었던 활동에 투표할 때 한 사람당

5~6개의 스티커를 주는 것이 좋다.

버스 승객 비유 검토

목표: 버스 승객 비유를 검토한다.

참여자들에게 비유의 핵심 요소들을 강조해 보라고 하며, 필요할 경우 지시문을 제공한다.

지시문 예시

우리는 워크숍 회기에서 버스 승객 비유에 대해 이야기했죠. 여러분들은 친구나 사랑하는 사람에게 이 비유를 어떻게 설명하시겠어요? 비유의 어떤 부분이 가장 와 닿았나요?

검토하는 동안, 촉진자는 참여자들에게 승객들과 함께하는 방법에 대해 생각하고 확인해 보도록 격려하는 것이 좋다. 참여자들에게 워크숍에 참여하며 배운 승객들에게 대처 방법에 대해 강조해 보도록 하자. 화이트보드에 다음의 사항에 더해 참여자들이 제안한 것을 적어 보자.

- 자신이 원하는 버스의 방향을 명확히 하기
- 버스를 운전할 방향에 대해 선택할 수 있다는 것을 알아차리기
- 승객은 단지 승객일 뿐이라는 것을 이해하기
- 마음챙김적인 태도를 취하는 것은 우리가 가능한 선택지를 알아차리게 하는 데 도움이 될 수 있음
- 승객들과 싸우고 투쟁하는 것은 정말로 중요한 것으로부터 멀어지게 할 수 있음
- 대안을 통해 승객들과의 여유 공간을 만들고, 여정에 함께하도록 할 수 있음

지시문 예시

　지난 몇 주 동안 이전에 해 보지 못한 다른 것을 해 보신 분이 있나요? 다르게 해 보고 싶은 것을 알아챈 분이 있나요? 만일 선택할 수 있다면, 다음 여섯 달 동안 그 일을 어떻게 다르게 해 볼 수 있을까요?

　각 워크숍에서 제안되었던 승객들과 함께하는 모든 방법을 문서로 만들어 인쇄하는 것이 도움이 될 수 있다. 참여자들이 인쇄물을 가져간 후 소지하고 다닐 수 있다.

검토하고 앞으로 나아가기

목표: 참여자들에게 워크숍 회기에서 배운 것을 돌아볼 기회를 제공한다.
　다음과 같은 지시문을 활용하여 워크숍에서 얻어 갈 수 있는 것에 대한 예시를 이야기해 보도록 요청하자.

- 어떤 것을 알아차렸나요?
- 어떻게 반응했나요?
- 워크숍에 처음 왔던 경험은 어땠나요?
- 지금은 어떤가요?
- 우리가 배운 것을 가지고 앞으로 어떻게 실천해 볼 수 있을까요?

운전면허증 활동지

　운전면허증 활동지는 참여자들이 워크숍에서 학습했던 내용을 실천하는 방법에 대해 생각하고, 전념 행동을 하도록 권장한다.

지시문 예시

　지난 4주 동안 우리는 여러분의 가치와 연관된 활동을 확인해 보도록 요청했습니다. 우리는 여러분이 앞으로 몇 달간 이 전념 행동을 지속해 보셨으면 좋겠습니다. 우리가 '운전면허증'이라고 부르는 종이에 이 행동들을 계획해 볼 수 있습니다.

　여러분이 앞으로 실천하고자 하는 장기적인 목표를 생각해 보세요. 여러분이 이전에 정했던 가치가 담긴 목표, 혹은 나아가고 싶은 다른 것을 선택해 볼 수도 있습니다. 가치가 담긴 목표를 '내 삶의 방향과 목표' 항목에 적어 보세요. 여러분을 가치 있는 방향으로 이끌어 줄 SMART 목표를 정하려 노력해 보세요. 그리고 이러한 행동과 인생의 목표와 연관된 가치를 확인해 보세요. 그다음에, 종이를 뒤집고 가치를 향해 나아가는 데 방해가 될 수 있는 승객들을 확인해 보세요.

　활동지를 채우는 절차에 대해 설명한 후, 참여자들을 소집단으로 나눈다. 한 명의 촉진자가 각 집단으로 가서 참여자들이 활동지를 작성할 수 있도록 도와준다. 참여자들은 자신의 인생 목표와 행동, 그리고 가치들을 활동지의 한쪽 면에 적고, 승객들은 다른 쪽 면에 적는다. 이후 참여자들을 다 함께 모은다. 활동지를 완성하는 과정에 대해 피드백을 요청하자(예를 들어, "어떤 것이 쉬웠나요?"와 "어떤 것이 어려웠나요?").

🖼 알아차리기 연습(자각하는)

목표: 참여자들에게 하늘의 구름 연습 활동을 소개하고 안내하며, 이후 질문 시간을 충분히 가진다.

지시문 예시

　마치기 전에, 마지막으로 알아차리기 연습 한 가지를 해 보려고 합니다. 지난주에 했던 나

뭇잎 명상 연습과 유사합니다. 이 연습을 통해 우리가 원치 않는 생각과 감정에 투쟁하지 않고, 함께하며 관찰할 수 있게 하는 아이디어를 얻을 수 있을 겁니다.

하늘의 구름 연습

먼저, 의자에 앉아 편안한 자세를 잡으세요. 발을 땅에 두고 바르게 앉아, 팔과 다리를 꼬지 않고, 손을 무릎 위에 두세요. [멈춤] 눈을 감거나, 여러분 앞의 한 점에 시선을 고정하세요. [5초간 멈춤] 부드럽게 숨을 두어 번 들이마시고 내쉬어 보세요. [멈춤] 숨을 들이쉬고 내쉬면서 호흡의 느낌을 알아차려 보세요. [5초간 멈춤]

이제 여러분이 따뜻한 봄날, 풀이 우거진 언덕에 누워 있다고 상상해 보세요. [멈춤] 여러분의 아래에 있는 땅과, [멈춤] 풀의 냄새, [멈춤] 근처에 있는 나무가 바람에 스치는 소리를 느낀다고 상상해 보세요. [5초간 멈춤] 이제 여러분이 하늘을 올려다보고, 구름이 지나가는 것을 보고 있다고 상상해 보세요. [5초간 멈춤] 여러분의 생각과 감정을 인식하기 시작해 보세요. [멈춤] 생각이 머릿속에 떠오를 때마다, 구름 중 하나에 올려 두고 떠다니는 것을 상상해 보세요. [멈춤] 단어나 이미지가 생각난다면, 이를 구름 위에 올려 두고 지나가도록 하세요. [5초간 멈춤]

우리의 목표는 계속해서 하늘을 보며 구름이 지나가도록 내버려 두는 것입니다. [멈춤] 구름 위에 나타나는 것을 어떤 식으로든 바꾸려 하지 마세요. 구름이 사라지거나 여러분의 마음이 어딘가로 가 버린다면, 단지 멈추고 이것을 알아차린 후, 하늘의 구름을 보는 것으로 주의를 부드럽게 기울이세요. [멈춤]

이 연습을 하는 것에 대한 어떠한 생각이나 감정이 떠오른다면, 이것 또한 구름 위에 올려 두세요. [멈춤] 생각이 멈춘다면, 그냥 하늘과 구름을 바라보세요. 머지않아 생각이 다시 떠오를 것입니다. [5초간 멈춤]

여러분은 단지 구름 위에 있는 단어나 이미지로 각 생각이나 감정을 관찰하고 있는 것입니다. [멈춤] 이 연습을 하면서 흐름을 놓치는 것은 정상적이며 자연스러운 일이고, 이는 앞으로도 계속 일어날 것입니다. 흐름을 놓친 것을 알아차린다면, 그저 하늘의 구름을 바라보는 것으로 돌아오세요. [멈춤]

구름이 각자의 속도대로 떠다니게 하고, 마음에 어떠한 생각이나 감정, 감각, 이미지가 떠오르건 구름 위에 올려 두고 떠다니게 하세요. [5초간 멈춤] 어떠한 생각에 걸려들게 된다면, 이것을 구름 위에 올려 두고 떠다니게 하세요. [멈춤]

마지막으로, 여러분의 주의를 호흡에 집중해 보세요. [5초간 멈춤] 언제나 여러분 곁에 있는 호흡의 일정한 리듬을 다시 알아차려 보세요. [5초간 멈춤] 그리고 이 방에 의자에 앉아 있는 것으로 여러분의 의식을 돌려 보세요. [멈춤] 부드럽게 눈을 뜨고 보이는 것을 알아차려 보세요. 발을 바닥에 대고 쭉 뻗어 보고, 뻗고 있다는 것을 알아차려 보세요. 다시 돌아온 것을 환영합니다.

연습을 마치고 난 후, 참여자들과 활동에 대해 논의해 보자. 참여자들이 생각과 감정에 걸려드는 경향과 구름을 관찰하는 것으로 되돌아가는 것과 관련하여 알아차린 것에 대하여 탐색한다.

알아차린 것에 대하여 강화하고, 우리의 마음이 얼마나 쉽게 생각이나 감정에 걸려들 수 있는지에 집중하게 한다. 경험을 관찰하는 것도 하나의 선택이며, 이를 위해서는 능동적인 알아차림이 필요하다고 강조한다.

일부 참여자들은 긍정적인 생각을 구름에 올려 두는 대신, 가지고 있고 싶다고 이야기할 수 있지만, 이는 연습의 목적을 헛되게 할 수 있다. 이 연습의 목표는 긍정적이든 부정적이든 생각의 자연적인 흐름을 관찰하고, 그것들이 오갈 수 있게 하는 것이다.

지시문 예시

이 활동을 하면서 참여자들이 무엇을 알아차렸나요? 어떤 경험에 걸려들게 되었나요? 경험에 매달리지 않고, 이것이 오갈 수 있도록 해 보니 어떠셨나요?

모든 내용을 종합하기

목표: 워크숍의 핵심 메시지를 종합한다.

지시문 예시

워크숍에서건 집에서건, '모든 것이 너무 버겁고 어렵다.' '더는 노력하고 싶지 않다.'고 확신하게 만드는 생각이나 감정을 경험할 때가 있으실 겁니다.

여러분이 가치 있는 방향을 포기하고 싶다는 생각이 들기 시작한다고 해도, 그 방향으로 나아가려고 노력해 보세요. 여러분은 버스 운전사가 될 수 있고, 모든 승객을 태우고 갈 수 있습니다. 여러분들은 이미 워크숍 회기에서 생각과 감정은 오고 가지만, 목표를 향해 가는 과정은 계속된다는 것을 경험하셨습니다. 바로 이게 가장 중요한 거죠.

어떠한 종류의 감정이나 생각, 걱정이 오가는 것을 통제할 수 없을 때일지라도, 궁극적으로 버스 운전사처럼 인생의 방향에 대한 통제권을 쥔 것은 여러분입니다. 두려움이 아니라 가치에 따라 행동하세요. 사고나 감정이 계속 나타날지라도, 여러분이 중요하게 여기는 것을 하세요. 그것이야말로 여러분이 진정으로 통제할 수 있는 것입니다.

회기 마무리

목표: 참여자들의 피드백을 종합하고 앞으로 진행할 부스터 회기에 참석해야 한다는 생각을 강화한다.

참여자들을 다 같이 모이게 해서 지난 4주에 대한 피드백을 요청해 보자. 참여자들에게 일반적으로 워크숍에서 무엇을 알게 되었고, 가장 기억에 남는 것이 무엇인지 질문한다. 부스터 회기에 참석하는 것의 중요성을 강조하고, 날짜를 상기시킨다.

피드백을 촉진하기 위해 화이트보드에 다음 사항을 적는 것을 고려해 보자.

- 오늘 회기가 어땠나요?

- 어떤 것을 알아차렸나요?

- 도움이 되었거나, 도움이 되지 않는다고 생각했던 것들이 있나요?

- 오늘 회기와 지난 4주간의 회기 중에서 어떤 것이 가장 기억에 남나요?

피드백을 받은 후, 참여자들에게 워크숍을 마쳤다는 것을 기념하는 수료증을 나눠 준다. 부스터 회기의 날짜가 적힌 유인물을 제공하는 것도 유용하다.

첫 번째 부스터 회기

첫 번째 부스터 회기의 주요 목적은 마지막 워크숍이 끝난 이후 경과를 검토하고, 개방하고, 자각하며, 능동적인 기술을 독려하며, 워크숍 내용을 복습하고, 활동을 연습할 기회를 제공하는 것이다. 먼저, 몸풀기 활동에 앞서 촉진자와 참여자들은 워크숍이 무엇에 대한 것인지를 논의할 것이다. 촉진자는 호흡과 몸의 마음챙김 연습을 진행하고, 질문하고 논의하는 시간을 갖는다. 그다음, 버스 승객 비유를 검토하고 소집단으로 나뉘어 전념 행동을 검토한다. 다시 함께 모인 후에, 촉진자가 가치 카드를 사용해서 가치를 개괄한다. 그다음, 촉진자와 참여자들은 개방하고, 자각하며, 능동적인 기술을 논의할 것이다. 집단은 다시 한 번 소집단으로 나뉘어 전념 행동 활동지를 작성한다. 마지막 부스터 회기 날짜를 논의하고, 촉진자가 참여자들에게 다음 회기에도 출석하기를 당부하면서 회기를 마무리 짓는다. 다음에서는 회기에서 다룰 주제와 과제에 대한 시간 구성에 대해 개괄한다. 항상 그렇듯이, 각 활동에 할당된 시간은 대략적이다.

시간표

환영 인사 및 소개	10분
알아차리기 연습(자각하는)	15분
버스 승객 비유	5분
전념 행동 검토	10분
가치 연습	15분
기술 복습	40~50분
전념 행동(능동적인)	10분
회기 마무리	5분

준비물

- 화이트보드
- 종이와 펜
- 마커 펜
- 간단한 다과
- 전념 행동 활동지
- 알아차리기 기술 개발 활동지

이 회기에서 추가적으로 사용하는 물품

- 소프트볼 공
- 가치 연습을 위한 가치 카드(http://www.louisehayes.com.au/free-resouces-for-professionals에서 무료로 다운로드할 수 있음)

- 승객들은 여러분의 생각, 감정, 그리고 모든 종류의 마음 상태를 반영합니다.
- 몇몇은 좋지만, 몇몇은 추하고, 무섭고, 고약합니다.
- 무서운 승객이 여러분을 위협하며 여러분이 볼 수 있는 버스의 앞쪽까지 나오고 싶어 합니다.
- 여러분은 이걸 심각하게 받아들이고 승객들과 투쟁하고 싸우기 위해 버스를 멈춥니다(여러분은 더 이상 어디로도 가지 못합니다).
- 여러분은 그들을 피하려 하거나, 그들에게 주의를 두지 않으려 하거나, 버스 밖으로 그들을 밀어 내려고 할 수 있습니다(그러나 그들은 여러분의 내적 상태이므로, 그들을 없앨 수 없습니다).
- 여러분은 그들과 협상하려 할 수도 있습니다(만일 버스 뒷자리에서 조용히 있어 주기만 한다면, 그들이 시키는 대로 할 것이라고요).
- 이는 여러분의 노선 계획에 큰 문제가 생겼고 버스를 운전할 때 항상 경계태세를 취해야 한다는 것을 의미합니다.
- 이제 승객들이 버스를 통제합니다. 버스 운전사인 여러분에게는 전혀 통제권이 없습니다.
- 승객들이 무섭고, 고약하며, 위협적으로 보일지라도, 여러분이 그들에게 주도권을 허락하지 않는 이상 그들이 주도권을 잡을 수는 없습니다. 사실, 그들은 여러분이 스스로의 의지에 반하는 행동을 하게 할 수 없습니다.

전념 행동 검토

목표: 이전 회기 말미에 참여자가 완료한 전념 행동 연습(운전면허증 활동지)을 검토하고 개방성 반응을 향상시킬 수 있는 기회가 있었는지 알아본다.

소집단으로 나누고, 한 명의 촉진자가 각 집단을 이끈다. 마지막 워크숍 회기에서 완료한 운전면허증 활동지를 검토하도록 참여자들을 독려한다. 워크숍과 부스터 회기 사이에 참여자들이 계획한 전념 행동을 강조한다.

참여자들에게 전념 행동이 어떻게 되어 가고 있는지, 승객을 알아차릴 수 있었는 지, 혹은 그 과정에서 무엇을 알아차렸는지 이야기하도록 격려한다. 참여자들의 입장에서 모든 알아차림이나 가치 있는 방향에 대한 전념 행동을 취하려는 모든 노력을 강화한다. 가치 있는 방향으로 향하기 위해 집단원이 취했던 모든 단계와 의향은 효과적인 행동의 레퍼토리를 구축하는 과정의 일부이므로, 이를 강화해 주자.

전념 행동에 관여하기 어려워하는 참여자들에게는 작은 계획이나 의향 등과 같이 행동을 하고자 하는 생각과 관련된 어떠한 피드백이라도 강화한다. 마찬가지로, 과제를 하는 데 있어 장애물이나 투쟁 등에 대한 모든 알아차림을 강화한다. 이는 장애물에 직면하였을 때 탈융합/수용 및 마음챙김 기술을 사용하는 것에 더해 원치 않는 경험에 대한 개방성이 가치 있는 방향으로 전념 행동을 취하는 것의 일환이라는 것을 언급하기 좋은 기회이다.

지시문 예시

지난 워크숍 회기 이후 여러분이 개방성을 확장하는 것은 어땠는지 듣고 싶어요. 여러분이 취한 전념 행동은 무엇인가요? 그건 어땠나요? 어떤 승객을 알아차렸나요? 그들에게 어떻게 반응했나요? 가치 있는 방향으로 나아가는 동안 승객들이 그대로 두기 위해서 어떻게 하셨나요?

최근에 수행했던 전념 행동에 대해 검토한 후, 집단원들은 다시 모여서 워크숍이 끝난 이후의 각자의 진행사항을 논의한다. 다음의 질문을 화이트보드에 적고, 참여자들에게 여기에 답하고 논의하도록 요청한다.

- 처음 워크숍에 왔을 때 어땠나요?
- 이전에는 승객들에게 어떻게 대처했나요?
- 지금은 그들에게 어떻게 대처하나요?

- 여러분은 어떤 승객을 알아차렸나요?
- 그들에게 어떻게 반응했나요?
- 어떻게 이 기술을 발전시킬 수 있을까요?

지시문 예시

워크숍 이후 여러분의 진행사항에 대해 듣고 싶어요.

가치 연습

목표: 가치 카드를 사용해서 사람들의 가치를 추가적으로 탐색하고 가치와 연결될 수 있는 기회를 준다.

소집단으로 나누고, 한 명의 촉진자가 각 집단을 이끈다. 각 집단은 가치 카드를 한 꾸러미씩 갖는다. 촉진자는 각 참여자에게 자신과 연관된 두 장의 카드를 고르도록 독려한다. 그다음, 참여자들은 한 장의 카드를 뽑아 소집단원들과 이야기한다.

촉진자는 참여자들이 자신이 알아차린 가치를 체화한 사람이 있다면 그 방식을 확인하도록 독려하는 기회로 사용할 수 있다. 촉진자는 다음의 질문을 화이트보드에 적어야 한다.

- 왜 이 가치가 여러분에게 중요한가요?
- 이걸 보여 주려고 당신이 한 일은 무엇인가요?

지시문 예시

가치 카드를 살펴보고 여러분이 연결할 수 있는 여러분의 눈에 띄는 두 장의 카드를 뽑으세요. 그다음, 그중 하나를 고르고 화이트보드의 질문에 머릿속으로 대답해 보세요.

🔲 기술 복습

목표: 집단원들에게 이전 회기에서 다루었던 몇 가지 연습을 다시 돌아볼 기회를 준다.

지금까지 회기 논의에서 나왔던 것에 따라, 촉진자는 화이트보드에 '개방하는' '자각하는' '능동적인'의 세 범주에 포함된 연습들을 적어 보고, 참여자들에게 어떤 활동을 가장 검토하고 싶은지 투표한다. 가장 인기 있는 활동을 할 수 있도록 모든 활동을 준비해 놓는다.

이 매뉴얼의 1~4회기를 사용하여, 두 가지 연습을 해 볼 것을 목표로 삼는다. 모든 연습을 다룰 정도로 시간이 충분하지 않다면, 두 번째 부스터 회기에서 다루도록 한다. 여기 범주로 나뉜 연습 예시가 있다.

개방하는
• 버스 승객 비유
• 전념 행동
• 폴더 밀치기
• 생각 가지기 대 생각 믿기
• 스티커

자각하는
• 알아차리기 활동: 호흡과 몸의 마음챙김, 마음챙김 스트레칭, 마음챙김 걷기, 3분 호흡 공간법, 마음챙김 먹기, 나뭇잎 명상, 하늘의 구름
• 가치, 승객, 선택 등을 확인하기
• 폴과 조지의 영상
• 그 주에 촉진자가 전화통화 하기

- 생각 가지기 대 생각 믿기
- 다른 사람들의 가치 알아차리기

능동적인
- 워크숍에 오기
- 가치 있는 방향 선택하기
- SMART 목표
- 지난주 동안 목표에 가까이 나아가거나 가치 있는 방향으로 나아가기 위한 전념 행동
- 생각 가지기 대 생각 믿기
- 버스 승객 비유

전념 행동(능동적인)

목표: 다음 회기 전까지 완수할 수 있는 전념 행동을 설정한다.
다음 사항을 화이트보드에 적는데, 지금부터 다음 부스터 회기 전까지 해야 한다.

- 네 번의 워크숍 동안 여러분이 확인한 가치를 생각해 보세요.
- 이 가치를 위해서 다음 주 동안 여러분이 할 수 있는 것은 무엇인가요?
- 여러분이 이 행동을 하는 데 어떤 승객이 끼어들 수 있을까요?
- 여러분은 이 승객에게 어떻게 반응할까요?

화이트보드에 있는 항목들에 관해 이야기하고 난 후, 참여자들을 소집단으로 나누고, 각 소집단에 한 명의 촉진자가 들어간다. 참여자들이 이 가치를 향해 나아갈 수 있도록 다음 주 동안에 할 수 있는 가치 기반 행동을 확인하기 위해 전념 행동 활

동지를 작성하도록 한다. 참여자들에게 SMART 목표를 정하도록 상기시킨다.

소집단 내에서는 촉진자가 참여자에게 자신의 계획에 대해 다른 사람들에게 이야기할 의향이 있는지 물어보는 것이 좋다. 또한 촉진자 중 한 명이 다음 회기가 진행되기 전에 5분 정도의 전화통화를 통해 참여자의 전념 행동에 대해 논의해 봐도 좋을지 여부를 결정한다. 통화의 목적이 촉진자가 참여자에게 전념 행동을 수행했는지를 확인하는 것이 아니라, 마음챙김 알아차림 및 기꺼이 경험하기와 같은 과정을 상기시켜 주기 위함이라는 것을 명확히 해야 한다.

참여자들이 자신의 전념 행동에 대해 다른 사람들과 논의하려 한다면, 어떠한 행태의 시도든 이에 대해 강화해 주자. 참여자들에게 알아차리기 기술 개발 활동지를 완성하도록 요청하고, 한 주 동안 적어도 세 번 이상 알아차리기 연습 중 하나를 실천할 의향이 있는지 확인한다.

지시문 예시

여러분이 가치 카드를 사용해서 확인한 중요한 가치를 생각해 보세요. 이것이 중요하다는 것을 강화할 수 있도록 여러분이 다음 주 동안 할 수 있는 활동 하나를 생각해 볼 수 있나요? 승객들과 승객들에 대한 여러분의 반응을 마음챙김적으로 알아차리는 것을 연습할 기회라는 걸 명심하세요. 만일 여러분이 활동을 완수한다면 금상첨화고요.

회기 마무리

목표: 집단원들로부터 피드백을 취합하고 다음 부스터 회기에 참여하도록 독려한다.

참여자들을 다 같이 모이게 해서 워크숍 회기에 대한 피드백을 요청해 보자. 참여자들에게 일반적으로 이번 회기에서 무엇을 알게 되었고, 가장 기억에 남는 것이 무엇인지 질문한다. 다음 부스터 회기에 참석하는 것의 중요성을 강조하고, 날짜를 상기시킨다.

　피드백을 촉진하기 위해 화이트보드에 다음 사항들을 적는 것을 고려해 보자.

- 오늘 회기가 어땠나요?
- 어떤 것을 알아차렸나요?
- 도움이 되었거나, 도움이 되지 않는다고 생각했던 것들이 있나요?
- 오늘 회기에서 어떤 것이 가장 기억에 남나요?

　시간이 촉박하다면, '팝콘 피드백'을 시도해 볼 수 있는데, 모두에게 그날 회기에서 가장 기억에 남는 것을 요약해 한두 단어로 말하도록 요청하는 것이다.

두 번째 부스터 회기

두 번째 부스터 회기의 주요 목적은 이전의 부스터 회기 이후의 경과를 검토하고, 개방하고, 자각하며, 능동적인 기술을 격려하며, 워크숍 내용을 복습하고, 활동을 연습할 기회를 제공하는 것이다. 먼저, 몸풀기 활동에 앞서 촉진자와 참여자들은 워크숍이 무엇에 대한 것인지를 논의할 것이다. 촉진자는 하늘의 구름 연습으로 집단을 이끌고, 질문하고 논의하는 시간을 갖는다. 그다음, 소집단으로 나뉘어 전념 행동을 검토한다. 다시 함께 모인 후에, 촉진자와 참여자들은 개방하고, 자각하며, 능동적인 기술을 논의할 것이다. 이후에 집단은 버스 승객 비유를 시연해 보고, 워크숍 회기를 검토하고 회기를 마무리한다. 다음에서는 회기에서 다룰 각 주제와 과제에 대한 시간 구성에 대해 개괄한다. 항상 그렇듯이, 각 활동에 할당된 시간은 대략적이다.

시간표

환영 인사 및 소개	10분
알아차리기 연습(자각하는)	15분
전념 행동 검토	10분
기술 복습	45분
버스 승객 비유 시연하기(개방하는)	25분
워크숍 검토	10분
회기 마무리	5분

준비물

- 화이트보드
- 종이와 펜
- 마커 펜
- 간단한 다과

이 회기에서 추가적으로 사용하는 물품

- 소프트볼 공

환영 인사 및 소개

목표: 회복을 위한 ACT 워크숍의 마지막 부스터 회기에 온 참여자들을 환영한다. 워크숍은 약 2시간 동안 진행되며, 중간에 짧게 쉴 것이라고 설명한다. 필요하다면, 시설에 대해 소개한다(예를 들어, 비상구, 화장실 등). 참여자들에게 다시 한 번 명찰을 착용하도록 한다. 화이트보드에 다음 사항을 적고 사람들에게 읽게 해서 워크숍의 목적을 상기시킨다.

- 삶의 방향을 발전시키기
- 장애물에 대한 자각 증진시키기
- 개방적이고, 자각하고, 능동적인 기술 배우기
- 서로 교류하며 즐거운 시간 보내기

지시문 예시

이것이 워크숍 동안 우리가 다루었던 핵심 사항입니다. 다시 한번 살펴봅시다.

그렇게 검토한 후에는, 간단한 활동으로 참여자들이 워크숍 회기를 준비할 수 있도록 한다. 모든 사람을 일어서도록 하고, 한 주 동안 어떤 승객을 알아차렸고 그들에게 어떻게 반응하였는지 물어본다. 촉진자가 예시를 들면서 활동을 시작할 수 있다.

지시문 예시

짧은 몸풀기 활동을 하면서 시작해 봅시다. 공을 들고 있는 사람이 워크숍을 하는 동안 노력했던 가치에 대해 간략하게 설명해 주세요. 그러고 나서 그 공을 다른 사람한테 전달하는 거예요. 그러면 그 사람은 자신이 노력해 온 가치에 대해 이야기하고요. 전부 다 한 번씩 이야기할 때까지 이걸 반복해 볼게요.

만일 참여자들이 자신의 경험에 대해 말하기를 꺼린다면, 친구나 가족과 같이 다른 사람이 가치를 향해 노력하는 것을 알아차린 적이 있는지 물어본다. 촉진자가 나서서 자신의 가치와 노력해 온 것에 관해서 이야기해 볼 수 있다.

🖼 알아차리기 연습(자각하는)

목표: 참여자들에게 하늘의 구름 연습 활동을 소개하고 안내하며, 이후 질문 시간

을 충분히 가진다.

지시문 예시

이제 알아차리는 연습 한 가지를 해 보려고 합니다. 이 연습을 통해 여러분은 원치 않는 생각이나 느낌과 투쟁하기보다는 함께 있고 관찰하는 법을 알게 될 겁니다.

하늘의 구름 연습
먼저, 의자에 앉아 편안한 자세를 잡으세요. 발을 땅에 두고 바르게 앉아, 팔과 다리를 꼬지 않고, 손을 무릎 위에 두세요. [멈춤] 눈을 감거나, 여러분 앞의 한 점에 시선을 고정하세요. [5초간 멈춤] 부드럽게 숨을 두어 번 들이마시고 내쉬어 보세요. [멈춤] 숨을 들이쉬고 내쉬면서 호흡의 느낌을 알아차려 보세요. [5초간 멈춤]

이제 여러분이 따뜻한 봄날, 풀이 우거진 언덕에 누워 있다고 상상해 보세요. [멈춤] 여러분의 아래에 있는 땅과, [멈춤] 풀의 냄새, [멈춤] 근처에 있는 나무가 바람에 스치는 소리를 느낀다고 상상해 보세요. [5초간 멈춤] 이제 여러분이 하늘을 올려다보고, 구름이 지나가는 것을 보고 있다고 상상해 보세요. [5초간 멈춤] 여러분의 생각과 감정을 인식하기 시작해 보세요. [멈춤] 생각이 머릿속에 떠오를 때마다, 구름 중 하나에 올려 두고 떠다니는 것을 상상해 보세요. [멈춤] 단어나 이미지가 생각난다면, 이를 구름 위에 올려 두고 지나가도록 하세요. [5초간 멈춤]

우리의 목표는 계속해서 하늘을 보며 구름이 지나가도록 내버려 두는 것입니다. [멈춤] 구름 위에 나타나는 것을 어떤 식으로든 바꾸려 하지 마세요. 구름이 사라지거나 여러분의 마음이 어딘가로 가 버린다면, 단지 멈추고 이것을 알아차린 후, 하늘의 구름을 보는 것으로 주의를 부드럽게 기울이세요. [멈춤]

이 연습을 하는 것에 대한 어떠한 생각이나 감정이 떠오른다면, 이것 또한 구름 위에 올려 두세요. [멈춤] 생각이 멈춘다면, 그냥 하늘과 구름을 바라보세요. 머지않아 생각이 다시 떠오를 것입니다. [5초간 멈춤]

여러분은 단지 구름 위에 있는 단어나 이미지로 각 생각이나 감정을 관찰하고 있는 것입니다. [멈춤] 이 연습을 하면서 흐름을 놓치는 것은 정상적이며 자연스러운 일이고, 이는 앞으로도 계속 일어날 것입니다. 흐름을 놓친 것을 알아차린다면, 그저 하늘의 구름을 바라보는 것으로 돌아오세요. [멈춤]

구름이 각자의 속도대로 떠다니게 하고, 마음에 어떠한 생각이나 감정, 감각, 이미지가 떠오르건 구름 위에 올려 두고 떠다니게 하세요. [5초간 멈춤] 어떠한 생각에 걸려들게 된다면, 이것을 구름 위에 올려두고 떠다니게 하세요. [멈춤]

마지막으로, 여러분의 주의를 호흡에 집중해 보세요. [5초간 멈춤] 언제나 여러분 곁에 있는 호흡의 일정한 리듬을 다시 알아차려 보세요. [5초간 멈춤] 그리고 이 방에 의자에 앉아 있는 것으로 여러분의 의식을 돌려 보세요. [멈춤] 부드럽게 눈을 뜨고 보이는 것을 알아차려 보세요. 발을 바닥에 대고 쭉 뻗어 보고, 뻗고 있다는 것을 알아차려 보세요. 다시 돌아온 것을 환영합니다.

연습을 마치고 난 후, 참여자들과 활동에 대해 논의해 보자. 참여자들이 생각과 감정에 걸려드는 경향과 구름을 관찰하는 것으로 되돌아가는 것과 관련하여 알아차린 것에 대하여 탐색한다.

알아차린 것에 대하여 강화하고, 우리의 마음이 얼마나 쉽게 생각이나 감정에 얽혀들 수 있는지에 집중하게 한다. 경험을 관찰하는 것도 하나의 선택이며, 이를 위해서는 능동적인 알아차림이 필요하다고 강조한다.

일부 참여자들은 긍정적인 생각을 구름에 올려 두는 대신, 가지고 있고 싶다고 이야기할 수 있다. 이러한 반응을 인정하면서도, 이 연습의 목표는 긍정적이든 부정적이든 생각의 자연적인 흐름을 관찰하고, 그것들이 오갈 수 있게 하는 것이다.

지시문 예시

이 활동을 하면서 참여자들이 무엇을 알아차렸나요? 어떤 경험에 걸려들게 되었나요? 경험에 매달리지 않고, 이것이 오갈 수 있도록 해 보니 어떠셨나요?

전념 행동 검토

목표: 이전 회기 말미에 참여자가 완료한 전념 행동 연습을 검토하고, 개방성 반응을 향상시킬 수 있는 기회가 있었는지 알아본다.

화이트보드에 다음과 같이 쓴다.

- 지난 회기에 확인한 가치, 그리고 이 가치와 연결된 행동에 대해서 생각해 보세요.
- 이 행동과 관련하여 나타난 승객을 알아차렸나요?
- 한 주 동안 마음챙김 훈련에서 어떤 것을 경험했나요?

이 사항을 검토한 후, 소집단으로 나누고, 한 명의 촉진자가 각 집단을 이끈다. 어떤 승객이 나타났는지 혹은 이 과정에서 어떤 것을 알아차렸는지를 이야기하도록 참여자들을 독려한다. 참여자의 입장에서 모든 알아차림과 가치 있는 방향에 대한 전념 행동을 취하려는 모든 노력을 강화한다. 가치 있는 방향으로 향하기 위해 집단원들이 취했던 모든 단계와 의향은 효과적인 행동의 레퍼토리를 구축하는 과정의 일부이므로, 강화해 주자.

지시문 예시
- - - - - - - - - -

지난 워크숍 회기의 말미에 여러분에게 중요하고, 여러분이 가치 있다고 여기는 것을 해 보자고 이야기했습니다. 시도해 보신 분이 있나요? 어떤 것들을 알아차렸나요?

마음챙김 연습은 어떻게 되었나요? 일상생활에서 이 연습을 해 볼 수 있었나요? 어떤 것을 알아차렸나요?

기술 복습

목표: 집단원들에게 이전 회기에서 다루었던 몇 가지 연습을 다시 돌아볼 기회를 준다.

지금까지 회기 논의에서 나왔던 것에 따라, 촉진자는 화이트보드에 '개방하는' '자각하는' '능동적인'의 세 범주에 포함된 연습들을 적어 보고, 참여자들에게 어떤 활동을 가장 검토하고 싶은지 투표한다. 가장 인기 있는 활동을 할 수 있도록 모든 활동을 준비해 놓는다. 다음에 각 범주로 나뉘는 연습의 예시가 있다.

개방하는
- 버스 승객 비유
- 전념 행동
- 폴더 밀치기
- 생각 가지기 대 생각 믿기
- 스티커

자각하는
- 알아차리기 활동: 호흡과 몸의 마음챙김, 마음챙김 스트레칭, 마음챙김 걷기, 3분 호흡 공간법, 마음챙김 먹기, 나뭇잎 명상, 하늘의 구름
- 가치, 승객, 선택 등을 확인하기
- 폴과 조지의 영상
- 그 주에 촉진자가 전화통화 하기
- 생각 가지기 대 생각 믿기
- 다른 사람들의 가치 알아차리기

능동적인

- 워크숍에 오기
- 가치 있는 방향 선택하기
- SMART 목표
- 지난주 동안 목표에 가까이 나아가거나 가치 있는 방향으로 나아가기 위한 전 념 행동
- 생각 가지기 대 생각 믿기
- 버스 승객 비유

버스 승객 비유 시연하기(개방하는)

목표: 버스 승객 비유를 시연해 본다. 가장 좋은 것은 참여자가 자신의 예시를 활용하는 것이다. 그럴 수 없다면, 예시를 만들어 내거나, 2회기의 폴과 조지의 예시를 사용할 수 있다. 버스 승객 시연 영상은 http://www.actforpsychosis.com에서 이용 가능하다.

참여자에게 여러분이 다시 버스 승객 비유의 역할연기를 하지만, 이번에는 참여자의 예시에서 나온 내용을 사용하는 게 가장 좋다고 설명한다. 참여자들에게는 운전사가 되어 승객에게 세 가지 다른 반응을 시도해 보는 기회가 주어진다. 참여의 즐거운 측면에 대해 강조하되, 단지 연습을 관찰하는 것만으로도 괜찮다는 것을 확실히 하자.

지시문 예시

혹시 시연해 볼 만한 예시가 있는 사람 있나요? [아무도 나오지 않는다면, 촉진자가 다음과 같이 물어볼 수 있다.] 혹시 다른 사람이 시연해 볼 수 있도록 예시를 얘기해 줄 사람은 없나요?

아무도 예시를 말하지 않는다면, 이전 회기에서 참여자들이 보고한, 흔한 승객의 일반적인 예시를 시연한다. 혹은 모든 참여자들의 공통적인 경험인, 집단에 속하고 기여하는 것에 대한 예시를 사용하자!

그 후 지원자를 요청하자.

- 한 사람은 운전사 역할을 한다. 운전사가 자신이 투쟁하는 주요 승객을 정하게 한다.
- 다른 3~4명은 승객 역할을 한다. 지원자들에게 운전사의 승객 역할을 연기해 달라고 한다. 앞면에 승객의 이름이 있는 종이를 주고, 뒷면에는 각 승객이 말할 법한 것들을 적어서 역할연기 중에 읽을 수 있게 한다.
- 한 사람은 가치 있는 방향의 역할을 한다. 운전사에게 승객이 방해하고 있는, 가치 있는 방향을 찾아보게 하자. 큰 종이에 이를 한 두 단어로 요약하고, 운전사의 가치 있는 방향을 표현할 종이를 들고 있도록 요청한다.

싸움/투쟁하는 상황

이 상황에서는 운전사에게 버스를 운행하고(승객이 따라오는 상태로 방을 돌아다니기), 멈춰서 싸우고 투쟁하는(예를 들어, 승객들에게 고함을 치고 이들과 논쟁하기) 역할극을 진행한다. 승객들에게 실제 '승객'처럼 행동하도록 하자(따지고, 부추기고, 애원하고, 산만하게 하기). 이를 2~4분간 지속한다. 연습이 끝난 후 다음과 같이 질문해 보자.

- 버스 운전사에게 피드백을 받기: 승객들과 투쟁하는 것은 어땠나요? (촉진자는 승객들과 아무리 논쟁하고 싸우더라도, 꼼짝할 수 없다는 것은 변하지 않는다는 점을 이야기할 수 있다)
- 승객에게 피드백을 받기: 운전사를 통제하고 있다고 느꼈나요?
- 가치를 표현했던 사람에게 피드백을 받기: 가치를 표현했던 사람이 버스 운전사와

연결되어 있다고 느꼈나요, 아니면 무시당하는 느낌이었나요?

- 더 많은 집단원들에게 피드백을 받기: 집단원들은 관찰자로서 어떤 것들을 알아차렸나요?

굴복하는 상황

운전사에게 버스를 다시 운전하도록 요청하는데, 이번에는 승객들에게 굴복하는 역할연기를 해 보도록 한다(예를 들어, 승객에게 동의하고, 승객들이 버스의 방향을 정하게 허락함으로써 평화롭게 지내려는 것 등). 이를 2~4분간 지속한다. 연습이 끝난 후 다음과 같이 질문해 보자.

- 버스 운전사에게 피드백을 받기: 승객들에게 굴복하는 것은 어땠나요? 운전대를 놓아 보니 어땠나요? 승객들이 버스의 방향을 통제하는 것처럼 느껴졌나요? 이는 단기적으로는 기분이 나아지게 할 수도 있지만 중요한 삶의 영역에서 대가를 치러야 한다는 점을 강조하자. 즉, 다른 길에 갇혀 버리게 된다는 것이다.
- 승객에게 피드백을 받기: 운전사를 통제하고 있다고 느꼈나요?
- 가치를 표현했던 사람에게 피드백을 받기: 가치를 표현했던 사람이 버스 운전사와 연결되어 있다고 느꼈나요, 아니면 무시당하는 느낌이었나요?
- 다른 집단원들에게 피드백을 받기: 집단원들은 관찰자로서 어떤 것들을 알아차렸나요?

개방성을 적용하는 상황

마지막으로, 운전사에게 개방성을 적용하는 반응을 연습하도록 요청하자(예를 들어, 승객들을 알아차리기 위한 기술을 사용하기, 그들의 말에 감사해하기, 버스에 탑승한 것을 환영하기, 가치 있는 방향으로 운전하는 동안 승객들이 버스 뒤쪽에서 평소대로 말하거

나 행동하도록 하기). 이를 2~4분간 지속한다. 연습이 끝난 후 다음과 같이 질문해
보자.

- 버스 운전사에게 피드백을 받기: 승객들이 말하거나 행동하는 와중에도 가치 있
  는 방향에 집중하고 이를 마음에 새기는 것은 어땠나요?
- 승객에게 피드백을 받기: 여전히 운전사를 통제하고 있다고 느꼈나요?
- 가치를 표현했던 사람에게 피드백을 받기: 가치를 표현했던 사람이 버스 운전사와
  연결되었다고 느꼈나요, 아니면 무시당하는 느낌이었나요?
- 다른 집단원들에게 피드백을 받기: 집단원들은 관찰자로서 어떤 것들을 알아차렸
  나요?

논의하기

모든 집단원에게 활동이 어땠는지를 묻고, 세 가지 상황을 비교하고 대조해 보
자. 현재 순간에 집중하기, 수용, 탈융합, 가치 명료화, 전념 행동과 같은 핵심적인
과정의 측면에서 첫 두 반응과 개방하는(기꺼이 경험하는) 반응 사이의 차이점을 강
조해 보자.

🖥 워크숍 검토

목표: 참여자들과 워크숍을 검토한다.

참여자들에게 워크숍에 참여하는 동안의 경험과 워크숍에서 얻어 가는 것에 대
해 물어본다. 화이트보드에 다음의 질문을 적는다.

- 워크숍을 하면서 전반적으로 어떤 경험을 하셨나요?

- 어떤 것을 알아차렸나요?
- 거기에 어떻게 반응했나요?
- 워크숍의 첫 번째 회기에 왔을 때 어땠나요?
- 지금은 어떤가요?
- 여기서 배운 기술을 어떻게 활용해 볼 수 있을까요?

회기 마무리

목표: 회기를 마무리하고, 집단에서 회복을 위한 ACT 워크숍에 대한 피드백을 취합한다.

참여자들을 다 같이 모이게 해서 워크숍 회기에 대한 피드백을 요청해 보자. 참여자들에게 일반적으로 이번 회기에서 무엇을 알게 되었고, 가장 기억에 남는 것이 무엇인지 질문한다. 참여자들이 서로에게 작별 인사를 하고, 워크숍의 마지막을 받아들일 수 있도록 시간을 충분히 두는 것이 도움이 될 것이다.

지시문 예시

여러분은 워크숍에서 가장 기억에 남는 것이 무엇이었나요? 어떤 것을 얻어 갈 수 있을까요?

연습 활동지

A1. 저수지 비유

우리는 모두 다른 '감정 저수지'를 가지고 있습니다. 저수지의 일부는 에너지를 공급하고, 또 다른 일부는 건강이나 안녕감을 공급합니다. 스트레스를 받을 때에도 저수지가 가득 차 있다면 에너지나 안녕감을 유지할 수 있습니다. 불쾌한 날이나 한 주간, 혹은 다른 형태의 스트레스 같은 가뭄이 와도, 우리는 저수지가 비축해 둔 것으로 건강한 상태를 유지할 수 있습니다.

보호자가 되는 것은 때로는 어렵고 도전적인 일이며, 저수지의 물이 모두 말라 버릴 수 있다는 것을 압니다. 저수지가 말라 있다면, 우리는 스트레스에 취약해질 수 있습니다. 약간의 에너지나 행복이 있을 수는 있지만, 매일의 일들이 잘 진행될 때만 그럴 것입니다. 메마른 저수지와 나쁜 날이 함께 겹치는 것은 문제가 될 수 있으며, 정서적인 붕괴, 평정 상실, 좌절과 같은 어려움으로 이어질 수도 있습니다.

이 워크숍의 목적은 여러분의 저수지를 유지하거나 다시 채우는 다양한 방법을 알려 줌으로써, 여러분이 안녕감을 유지하고 삶에서 중요한 것들을 더 많이 행할 수 있도록 하는 것입니다.

A2. 호흡과 몸의 마음챙김 연습

발을 바닥에 평평하게 두고, 팔과 다리를 꼬지 않은 채 무릎에 손을 얹고, 의자에 편안하면서도 똑바른 자세로 앉아 보세요. [멈춤] 눈을 지그시 감거나, 눈앞의 한 지점에 시선을 고정시켜 보세요. [5초간 멈춤]

여러분의 몸을 알아차리도록 부드럽게 여러분의 주의를 가져오는 것에서 시작합니다. 발에 주의를 두고 [멈춤] 땅과 닿아 있는 발의 부분을 알아차리세요. [5초간 멈춤] 발에 닿는 신발이나 양말의 감각을 알아차리세요. [5초간 멈춤] 그리고 의자에 앉아 있는 감각으로 주의를 돌려 보세요. [멈춤] 의자에서 여러분의 무게에 대한 감각을 알아차릴 수 있을 겁니다. [5초간 멈춤] 의자와 닿아 있는 몸의 부분을 알아차릴 수 있고, [멈춤] 의자와 닿아 있지 않은 부분을 알아차릴 수도 있습니다. [5초간 멈춤] 만일 어떤 생각으로 마음이 흘러간다면, 단지 여러분의 마음이 어디에 있는지 인식하고 다시 의자에 앉은 감각을 알아차리도록 주의를 되돌려 놓으면 됩니다. [5초간 멈춤]

종종 생각이나 다른 감각에 휩싸여 주의가 분산된다는 것을 알아차릴 수 있습니다. 이건 아주 정상적이며 누구나 겪는 일이고, 반복적으로 일어날 수 있습니다. 마음이 방황하는 것을 알아차릴 때마다, 마음이 여러분을 어디로 데려갔는지 알아차리고 다시 몸이나 의자에 앉은 무게에 대한 감각으로 부드럽게 자각을 가져오도록 합니다. [5초간 멈춤]

다음으로, 호흡을 자각해 보세요. [5초간 멈춤] 배가 팽창하고, 가슴이 부드럽게 오르내리면서 숨을 들이쉬고, [멈춤] 내쉬는 감각을 알아차릴 수 있는지 보세요. [5초간 멈춤] 호흡, 안팎으로의 흐름, 몸에 대해 인식해 보세요. 어떤 식으로든 변형하거나 수정하지 말고 호흡의 자연스러운 흐름을 단지 알아차리세요. [5초간 멈춤]

천천히 깊이 숨을 쉬어 보세요. 숨을 들이쉬면서 폐에 공기가 가득 차고 내쉬면서 공기가 빠져나가는 감각을 알아차리세요. [5초간 멈춤] 숨을 들이쉴 때 콧구멍 근처의 찬 공기, [멈춤] 내쉴 때의 따뜻한 공기의 감각을 알아차릴 수 있습니다. [5초간 멈춤]

이 연습을 할 때 몸의 느낌이나 감각은 변화할 수 있습니다. 이완, 평온함, 혹은 평화와 같은 좋은 느낌이나 감각을 알아차릴 수 있습니다. [멈춤] 지루함, 좌절, 혹은 불안과 같은 불쾌한 느낌을 알아차릴 수도 있습니다. [멈춤] 어떤 느낌, 충동, 혹은 감각이 올라오더라도, 좋든지 불쾌하든지 간에, 그 존재를 부드럽게 인식하고 그냥 내버려 두면 됩니다. 그것들이 오고 가도록 허용해 주세요. 그리고 호흡과 의자에 앉은 감각에 주의를 기울입니다. [5초간 멈춤]

마지막으로, 다시 호흡을 알아차리는 것으로 주의를 기울여 봅니다. [5~10초 멈춤] 언제나 여러분 곁에 있는 호흡의 일정한 리듬을 다시 알아차려 보세요. [5~10초 멈춤] 준비가 되었다면, 주의를 다시 방 안으로 돌립니다. 눈을 감고 있었다면 뜨도록 합니다. 무엇을 보고 있는지 알아차리고, [멈춤] 무엇을 듣는지 알아차립니다. [멈춤] 바닥에 발을 디뎌 보고, 뻗어보고, 스트레칭 하는 것을 알아차려 봅니다. 다시 돌아온 걸 환영합니다.

A3. 버스 승객 비유

　장애물에 대해 생각하는 한 가지 방법은 장애물을 인생의 버스에 탄 승객으로 생각하는 겁니다.

　인생은 마치 하나의 여정과 같고, 여러분은 버스의 운전사라고 상상해 보세요. 여러분은 어떤 장소에 가고, 여러분에게 중요한 것을 행하고자 합니다. 삶의 여정 동안 다양한 승객이 여러분의 버스에 타게 됩니다. 그것은 여러분의 생각, 느낌, 모든 종류의 내적 상태를 나타냅니다. 그들 중 몇몇은 행복한 기억이나 긍정적인 생각과 같이 여러분이 좋아하는 것들이며, 몇몇은 중립적이라 느낄 수 있는 것입니다. 그리고 여러분이 버스에 탑승하기를 원치 않는 추하고, 무섭고, 고약한 승객들도 있습니다.

　여러분은 온갖 승객들을 태우고 버스를 운전합니다. 무서운 승객은 여러분을 위협할 수 있고, 여러분 눈에 띄는 버스 앞자리에 앉고 싶어 할 수 있습니다. 여러분은 이를 매우 심각하게 받아들이고 그들과 투쟁하거나 싸우기 위해 버스를 세웁니다. 그들을 피하거나, 여러분 자신의 주의를 분산시키거나, 그들을 버스에서 내쫓으려 할 수 있지만, 그들은 여러분의 내적인 상태이기 때문에 없앨 수는 없습니다. 그러나 버스가 멈춘 동안에는 여러분에게 중요한 방향으로 나아갈 수 없습니다.

　버스 뒷좌석에 조용히 있겠다는 승객들의 말에 굴복하여 그들이 시키는 대로 하겠다고 거래를 할 수도 있을 겁니다. 그들과 싸우는 것보다는 좀 더 수월하게 느껴질 수 있지만, 이는 그들이 여러분의 버스가 향하는 방향을 통제하고 있다는 것을 의미합니다.

승객들과 싸우고 투쟁하거나 굴복하면서, 운전자인 여러분은 자신의 인생의 여정을 통제할 수 없게 되며, 결국은 여러분에게 중요한 방향으로 향하지 못하게 될 가능성이 있습니다. 하지만 이 승객들이 무섭고, 고약하고, 위협적일지라도, 여러분이 허용하지 않는 한 그들이 주도권을 잡지 못한다면 어떨까요? 중요한 방향으로 향할 수 있도록 승객에게 반응하는 다른 방법이 있을 수 있습니다.

A4. 마음챙김 스트레칭 연습

발을 바닥에 골반 너비로 평평히 두고 서서 시작합니다. [멈춤] 여기에 서 있는 것이 어떻게 느껴지는지 알아차리고, [멈춤] 바로 지금 발 밑의 땅의 감각과 여러분의 몸의 감각을 알아차려 보세요. 어깨를 가능한 한 최대한 이완해 보고, 여러분의 몸에서 존재해 보세요. [멈춤] 여러분의 호흡과 배, 여기에 있는 것, 서 있는 것, 숨 쉬는 것을 알아차리기 시작하세요. [5초간 멈춤]

가능하다면 팔을 몸 옆으로 뻗기 시작해 보세요. 팔을 부드럽게 위로 올리고, 팔 주위를 자각하면서, 팔을 올리면서 느껴지는 어떤 감각이라도 알아차려 보세요. [멈춤] 천천히 그리고 마음챙김의 태도를 취하면서 부드럽게 팔을 올리면서, 팔이 머리 위에서 하늘을 향하게 해 보세요. [멈춤]

이제 아주 부드럽게 팔을 오른쪽으로 움직이면, 당신의 몸이 조금 굽혀질 겁니다. 엉덩이가 약간 왼쪽으로 움직이는 것을 알아차릴 수 있습니다. [멈춤] 이 스트레칭 동안에 당신이 경험하는 어떠한 감각이라도 단지 알아차리세요. 그리고 당신이 준비되었다고 느낄 때 팔을 다시 중앙으로 가져오세요.

그다음, 팔을 왼쪽으로 움직여 보세요. 당신의 엉덩이는 오른쪽으로 움직일 것이고 당신의 몸은 아주 부드럽게 왼쪽으로 구부러집니다. 스트레칭 하는 감각을 단지 알아차리세요. 그다음, 아주 천천히 마음챙김적으로 중앙까지 되돌아오고, 팔을 옆으로 부드럽게 내리세요. 여기에 있는 그 어떤 감각일지라도 알아차리세요. 팔을 빨리 내리고 싶은 느낌을 알아차려 보세요. [5초 멈춤]

팔이 옆구리에 닿을 때, 몸이 지금 어떤 느낌인지를 단지 알아차려 보세요. 스트레칭을 하고 현재에 존재하며, 발을 딛고 서 있고, 호흡하는 것과 호흡을 자각하는 그 모든 감각을 알아차려 보세요. [5초 멈춤]

이제 손을 골반에 올려 팔꿈치가 옆으로 나오도록 해 보세요. 이 자세를 유지하면서, 엉덩이와 발은 그대로 두고, 아주 부드럽게 상체를 오른쪽으로 돌려 보세요. 계속 발과 엉덩이는 그대로 둔 채로, 할 수 있는 한 최대로 상체와 어깨를 오른쪽으로 돌려 보세요. 밀어붙이지 말고 지금 돌리고 싶은 만큼만 몸을 부드럽게 돌려 보세요. 그리고 부드럽게, 마음챙김적으로 중앙으로 돌아오세요.

이제 왼쪽으로 부드럽게 몸을 돌려 보세요. 땅에 발을 붙이고, 엉덩이도 그대로 둔 채로, 어깨와 상체가 가는 만큼 왼쪽으로 부드럽게 돌려 보세요. 그다음, 중앙으로 돌아와서, 스트레칭 하는 감각을 알아차리세요. 이제 팔을 옆으로 내려놓으세요. [5초 멈춤].

천천히 머리를 오른쪽 어깨로 움직여서, 원하는 만큼 목을 부드럽게 당기고, 감각을 알아차려 보세요. 이제 부드럽게 중심으로 돌아오세요. 그다음, 머리를 왼쪽 어깨로 부드럽게 움직이고, 마음챙김적으로 스트레칭 해 보세요. 여러분의 몸이 지금 어떻게 느끼는지를 알아차리세요. 그다음, 머리를 중앙으로 되돌리고 이 자세를 유지합니다. [5초 멈춤]

바닥에 발을 평평하게 두고 서서, 팔을 양옆에 두고, 어깨를 펴고, 머리를 세우고, 이 자세로 잠시 휴식을 취해 보세요. 숨을 들이쉬고 내쉴 때마다 배가 오르내리는 것을 자각해 보세요. 여기 선 채로 호흡을 자각하면서, 스트레칭을 한 몸의 느낌을 알아차려 보세요. [멈춤]

그리고 이제 휴식을 취하면서 이 연습을 마무리합니다. 이 자세를 풀 때, 일상에서 몸의 마음챙김적 태도를 취해 볼 수 있는지 알아보세요.

A5. 마음챙김 먹기 연습

우리는 우리 인생의 많은 시간을 사실상 지금 그리고 여기에 머물지 않으면서 보냅니다. 인생은 바쁘고 우리의 마음은 승객들 때문에 쉽게 흐트러집니다. 그래서 이제부터 몇 분 동안 사물을 알아차리는 데 시간을 쏟으면서 현재에 집중하는 시간을 가져 보겠습니다.

제가 드린 귤을 들고 살펴보세요. [멈춤]

이 사물을 전에 본 적이 없는 것처럼 호기심을 가지고 관찰해 보세요. [멈춤]

사물의 모양과 윤곽을 잘 살펴보세요. [5초간 멈춤]

색깔을 알아차리세요. 얼마나 다양한 빛깔이 있나요? [5초간 멈춤]

손에서 느껴지는 무게를 알아차리고, [멈춤] 피부로 감촉을 느껴 보세요. [멈춤]

손가락으로 사물을 쓸어 보고, 어떤 느낌이 나는지 알아차리세요. [멈춤]

코에 가까이 대고 냄새를 맡아 보세요. 그 향기를 진짜로 알아차리세요. [멈춤]

껍질을 까고 안에 무엇이 있는지 알아차리세요. [5초간 멈춤]

다시 코에 가까이 대고, 향기에 변화가 있는지 보세요. [멈춤]

사물 안쪽의 촉감은 어떤지 알아차리세요. [멈춤]

사물의 한 조각을 떼고, 손으로 들어 보세요. [멈춤]

손가락 사이로 사물을 느껴 보세요. [멈춤]

시간을 두고 사물을 잘 살펴보세요. [멈춤]

살짝 눌러 보고 그 감촉을 알아차리세요. [멈춤]

그리고 원한다면, 그 조각을 입 안으로 부드럽게 넣어 보세요. 씹지 마세요. 그냥 입 안에서 굴려 보세요. [5초간 멈춤]

입 안에서 무슨 일이 일어나는지 알아차리세요. 침이 나오는 걸 알아차리세요. [멈춤]

깨물고 싶은 충동을 알아차리세요. [멈춤]

준비되면, 사물을 깨물어 보세요. 어떤 맛이 나는지 알아차리세요. 감촉을 알아차리세요. [5초간 멈춤]

천천히 사물을 씹어 보고, 삼킬 때의 감각을 알아차리세요. [멈춤]

[가치와 목적을 연결하며 마무리 지음] 귤 같은 작은 사물을 가지고도 현재 순간에 집중함으로써 더 많이 알아차릴 수 있습니다. 지금 해 본 이 방법으로 이 사물과 함께 있었던 경험을 알아차려 보세요. 그리고 이제 이 방에서, 오늘 여기에 온 여러분의 목적과 이 활동을 하는 동안 여러분이 데리고 다니던 승객을 알아차려 보세요.

A6. 폴의 이야기 대본

저는 마케팅 쪽 일을 하고 있으며, 약간 스트레스를 받고 있어요. 왜냐하면 업무량이 많음과 동시에 회사가 사람들을 정리해고하기 때문입니다. 저는 제가 얼마나 스트레스를 받았는지 알지 못했어요. 집중하려고 매우 열심히 일해야 했어요. 또한 업무를 처리하는 데 거의 두 배나 시간이 많이 걸렸는데, 진짜로 걱정스러웠고, 참으로 많이 좌절했죠.

저는 주어진 일을 열심히 노력하여 밀어붙였지만, 상사는 저를 불러서 일이 잘 되지 않고 있다고 했습니다. 아주 중요한 고객과 관련된 프로젝트에서 문제가 있었거든요. 제가 일의 한 부분을 아예 빠트렸고, 결과적으로 제가 책임을 져야 했죠. 그래서 진짜 힘들고 수치스러웠고, 정말로 속상했습니다.

그리고 저는 실제로 아무에게도 이야기를 하지 못했어요. 또 특히 그들과의 힘든 회의 후에 그랬는데요, 저는 책상에서 전화를 받았습니다. 정말로 누구에게서 걸려온 건지 기억할 수 없습니다. 어찌 되었건, 그게 중요하지는 않습니다. 저는 전화기에서 이전에는 들어 본 적이 없었던 찰칵 하는 소리를 들었습니다. 그리고 이 일은 계속 일어났습니다. 결국 이것에 대해 더 생각하면 할수록 그들이 제 대화를 녹음하고 있는 것 같았고, 그들이 CCTV로 저를 감시하고, 제 이메일을 감시하고 있다는 생각이 심해졌습니다.

그러고 나서 저는 사무실에 있는 다른 사람들에게 그들의 전화에서도 찰칵 하는 소리가 들리는지 물어보았고, 몇 명한테는 내 전화기 소리를 들어보게까지 했습니다. 하지만 다른 사람한테 제 전화기를 건네면 소리가 나지 않았습니다. 그냥 멈췄습니다. 그러니까, 그들은 제가 뭘 하는지를 관찰하고 있는 것 같았습니다.

그래서 저는 직장에 있을 때 진짜로 안전하지 않다고 느끼기 시작했습니다. 그리고 저는 생각했죠. '집에 가서 일을 해야겠어. 그러면 그들이 나를 녹음하거나 감시하지 못할 테니까.'라고요. 그리고 저는 저녁과 주말에도 일을 했어요. 만회를 하기 위해서 진짜로 열심히 일했지만, 별 차이는 없어 보였습니다.

또 저는 자는 걸 포함해 모든 것이 어렵다고 느껴져서 매우 피곤했습니다. 저는 심지어 상사들에게 가서 그들이 무슨 짓을 하고 있는지에 대해 안다고 말했지만, 그들은 제 면전에다 대고 그걸 부인하더라고요.

그리고 제 약혼녀인 제인에게 이 사실을 말했고, 우리는 이 문제에 대해서 자주 이야기를 나눴습니다. 하지만 결국 그녀는 그것이 제 상상일 뿐이었다고 생각했습니다. 그리고 그녀는 계속해서 이 얘기를 하는 제게 진저리를 치게 되었죠. 결국에 그녀는 저를 떠나게 되었습니다. 그건 참 힘들었죠. 저는 그녀가 몇 년 전부터 제 어려움에 대해서 알고 있기 때문에, 절 이해했다고 생각했습니다. 우리는 그다음 해에 결혼하기로 되어 있었고, 가정을 꾸리는 것에 대해서 이야기하고 있었습니다. 하지만 지금은 모든 것이 물거품이 되었어요.

어찌 되었건, 일이 벌어졌고 어머니가 저를 병원에 데리고 가셨습니다. 왜냐하면 그 당시에 먹지도, 자지도 못했기 때문입니다. 어머니는 과거에 있었던 일 때문에 저를 걱정하셨어요. 의사에게 진료를 받고, 그녀는 저에게 병가를 내게 했습니다. 그렇게 하면 회사에서 저를 해고하진 못하게 돼서 좋은 면도 있었지만 월급이 적어집니다.

제인이 떠나고 집세를 내지 못해서, 어머니가 같이 사는 것을 제안하셨습니다. 정말 친절한 제안이었지만, 저는 서른 네 살이고, 부모님과 다시 같이 사는 건 정말로 힘들었어요.

제가 짐이 된 것 같이 느껴졌습니다. 오해하지 마세요. 어머니는 좋은 분이세요. 하지만 먹는 것에 대해 걱정을 하는 제게 어머니가 음식을 먹이려고 하셨기 때문에 우리는 다투었죠. 만일 제대로 포장이 안 되었다면, 누군가가 음식에 장난을 쳤을지도 모르잖아요. 그리고 제가 어머니를 믿지 않은 것은 아니지만, 집으로 가져오기 전에 그 음식에 누가 손을 댔는지 모르는 일이잖아요?

저는 밀봉된 포장 음식만 괜찮았습니다. 적어도 사람들이 손대지는 않았을 테니까요. 하지만 아주 잘 먹지는 못했습니다. 어머니는 제가 살이 많이 빠져 보이고, 또 대부분의 시간 동안 너무나 심하게 불안해하는 모습을 보고 매우 걱정하셨습니다. 저는 결국 제가 그렇게 느끼게끔 만드는 모든 상황을 피하게 되었습니다.

내가 미쳐 가고 있고, 친구들도 그걸 다 알고 있다고 생각했던 게 기억납니다. 그래서 저는 조금이나마 제 기분을 좋게 했던, 친구 만나는 것을 그만두었습니다. 왜냐하면 그들이 저를 그렇게 보는 것이 싫었기 때문이죠. 하지만 그렇게 되니 정말로 외로웠습니다. 그러나 지금은 조금 나아진 것 같다고 느낍니다. 또 제 케어 코디네이터를 정기적으로 만나고 있고, 비록 직장에서는 여전히 휴직 상태이지만 다시 돌아가서 시간제로 일하는 것에 대해서도 생각하기 시작했습니다.

어찌 되었든지 지금 현재, 저는 날마다 좋아지는 것에 대해 집중할 뿐입니다.

A7. 조지의 이야기 대본

　제가 봤을 땐 모든 게 스트레스 때문에 생긴 일이고 대마초에 잘못 손을 댄 탓도 약간은 있는 것 같습니다. 하지만 또 제 아버지가 조현병을 앓으셨기 때문에 유전적으로 타고난 것도 있어요. 적어도 마지막으로 저희는 그렇게 들었습니다. 또한 대학교 생활에 대한 압박까지 추가되어, 그의 머리 안에 있는 무언가가 나가 버린 거죠.

　저는 여전히 이 모든 에피소드가 매우 무섭습니다. 저는 유전자를 물려줬을 뿐만 아니라, 아들을 정신병원에 강제 입원시켜야 했습니다. 그건 여러분의 아이를 위해 그리고 제 아이에게 할 일이라고 보기에는 끔찍한 일입니다. 저는 그 애가 저를 용서하기를 바랐어요. 우리는 그것에 대해 이야기하지 않으려고 합니다. 하지만 우리는 어떻게 해야 할지 혹은 그를 어떻게 도와야 할지를 알지 못했습니다. 그 아이는 언제나 우등생이었어요. 우리는 아이들에게 열심히 일하고 삶에서 무언가를 얻기를 권했습니다. 만일 무언가를 성취하길 원한다면, 열심히 일하고 노력을 해야 한다고요. 그리고 그것이 우리가 아이들을 양육했던 방식이었습니다.

　이 모든 것이 이 아이를 아프게 만든 건 아닌지 궁금하지만, 여러분이라면 어떻겠어요? 여러분이 할 수 있는 것은 무엇일까요? 여러분은 아이나 사람들로 하여금 당신이 '아이에게 별 신경 쓰지 않는다.'고 생각하도록 훈육하지는 않을 겁니다. 부모로서 그것은 매우 어렵습니다.

　어쨌든, 폴은 몇 달 전에 집에 돌아왔고, 그는 상사가 자신을 해고하고 싶어 하며, 그들이 자신의 모든 행동을 관찰하고 감시한다고 확신했습니다. 그는 그것에 대해서 끊임없이 이야기했습니다. 그는 너무 걱정이 돼서 집에 일을 갖고 와서 밤새 일을 했다고 얘기했어요. 그는 심지어 상사 한 분에게 따지기까지 했어요!

폴은 병가를 받았지만, 밤에도 계속해서 일을 했습니다. 저는 어떻게 해야 할지 몰랐습니다. 내 아들이고, 그 아이를 사랑하기에, 도움을 주고 싶었습니다. 그의 약혼녀가 못 버티겠다고 갑자기 떠났을 때 모든 일이 잘못 돌아가기 시작했습니다. 그녀는 더 이상 이걸 버텨 내기 어려웠던 거죠. 폴은 직장에서 월급이 삭감되었고, 집을 계속 유지할 만한 여유가 없어져서, 다시 돌아와 제 엄마랑 저와 함께 있게 되었습니다.

저는 그때 그를 위해 많은 것을 해야 했어요. 그는 제 아들이고 저는 그를 돕고 싶었어요. 하지만 그건 마치 어린아이를 돌보는 것과 같더군요. 그 아이에게는 제가 필요했어요.

제 아내인 진(Jean)은 동의하지 않았습니다. 그녀는 제가 아들을 위해 지나치게 많은 걸 하고 있다고 생각했어요. 그것이 우리가 다투기 시작한 주제 중 하나였죠. 저는 그 당시에 그녀가 저를 딱히 지지해 주지 않는 것 같다고 느꼈습니다. 그녀는 폴이 좋지 않은 상태에 대해 도움을 필요로 한다는 것을 이해하지 못했습니다.

폴의 남동생 리(Lee)도 나을 게 없었습니다. 형을 위해 좀 더 신경을 쓸 수도 있었지만, 그 아이는 문제를 직시하려 하지 않았습니다. 저는 그가 폴을 더 많이 이해해 주길 기대했습니다. 애들이 어렸을 때는 정말 친했거든요.

저는 음식 먹는 문제 때문에 기운이 빠지기 시작했습니다. 폴은 사람들이 그의 음식에 손을 대면서까지 자신을 괴롭힌다고 믿었고, 다른 사람들이 요리한 신선한 음식을 먹지 않으려 했어요. 뭐라도 먹이려고 제가 포장된 음식을 사 왔는데, 그래도 그건 먹더군요. 그는 점점 말라 갔습니다. 하지만 따로 준비한 음식들은 너무 비쌌습니다.

저는 그에게 유전자를 물려준 것에 대해 죄책감을 느꼈고, 제 양육 방식 때문에 아이가 아프게 된 건 아닌지 궁금해지기 시작했어요. 저는 제가 잘못했다고 느낀 만큼 보상하는 방식으로, 아이를 위해 더 많은 것을 했다고 생각합니다. 진은 저에게 정말로 화가 많이 나 있었습니다. 그녀는 제가 폴을 망치고 있다고 이야기했습니다.

솔직히 저는 모든 게 너무 힘들다고 여겨졌습니다. 제가 무력한 아버지였다고 생각했던 것이 기억나네요. 어느 시점에 저는 포기했고, 그냥 그렇게 믿어 버리게 됐습니다. 제 삶이 멈춘 것같이 느꼈죠. 저는 폴을 케어하기 위해 모든 것을 쏟아부었습니다. 왜냐하면 저는 그 애의 아버지고, 아이가 건강하고 잘 살기를 바라니까요. 하지만 제가 희생해야만 그렇게 될 것 같았습니다.

저는 직장도 꽤 오래 쉬어야만 했습니다. 그리고 동료들이 저 대신 잔무를 처리해야 했던 것도 부담스럽게 느껴졌습니다. 저희 사장님도 인내심을 잃어 갔죠. 일주일에 한 번씩 하던 축구도 빼먹기 시작했습니다. 폴을 혼자 내버려 두는 것이 싫어 친구를 만나지도 못했습니다. 저는 정말로 그 누구와도 개인사를 얘기하고 싶지 않았습니다. 저는 폴의 문제를 다른 사람들이 알게 되는 게 싫었습니다. 사람들이 우리를 판단하는 것을 원치 않았습니다. 삶이 충분히 힘드니까요.

하지만 그러고 나서 제가 쉴 수 있는 유일한 방법은 위스키를 마시는 일이었습니다. 한 잔이 두 잔이 되고, 그러면서 더 늘어만 갔죠! 일단 좀 취하면, 일도 하기 쉬워졌고, 잠드는 데도 확실히 도움이 됐어요. 하지만 곧 저는 매일 술을 마시기 시작했습니다. 저는 그저 벗어나고 싶었어요. 폴과 상대하고 싶지 않았고, 진도 저에게 화가 나 있다는 것을 알고 있었거든요. 사실, 저는 폴을 원망하기 시작했던 것 같아요. 그런 생각은 제가 형편없고 나쁜 아버지라고 여기게끔 만들었습니다. 하지만 고맙게도 상황은 조금 나아졌습니다. 폴은 케어 코디네이터와 미팅을 규칙적으로 가지며, 다시금 식사와 수면을 제대로 하게 되었습니다. 그는 아직 우리와 함께 살지만 직장에 복귀하고 싶어 합니다. 그리고 그가 옛날 모습으로 돌아가는 것을 볼 수 있게 되었죠.

저는 그에게 이러한 일이 더 이상 일어나지 않도록 그 아이를 보호하고 싶어요.

A8. 폴더 밀치기 연습

두 손으로 여러분의 폴더를 잡아 보세요. 이 폴더가 오랫동안 당신이 투쟁해 왔던 모든 힘겨운 생각과 감정, 기억, 감각을 나타낸다고 상상해 보세요. 그리고 폴더를 잡고, 가능한 꽉 쥐어 보세요. [멈춤]

자, 이제 코에 닿을 정도로 그 폴더를 올려서 제가 더 이상 안 보이게 얼굴 가까이 대 보세요. 그러면 여러분은 더 이상 저를 볼 수 없을 겁니다. 그러니까 이러한 생각, 감각 혹은 기억에 완전히 사로잡혔다고 상상해 보는 거죠.

이제, 단지 알아차려 보세요. 여러분이 생각과 감정에 온통 휩싸이는 동안, 저와 대화를 하거나 교류해 보려고 하니 어떤가요? 여러분은 저와 연결되거나 교감하는 것 같나요? 여러분은 제 얼굴의 표정을 읽을 수 있나요? 제가 무엇을 하는지 보이나요?

또 여러분이 이것에 온통 휩싸이는 동안 이 방의 광경은 어떻게 보이나요? [멈춤]

여러분이 완전히 여기에 사로잡혀 있는 동안 여러분은 많은 것을 놓치고 있는 셈입니다. 여러분의 주변 세상과도, 저와도 연결이 끊어지게 됩니다. 이런 것들을 당신이 꽉 잡고 있는 동안에 여러분은 삶을 작동하게 만드는 무언가를 할 수 없게 된다는 것 또한 알기 바랍니다. 확인해 봅시다. 여러분이 할 수 있는 한 꽉 폴더를 잡아 보세요.

이 폴더에 휩싸여 있는 동안, 여러분이 사랑하는 사람과 정말로 관계를 유지할 수 있을까요? 여러분의 일을 잘 해낼 수 있나요?

이제, 여러분의 폴더를 놓지 않으면서 밀쳐 내 보세요. 이러한 힘든 생각과 감정을 없애려고 시도해 보세요.

계속 밀쳐 내 보세요. 여러분은 이러한 감정을 견딜 수 없습니다. 여러분은 그걸 없애 버리고 싶어 합니다. 더 세게 밀쳐 내 보세요.

이러한 생각과 감정을 없애 버리려 애쓰는 데 얼마나 노력과 에너지가 소모되는지를 알아차려 보세요. [멈춤]

여기서 여러분은, 이러한 고통스러운 생각과 감정을 눌러 없애려고 애를 쓰고 있습니다. 여러분은 TV, 음악, 컴퓨터, 음주, 사람들이나 일하는 것을 피하려 하기 등 주의를 분산시키려고 애써 왔을 수 있어요.

여러분은 오랫동안 단지 누르고 또 누르는 이러한 일을 해 왔습니다. 이러한 고통스러운 생각과 감정은 어디로 없어지던가요? 사라지던가요? [멈춤]

여러분은 그것들에 어느 정도 거리를 두고 지낼 수 있지만, 그걸로 인한 대가는 무엇일까요? 어깨가 무겁진 않았나요?

여러분이 이렇게 폴더를 밀쳐 내면서 여러분은 친구와 가족과 교류하거나, 저녁을 준비하고, 일을 효율적으로 하거나 삶의 버스를 잘 운전할 수 있었나요? 여러분은 이렇게 하는 동안 다른 사람과 대화를 하거나 실제로 교류하는 것이 쉬웠다고 생각하나요? [멈춤]

이러한 모든 감정을 밀쳐 내려 시도하는 것은 그래서 많은 노력과 에너지를 잡아먹는 일이 됩니다. 이렇듯 여러분이 유쾌하지 않은 생각과 감정을 제거하려 시도하는 것은 지금까지 오랫동안 해 왔던 것입니다. 그런데도 그런 것들은 계속 나타납니다. 그것들은 여전히 여러분 삶에서 영향력을 가지고 있습니다.

자, 이제 잠깐 동안 폴더를 무릎 위에 내려놓아 보세요. 이러한 생각과 감정이 무릎에 있도록 그저 놓아두세요. [5초 동안 멈춤]

어떻게 느껴지세요? 힘이 훨씬 덜 들어가진 않나요?

이렇게 고통스럽고 복잡한 생각과 감정은 여전히 거기에 있습니다. 하지만 차이를 알아차려 보세요. 지금 여러분은 사랑하는 누군가를 껴안을 수 있고, 요리를 하거나 인생의 버스를 운전할 수 있습니다. 그것은 당신을 고갈시키거나 기진맥진하게 만들지 않습니다. [멈춤]

[폴더를 눌러서 밀쳐 버리고, 코까지 올리는 시늉을 하기] 이러한 감정을 눌러서 없애려 끊임없이 노력하거나, 그것들에 발목 잡히게 되는 것보다 무릎 위에 내려놓는 것이 더 쉬운 일이 아닐까요?

힘든 감정은 여전히 거기 있습니다. 물론 여러분은 그것들을 원하지는 않습니다. 누가 이러한 고통스러운 생각과 감정을 원하겠어요? 하지만 이것이 얼마나 당신에게 훨씬 덜 영향을 미치는지를 알아차려 보세요. 물론 이상적으로는 이렇게 하고 싶겠죠. [폴더를 바닥에 던지는 시늉하기]

하지만 생각해 보세요. 몇 년이나 이렇게 하려고 노력해 왔죠. 당신은 이러한 생각과 감정을 없애려고 애쓰느라 참으로 많은 시간과 노력, 대가를 지불했지요. 그리고 그러한 모든 노력에도 불구하고 그것들은 여전히 눈에 띕니다. 그것들은 오늘도 여기에 있네요.

이 워크숍의 목표 중 하나는 당신에게 힘겨운 생각이나 감정과 싸우거나 피하는 대신, 힘겨운 생각이나 감정을 경험하는 데 개방적인 태도를 가지도록 하는 겁니다.

A9. 버스 승객 비유 시연하기

연습을 시작하며, 지원자를 요청하자.

- 한 사람은 운전사 역할을 한다(폴 또는 조지). 집단원들이 영상의 내용에 근거하여 주요 승객을 결정하도록 하자(예를 들어, 걱정, 편집증, 죄책감, '내가 미쳐 가는 것 같다' 혹은 '나는 나쁜 아버지다'와 같은 사고)
- 다른 3~4명은 승객 역할을 한다. 지원자들에게 운전사의 승객 역할을 연기해 달라고 한다. 승객 이름이 써진 포스트잇을 주고, 각 승객이 말할 법한 것에 대해 상기시킨다(예를 들어, 폴의 '걱정' 승객은 사람들이 자신을 도청하거나 음식에 독을 탄다고 이야기한다. 조지의 '죄책감' 승객은 그에게 유전자를 물려준 나쁜 아버지라고 이야기할 수 있다).
- 한 사람은 가치 있는 방향의 역할을 한다. 운전사에게 승객이 방해하고 있는, 가치 있는 방향을 찾아보게 하자. 큰 종이에 이를 한두 단어로 요약하고, 운전사의 가치 있는 방향을 표현할 종이를 들고 있도록 요청한다.

싸움/투쟁하는 상황

이 상황에서는 운전사가 버스를 운행하고(승객이 따라오는 상태로 방을 돌아다니기), 멈춰서 싸우고 투쟁하는(예를 들어, 승객들에게 고함을 치고 이들과 논쟁하기) 역할극을 진행한다. 승객들에게 실제 '승객'처럼 행동하도록 하자(따지고, 부추기고, 애원하고, 산만하게 하기). 이를 2~4분간 지속한다. 연습이 끝난 후 다음과 같이 질문해 보자.

- 버스 운전사에게 피드백을 받기: 승객들과 투쟁하는 것은 어땠나요? (촉진자는 승객들과 아무리 논쟁하고 싸우더라도, 꼼짝할 수 없다는 것은 변하지 않는다는 점을 이야기할 수 있다.)
- 승객들에게 피드백을 받기: 운전사를 통제하고 있다고 느꼈나요?
- 가치를 표현했던 사람에게 피드백을 받기: 가치를 표현했던 사람이 버스 운전사와 연결되어 있다고 느꼈나요, 아니면 무시당하는 느낌이었나요?
- 더 많은 집단원에게 피드백을 받기: 집단원들은 관찰자로서 어떤 것들을 알아차렸나요?

굴복하는 상황

운전사에게 버스를 다시 운전하도록 요청하는데, 이번에는 승객들에게 굴복하는 역할연기를 해 보도록 한다(예를 들어, 승객에게 동의하고, 승객들이 버스의 방향을 정하게 허락함으로써 평화롭게 지내려는 것). 이를 2~4분간 지속한다. 연습이 끝난 후 다음과 같이 질문해 보자.

- 버스 운전사에게 피드백을 받기: 승객들에게 굴복하는 것은 어땠나요? 운전대를 놓아 보니 어땠나요? 승객들이 버스의 방향을 통제하는 것처럼 느껴졌나요? 이는 단기적으로는 기분이 나아지게 할 수도 있지만 중요한 삶의 영역에서 대가를 치러야 한다는 점을 강조하자. 즉, 다른 길에 갇혀 버리게 된다는 것이다.
- 승객에게 피드백을 받기: 운전사를 통제하고 있다고 느꼈나요?
- 가치를 표현했던 사람에게 피드백을 받기: 가치를 표현했던 사람이 버스 운전사와 연결되어 있다고 느꼈나요, 아니면 무시당하는 느낌이었나요?

- 더 많은 집단원들에게 피드백을 받기: 집단원들은 관찰자로서 어떤 것들을 알아차렸나요?

개방성을 적용하는 상황

마지막으로, 운전사에게 개방성을 적용하는 반응을 연습하도록 요청하자(예를 들어, 승객들을 알아차리기 위한 기술을 사용하기, 그들의 말에 감사해하기, 버스에 탑승한 것을 환영하기, 가치 있는 방향으로 운전하는 동안 승객들이 버스 뒤쪽에서 평소대로 말하거나 행동하도록 하기). 이를 2~4분간 지속한다. 연습이 끝난 후 다음과 같이 질문해 보자.

- 버스 운전사에게 피드백을 받기: 승객들이 말하거나 행동하는 와중에도 가치 있는 방향에 집중하고 이를 마음에 새기는 것은 어땠나요?
- 승객에게 피드백을 받기: 여전히 운전사를 통제하고 있다고 느꼈나요?
- 가치를 표현했던 사람에게 피드백을 받기: 가치를 표현했던 사람이 버스 운전사와 연결되어 있다고 느꼈나요, 아니면 무시당하는 느낌이었나요?
- 더 많은 집단원들에게 피드백을 받기: 집단원들은 관찰자로서 어떤 것들을 알아차렸나요?

A10. 3분 호흡 공간법

우리는 자동조종 모드에서 벗어나 현재 순간에 다시 접촉하도록 돕는 짧은 호흡 연습을 훈련할 것입니다.

편안하고 바른 자세로 눈을 감거나 앞에 있는 한 지점에 주의를 집중하세요. 이제 깊게 호흡하여 당신을 현재 순간에 집중시키고, [멈춤] 지금 여러분이 경험하고 있는 어떤 것이든 그저 알아차려 보세요. 그것이 불편감이나 긴장감일지라도, 어떠한 감각이든 알아차려 보세요. 땅에 닿은 발을 알아차리고, 만약 앉아 있다면 앉아 있는 것을 알아차리세요. 당신의 몸에 닿은 옷과 피부에 스치는 공기를 알아차려 보세요. [5초간 멈춤]

이번에는 마음속에 있는 어떤 것이든 알아차려 보세요. 어떤 생각이 들더라도, 할 수 있는 한 지금 당신의 마음속에 있는 그대로의 생각을 관찰하세요. [멈춤] 이번엔 감정적으로 느껴지는 어떤 것이든 알아차려 보세요. 이를 바꾸려 하지 말고, 단순히 여러분이 어떻게 느끼고 있는지만 알아차려 보세요. [5초간 멈춤]

그리고 호흡에 집중하고, 당신이 숨을 들이쉴 때 배가 부풀고, [멈춤] 내쉴 때 배가 가라앉는 것을 알아차려 보세요. [5초간 멈춤]

숨을 들이쉴 때 코를 통해 시원한 바람이 들어오고, [멈춤] 내쉴 때 따뜻한 공기가 나가는 것을 알아차려 보세요. [멈춤]

만약 마음이 호흡이 아니라 다른 곳으로 방황하는 것 같다면, 단순히 숨을 들이쉰 후 내쉬는 것에 마음을 다시 집중해 보세요. [5초간 멈춤]

이번에는 여러분의 의식을 넓혀서 호흡에서 몸까지 아우르도록 이동시켜 보세요. [멈춤] 지금 여러분의 생각을 자각하고, [멈춤] 이 순간에 느껴지는 감정에 집중해 보세요. 의식을 부드럽게 확장해서 모든 것을 의식 속에 두고, 모든 경험을 알아차려 보세요. [5초간 멈춤]

　이제 다시 이 방으로 주의를 집중해 보세요. 눈을 감고 있었다면 떠 보세요. 보이는 것을 알아차리고, 들리는 것을 알아차려 보세요. 발을 땅에 딛고 뻗어 보세요. 여러분이 스트레칭을 하고 있다는 것을 알아차려 보세요. 다시 돌아온 것을 환영합니다!

A11. 나뭇잎 명상 연습

편안하지만 똑바른 자세로 의자에 앉아 발을 바닥에 평평히 두고, 팔이나 다리를 꼬지 않고, 손을 무릎에 얹어 놓으세요. [멈춤] 눈을 부드럽게 감거나, 앞에 있는 한 점에 시선을 고정하세요. [5초간 멈춤] 두어 번 부드럽게 숨을 들이쉬고, [멈춤] 내쉬세요. [멈춤] 숨을 들이쉬고, [멈춤] 내쉴 때 여러분의 숨결의 소리나 느낌을 알아차리세요. [5초간 멈춤]

이제 부드럽게 흐르는 시냇물의 주변에 서서 물이 흐르는 걸 지켜보고 있다고 상상해 보세요. [멈춤] 여러분 아래의 땅의 느낌, 지나가는 물의 소리, 여러분이 바라보는 시냇물의 모습을 상상해 보세요. [5초간 멈춤] 각기 다른 모양과 크기, 색깔의 나뭇잎이 나무에서 떨어져 시냇물 위를 떠다닌다고 상상해 보세요. 그리고 여러분은 단지 시냇물에 떠 있는 나뭇잎들을 보고 있을 뿐입니다. 얼마간은 이것만 해 볼 겁니다. [5초간 멈춤]

생각이나 감정, 혹은 감각을 자각해 보세요. [멈춤] 생각이나 감정, 혹은 감각을 알아차릴 때마다, 그걸 나뭇잎에 얹어서 시냇물에 흘러가게 두는 상상을 해 보세요. [5초간 멈춤] 생각이나 감정, 혹은 감각이 긍정적이든 부정적이든, 유쾌한 것이든 고통스러운 것이든 상관없이 해 보세요. [멈춤] 심지어는 그게 최고로 멋진 생각이라도, 나뭇잎에 두고 흘러가게 하세요. [5초간 멈춤]

생각이 멈추게 되면, 단지 시냇물을 바라보세요. 머지않아 생각이 떠오를 겁니다. [5초간 멈춤] 시냇물이 자연스럽게 흐르도록 하세요. [멈춤] 시냇물의 속도를 높이거나 늦추고 싶다는 충동을 알아차리면, 이것을 나뭇잎에 얹어 두세요. 시냇물이

어떻게 흘러가든지 그냥 두세요. [5초간 멈춤]

만일 여러분이 이 연습을 하는 것에 대한 어떤 생각이나 감정, 감각이 생긴다면, 이것 역시 나뭇잎에 얹어 두세요. [5초간 멈춤]

나뭇잎이 막히거나 가지 않는다면, 거기에 맴돌게 두세요. 잠시 동안 이 경험을 관찰해 보세요. 시냇물에 나뭇잎을 억지로 흘려보내려고 할 필요는 없습니다. [5초간 멈춤]

만일 지루함이나 조급함과 같은 생각이나 감정에 사로잡혀 있는 걸 발견했다면, 그냥 인정해 보세요. '지루한 느낌이 있군.' 혹은 '조급한 느낌이 있어.'라고 스스로에게 이야기하세요. 그다음 그것을 나뭇잎에 올려 흘러가게 두세요. [5초간 멈춤]

여러분은 각각의 경험을 단지 관찰하고 나뭇잎에 얹어 시냇물에 띄워 두면 됩니다. 이 활동을 하면서 다른 곳으로 정신이 팔리는 것은 당연하고 자연스러운 것이고, 계속 그럴 겁니다. 여러분이 그걸 알아차렸을 때 단지 시냇물의 나뭇잎을 보도록 자신을 돌아오게 하면 됩니다. [10초간 멈춤]

시냇물을 알아차리고, 나뭇잎에 어떤 생각이나 감정, 혹은 감각이라도 놓아두고 그것들이 시냇물에 부드럽게 흘러 내려 가도록 해 보세요. [5초간 멈춤]

마지막으로, 시냇물의 이미지를 차차 바꾸어서, 앉아 있는 방 안의 의자로 천천히 주의를 돌려주세요. [멈춤] 부드럽게 눈을 뜨고 여러분이 무엇을 볼 수 있는지 알아차려 보세요. 무엇을 들을 수 있는지 알아차려 보세요. 발을 바닥에 디뎌 보고 쭉 뻗어 보세요. 스트레칭하는 것을 알아차려 보세요. 다시 돌아온 것을 환영합니다.

A12. 마음챙김 걷기 연습

바닥에 발을 평평하게 두는 것에서 시작할 겁니다. 여러분의 발바닥에 주의를 집중해 보세요. [멈춤] 만일 발가락을 꼼지락거려 보는 게 당신의 알아차림을 돕는다면, 그렇게 하세요. [멈춤] 땅에서 닿는 발바닥을 통해 여러분의 몸의 무게를 알아차려 봅시다. 우리가 균형을 잡고 서 있도록 하기 위해 일어나는 모든 미묘한 움직임을 알아차려 보세요. [멈춤]

자, 이제 느린 걸음으로 걷기 시작하겠습니다. 걷는 방식을 바꾸려고 애쓰지 마세요. 여러분이 걷고 있는 방식을 단지 알아차리기만 하세요. [멈춤] 여러분이 몸을 스스로를 의식하자마자 이상하게 흔들릴 수 있습니다. 자연스러운 현상이니 걱정하지 마세요. [5초간 멈춤]

발바닥으로 주의를 집중해 보세요. 발바닥이 땅에 닿고 떨어지는 지속적인 패턴을 알아차려 봅니다. [5초간 멈춤] 발뒤꿈치가 처음 바닥에 닿을 때, 발을 알아차려 보세요. 발을 어떻게 앞으로 내딛고 다시 허공으로 들게 되는지를 알아차려 보세요. [멈춤] 발을 어떻게 앞으로 내딛고 다시 허공으로 들게 되는지를 알아차려 보세요. [5초간 멈춤]

발에서의 모든 다른 감각을 알아차려 보세요. [멈춤] 발바닥에 닿는 것뿐만 아니라, 발가락 사이의 연결부위도 알아차려 보세요. [멈춤] 그리고 발에 닿는 양말이나 신발의 재질도 알아차려 보세요. [멈춤] 가능한 한 발이 편안히 이완될 수 있도록 해 보세요. [5초간 멈춤]

자, 여러분의 발목에 주의를 두세요. [멈춤] 관절의 감각을 알아차려 보세요. 발목이 이완될 수 있도록 풀어 주세요. 어떤 식으로라도 발목의 움직임에 저항하려 하지 마세요. 자, 아래쪽 다리를 알아차려 보고, [멈춤] 정강이도 알아차려 보고, [멈춤] 여러분이 걸을 때의 종아리도 알아차려 보세요. [5초간 멈춤]

여러분은 이 연습을 하는 동안 마음이 방황하는 것을 알아차릴 수도 있습니다. 이것은 흔한 일이고, 또다시 반복해서 일어날 수 있습니다. 만일 그렇다면, 여러분의 주의를 다시 걷거나 몸에 초점을 맞추는 연습으로 돌려보세요. [5초간 멈춤]

자, 여러분의 허벅지로 주의를 확장시켜 보세요. [멈춤] 여러분의 옷이 피부에서 어떻게 느껴지는지를 알아차려 보세요. [멈춤] 앞쪽 그리고 뒤쪽 허벅지 근육을 알아차려 보세요. [멈춤] 여러분의 골반 전체를 알아차려 보세요. [멈춤] 그리고 걸을 때 골반에서 일어나는 모든 움직임을 알아차려 보세요. 어떻게 한쪽 골반이 앞으로 움직이는지, 다른 한쪽도 움직이는지 알아차려 보세요. [멈춤] 한쪽 골반이 올라가고, 다른 쪽은 내려가고, 여러분은 걸어갑니다. [멈춤] 이 연습을 하면서 여러분이 단지 걸어가는 것을 보고 몸을 알아차려 보세요. [5초간 멈춤]

그다음에 여러분의 어깨를 알아차려 보세요. [멈춤] 여러분이 걸을 때, 어깨가 움직이는 리듬이 어떤지 느껴 보도록 하세요. [멈춤] 그것들은 여러분의 골반과 반대쪽으로 움직이고 있나요? 여러분의 팔은 옆에 단순히 늘어져서 자연스럽게 흔들리나요? [5초간 멈춤]

마지막으로, 자연스럽게 멈춰 보고 여러분이 단지 서 있는 경험을 해 보세요. [멈춤] 더 이상 움직이지 않는 것 같은 느낌을 알아차려 보세요. [5초간 멈춤] 여러분이 똑바로 서 있기 위해 일어나고 있는, 균형 잡는 행동을 다시 알아차려 보세요. [멈춤] 땅에 닿은 발바닥을 통해 몸무게를 다시 한 번 느껴보세요. 걸을 때 여러분의 마음이 얼마나 많이 분산되거나, 오늘 여러분의 연습에 대해 얼마나 '잘했는지'를 생각했든지 간에 마음챙김 걷기를 연습하려는 의지를 스스로 칭찬해 주세요. 마음챙김 하려는 의도 자체가 연습의 핵심이라는 것을 알아차려 보세요. 다시 돌아온 것을 환영합니다.

A13. 핵심 메시지 카드

개방하는		
버스 승객 비유 연습	전념 행동	폴더 밀치기 연습
생각 가지기 대 생각 믿기 연습	스티커 활동	

자각하는		
호흡과 몸의 마음챙김 연습	마음챙김 스트레칭 연습	마음챙김 먹기 연습
3분 호흡 공간법 연습	나뭇잎 명상 연습	마음챙김 걷기 활동
하늘의 구름 연습	폴과 조지의 영상	촉진자가 매주 전화하기
생각 가지기 대 생각 믿기 연습	다른 사람의 가치 알아차리기 연습	

능동적인		
워크숍에 참석하는 것	가치 있는 방향을 선택하는 것	SMART 목표
전념 행동	생각 가지기 대 생각 믿기 연습	버스 승객 비유 연습

A14. 하늘의 구름 연습

　먼저, 의자에 앉아 편안한 자세를 잡으세요. 발을 땅에 두고 바르게 앉아, 팔과 다리를 꼬지 않고, 손을 무릎 위에 두세요. [멈춤] 눈을 감거나, 여러분 앞의 한 점에 시선을 고정하세요. [5초간 멈춤] 부드럽게 숨을 두어 번 들이마시고 내쉬어 보세요. [멈춤] 숨을 들이쉬고 내쉬면서 호흡의 느낌을 알아차려 보세요. [5초간 멈춤]

　이제 여러분이 따뜻한 봄날, 풀이 우거진 언덕에 누워 있다고 상상해 보세요. [멈춤] 여러분의 아래에 있는 땅과, [멈춤] 풀의 냄새, [멈춤] 근처에 있는 나무가 바람에 스치는 소리를 느낀다고 상상해 보세요. [5초간 멈춤] 이제 여러분이 하늘을 올려다보고, 구름이 지나가는 것을 보고 있다고 상상해 보세요. [5초간 멈춤] 여러분의 생각과 감정을 인식하기 시작해 보세요. [멈춤] 생각이 머릿속에 떠오를 때마다, 그것을 구름 중 하나에 올려 두고 떠다니는 것을 상상해 보세요. [멈춤] 단어나 이미지가 생각난다면, 이를 구름 위에 올려 두고, 지나가도록 하세요. [5초간 멈춤]

　우리의 목표는 계속해서 하늘을 보며 구름이 지나가도록 내버려 두는 것입니다. [멈춤] 구름 위에 나타나는 것을 어떤 식으로든 바꾸려 하지 마세요. 구름이 사라지거나 여러분의 마음이 어딘가로 가 버린다면, 단지 멈추고 이것을 알아차린 후, 하늘의 구름을 보는 것으로 주의를 부드럽게 기울이세요. [멈춤]

　이 연습을 하는 것에 대한 어떠한 생각이나 감정이 떠오른다면, 이것 또한 구름 위에 올려 두세요. [멈춤] 생각이 멈춘다면, 그냥 하늘과 구름을 바라보세요. 머지않아 생각이 다시 떠오를 것입니다. [5초간 멈춤]

　여러분은 단지 구름 위에 있는 단어나 이미지로 각 생각이나 감정을 관찰하고 있는 것입니다. [멈춤] 이 연습을 하면서 흐름을 놓치는 것은 정상적이며 자연스러운 일이고, 이는 앞으로도 계속 일어날 것입니다. 흐름을 놓친 것을 알아차린다면, 그저 하늘의 구름을 바라보는 것으로 돌아오세요. [멈춤]

구름이 각자의 속도대로 떠다니게 하고, 마음에 어떠한 생각이나 감정, 감각, 이미지가 떠오르건 구름 위에 올려 두고 떠다니게 하세요. [5초간 멈춤] 어떠한 생각에 걸려들게 된다면, 이것을 구름 위에 올려 두고 떠다니게 하세요. [멈춤]

마지막으로, 여러분의 주의를 호흡에 집중해 보세요. [5초간 멈춤] 언제나 여러분 곁에 있는 호흡의 일정한 리듬을 다시 알아차려 보세요. [5초간 멈춤] 그리고 이 방에, 의자에 앉아 있는 것으로 여러분의 의식을 돌려 보세요. [멈춤] 부드럽게 눈을 뜨고 보이는 것을 알아차려 보세요. 발을 바닥에 대고 쭉 뻗어 보고, 뻗고 있다는 것을 알아차려 보세요. 다시 돌아온 것을 환영합니다.

A15. 내담자 만족도 질문지

앞으로 더 나은 워크숍을 위해, 회복을 위한 ACT 워크숍에 대한 몇 가지 질문에 답변해 주시길 바랍니다. 긍정적이든 부정적이든 솔직하게 응답해 주세요. 모든 문항에 응답해 주시길 바랍니다. 추가적으로 하고 싶은 말이나 제안을 해 주셔도 좋습니다. 도움을 주셔서 진심으로 감사드립니다.

Q1	훌륭하다	좋았다	보통이다	별로이다
당신이 참여한 워크숍의 수준은 어느 정도입니까?	4	3	2	1
Q2	전혀 그렇지 않다	그렇지 않다	그렇다	완전히 그렇다
워크숍에서 무언가를 얻어 가 당신의 삶에 적용할 수 있었나요?	1	2	3	4
Q3	매우 도움되었다	도움되었다	도움되지 않았다	전혀 도움되지 않았다
워크숍이 당신의 문제를 더 효과적으로 다루는 데 도움을 주었나요?	4	3	2	1
Q4	매우 만족했다	대체로 만족했다	별로 만족하지 못했다	전혀 만족하지 못했다
전반적으로 워크숍에 만족했나요?	4	3	2	1
Q5	전혀 만족하지 못했다	별로 만족하지 못했다	대체로 만족했다	매우 만족했다
워크숍을 운영한 치료자에게 만족했나요?	1	2	3	4

Q6	전혀 그렇지 않다	별로 그렇지 않다	그렇다	매우 그렇다
다시 워크숍에 참여하시겠습니까?	1	2	3	4
Q7	전혀 그렇지 않다	별로 그렇지 않다	그렇다	매우 그렇다
워크숍이 당신이 중요한 것을 찾는 데 도움이 되었나요?	1	2	3	4
Q8	전혀 그렇지 않다	별로 그렇지 않다	그렇다	매우 그렇다
당신과 비슷한 도움이 필요한 친구나 누군가에게 워크숍을 추천하시겠습니까?	1	2	3	4

다음의 문장을 완성하세요.

워크숍에서 내가 제일 좋았던 것은:

_____

_____

_____

_____

워크숍에서 내가 제일 별로였던 것은:

_____

_____

_____

_____

워크숍에서 하나를 바꿀 수 있다면 나는:

_____

_____

_____

_____

더 하고 싶은 말:

_____

_____

_____

_____

A16. ACT에 대한 ACT 충실도 질문지

워크숍 회기: _____   날짜: _____

워크숍 회기에 대해 다음의 각 요소에 대해 평정하십시오.

해당 회기에서 나타난 각 요소가 이 치료 단계에 얼마나 적합한지 평정하고, 그다음 이 요소에 대한 집단 반응성을 평정하십시오.

ACT 치료의 태도	이 회기에서 얼마나 자주 나타났는가?	이 회기에 얼마나 적합하였는가?	집단의 반응성은 어땠는가?
	0 = 전혀 없음 1 = 적음 2 = 보통 3 = 많음 4 = 매우 많음	0 = 부적합함 1 = 조금 적합함 2 = 보통 3 = 아주 적합함 4 = 아주 많이 적합함	0 = 반응 없음 1 = 적은 반응 2 = 보통 3 = 많은 반응 4 = 매우 많은 반응
수용 및 기꺼이 경험하기를 발달시키기/경험적 통제를 약화시키기	이 회기에서 얼마나 자주 나타났는가?	이 회기에 얼마나 적합하였는가?	집단의 반응성은 어땠는가?
	0 = 전혀 없음 1 = 적음 2 = 보통 3 = 많음 4 = 매우 많음	0 = 부적합함 1 = 조금 적합함 2 = 보통 3 = 아주 적합함 4 = 아주 많이 적합함	0 = 반응 없음 1 = 적은 반응 2 = 보통 3 = 많은 반응 4 = 매우 많은 반응

인지적 융합을 약화시키기	이 회기에서 얼마나 자주 나타났는가?	이 회기에 얼마나 적합하였는가?	집단의 반응성은 어땠는가?
	0 = 전혀 없음 1 = 적음 2 = 보통 3 = 많음 4 = 매우 많음	0 = 부적합함 1 = 조금 적합함 2 = 보통 3 = 아주 적합함 4 = 아주 많이 적합함	0 = 반응 없음 1 = 적은 반응 2 = 보통 3 = 많은 반응 4 = 매우 많은 반응
현재 순간에 접촉하기	이 회기에서 얼마나 자주 나타났는가?	이 회기에 얼마나 적합하였는가?	집단의 반응성은 어땠는가?
	0 = 전혀 없음 1 = 적음 2 = 보통 3 = 많음 4 = 매우 많음	0 = 부적합함 1 = 조금 적합함 2 = 보통 3 = 아주 적합함 4 = 아주 많이 적합함	0 = 반응 없음 1 = 적은 반응 2 = 보통 3 = 많은 반응 4 = 매우 많은 반응
맥락으로서 자기와 개념적 자기 구분하기	이 회기에서 얼마나 자주 나타났는가?	이 회기에 얼마나 적합하였는가?	집단의 반응성은 어땠는가?
	0 = 전혀 없음 1 = 적음 2 = 보통 3 = 많음 4 = 매우 많음	0 = 부적합함 1 = 조금 적합함 2 = 보통 3 = 아주 적합함 4 = 아주 많이 적합함	0 = 반응 없음 1 = 적은 반응 2 = 보통 3 = 많은 반응 4 = 매우 많은 반응
가치 있는 방향 정하기	이 회기에서 얼마나 자주 나타났는가?	이 회기에 얼마나 적합하였는가?	집단의 반응성은 어땠는가?
	0 = 전혀 없음 1 = 적음 2 = 보통 3 = 많음 4 = 매우 많음	0 = 부적합함 1 = 조금 적합함 2 = 보통 3 = 아주 적합함 4 = 아주 많이 적합함	0 = 반응 없음 1 = 적은 반응 2 = 보통 3 = 많은 반응 4 = 매우 많은 반응
전념 행동 패턴 구축하기	이 회기에서 얼마나 자주 나타났는가?	이 회기에 얼마나 적합하였는가?	집단의 반응성은 어땠는가?
	0 = 전혀 없음 1 = 적음 2 = 보통 3 = 많음 4 = 매우 많음	0 = 부적합함 1 = 조금 적합함 2 = 보통 3 = 아주 적합함 4 = 아주 많이 적합함	0 = 반응 없음 1 = 적은 반응 2 = 보통 3 = 많은 반응 4 = 매우 많은 반응

ACT와 일치하지 않는 기법/지양해야 할 행동	이 회기에서 얼마나 자주 나타났는가?
촉진자가 역설이나 비유('통찰'을 발전시킬 수 있는)의 '의미'를 설명하였는가?	0 = 전혀 없음 1 = 적음 2 = 보통 3 = 많음 4 = 매우 많음
촉진자가 비판이나 판단을 하거나 '한 수 위'라는 입장을 취했는가?	0 = 전혀 없음 1 = 적음 2 = 보통 3 = 많음 4 = 매우 많음
촉진자가 참여자와 논쟁하거나, 가르치려 들거나, 강요하거나 설득하였는가?	0 = 전혀 없음 1 = 적음 2 = 보통 3 = 많음 4 = 매우 많음
촉진자가 어떤 것이 효과적인지, 아니면 효과적이지 않은지에 대한 참여자의 진정한 경험을 자신의 의견으로 대신하지는 않았는가?	0 = 전혀 없음 1 = 적음 2 = 보통 3 = 많음 4 = 매우 많음
모순되거나 어려운 아이디어, 감정 또는 기억 등을 해결할 필요성에 대해 모델링하였는가?	0 = 전혀 없음 1 = 적음 2 = 보통 3 = 많음 4 = 매우 많음
망상적 믿음에 대한 증거: 촉진자는 참여자가 자신의 망상적 믿음을 뒷받침하려고 사용한 근거를 평가하였는가?	0 = 전혀 없음 1 = 적음 2 = 보통 3 = 많음 4 = 매우 많음

타당성 검증/행동 실험: 촉진자가 참여자들에게 (1) 그들의 믿음에 대한 타당성을 검증하기 위해 특정한 행동을 권유하거나 (2) 외부 사건을 명시적으로 예측하고 사건의 결과를 그 예측의 검증치로 사용했거나 (3) 이전의 타당성 검증의 결과를 검토하였는가?	0 = 전혀 없음 1 = 적음 2 = 보통 3 = 많음 4 = 매우 많음
망상에 대한 언어적 도전: 촉진자가 논의를 통하여 참여자들의 믿음에 도전하였는가?	0 = 전혀 없음 1 = 적음 2 = 보통 3 = 많음 4 = 매우 많음

전체 평정

이 회기의 ACT 지도 집단에서 촉진자의 전반적인 수행을 평정하십시오.

0	1	2	3	4	5	6
매우 불만족	약간 불만족	그저 그럼	보통	만족	매우 만족	매우 많이 만족

회기 활동지

B1. 가치 활동지

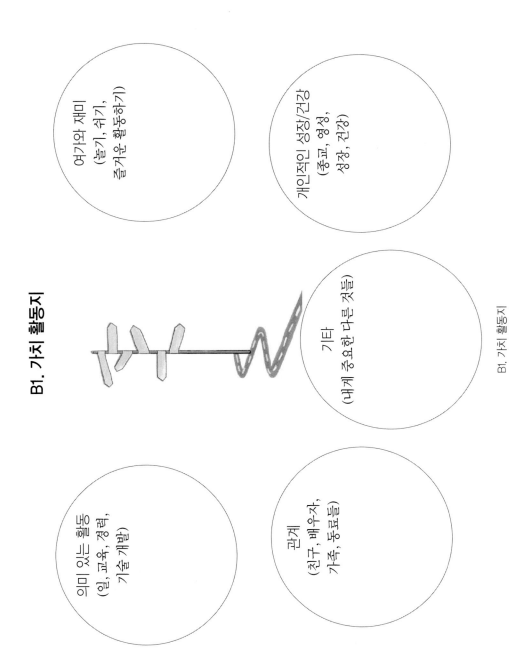

여가와 재미
(놀기, 쉬기,
즐거운 활동하기)

개인적인 성장/건강
(종교, 영성,
성장, 건강)

이미 있는 활동
(일, 교육, 경력,
기술 개발)

관계
(친구, 배우자,
가족, 동료들)

기타
(내게 중요한 다른 것들)

B1. 가치 활동지

B2. 버스 승객

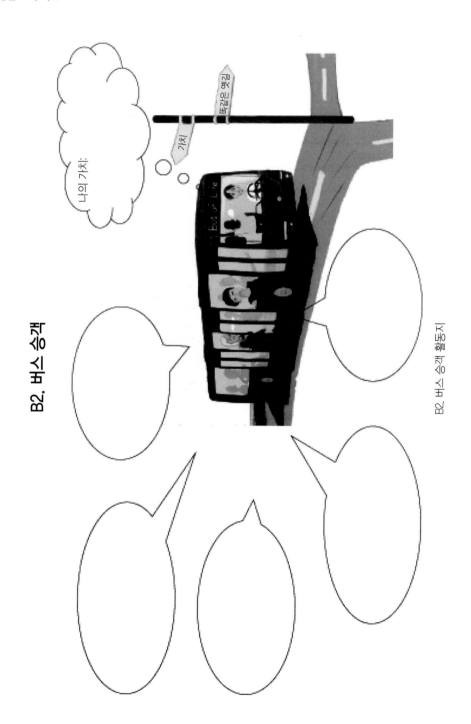

B2. 버스 승객 활동지

B3. 전념 행동 활동지: 능동적인

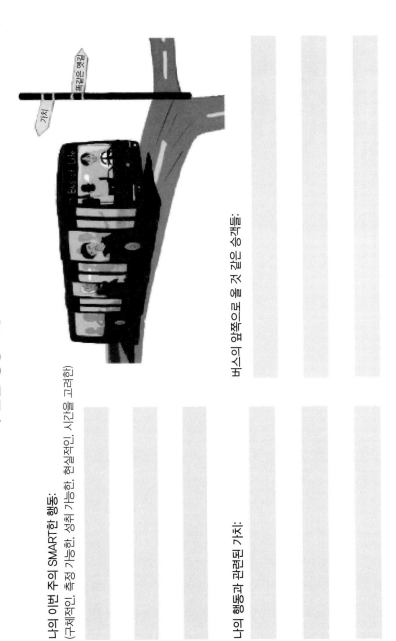

나의 이번 주의 SMART한 행동:
(구체적인, 측정 가능한, 성취 가능한, 현실적인, 시간을 고려한)

나의 행동과 관련된 가치:

버스의 앞쪽으로 올 것 같은 승객들:

B3. 전념 행동 활동지

B4. 알아차리기 기술 개발: 마음챙김 연습

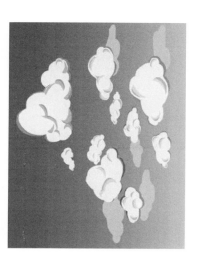

여러분은 마음챙김 연습을 통해
다음과 같은 몇 가지 기술을 개발할 수 있습니다.

- 내가 하고 있는 활동에 집중하고 몰두하는 성격
- 생각에 사로잡히지 않고 흘러가는 대로 내버려 둘 수 있는 능력
- 주의가 흐트러졌다는 것을 알았을 때 다시 집중할 수 있는 능력
- 감정을 통제하려고 하지 않고 그대로 있고 그대로 놓아둘 수 있는 능력

이번 주에 내가 연습해 볼 알아차리기 활동은:

마음챙김 연습에서 알아차리기나 능동적인 자세를 유지하는 데 도움이 되었던 모든 이점을 기록하는 것이 도움이 될 겁니다.

내가 알아차린 것(사고, 감정, 감각):

이점:

B4. 알아차리기 기술 개발 활동지

B5. 운전면허증: 목표와 가치

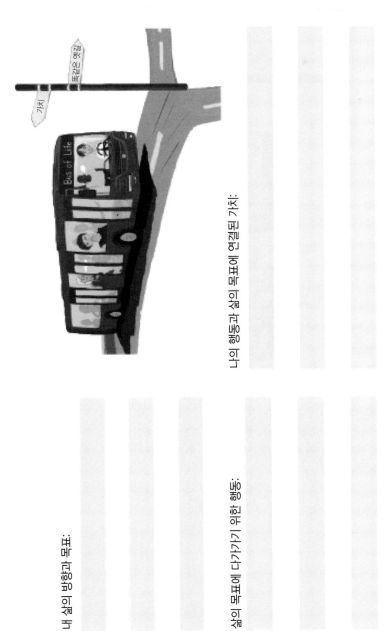

나의 행동과 삶의 목표에 연결된 가치:

내 삶의 방향과 목표:

삶의 목표에 다가가기 위한 행동:

B5. 운전면허증 활동지 앞쪽

B5. 운전면허증: 승객들

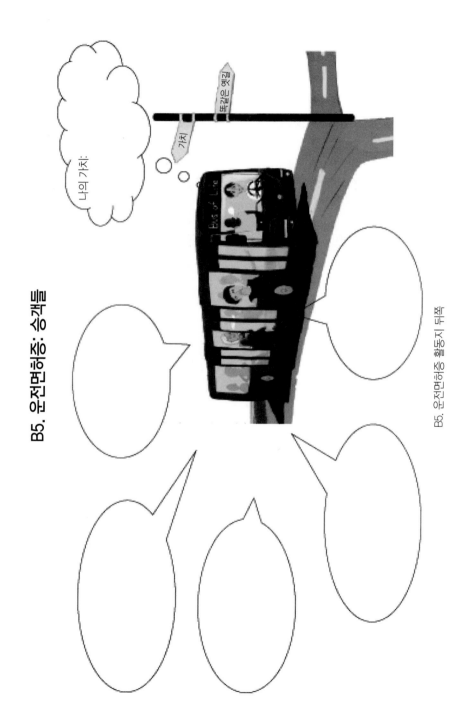

B5. 운전면허증 활동지 뒤쪽

참고문헌

Abba, N., Chadwick, P., & Stevenson, C. (2008). Responding mindfully to distressing psychosis: A grounded theory analysis. *Psychotherapy Research, 18*, 77-87.

Albert, M., Becker, T., McCrone, P., & Thornicroft, G. (1998). Social networks and mental health service utilisation: A literature review. *International Journal of Social Psychiatry, 44*, 248-266.

Anthony, W. A. (1993). Recovery from mental illness: The guiding vision of the mental health service system in the 1990s. *Psychosocial Rehabilitation Journal, 16*, 11-23.

Askey, R., Holmshaw, J., Gamble, C., & Gray, R. (2009). What do carers of people with psychosis need from mental health services? Exploring the views of carers, service users and professionals. *Journal of Family Therapy, 31*, 310-331.

A-Tjak, J. G., Davis, M. L., Morina, N., Powers, M. B., Smits, J. A., & Emmelkamp, P. M. (2015). A meta-analysis of the efficacy of acceptance and commitment therapy for clinically relevant mental and physical health problems. *Psychotherapy and sychosomatics, 84*, 30-36.

Bach, P. A. (2004). ACT with the seriously mentally ill. In S. C. Hayes & K. D. Strosahl (Eds.), *A practical guide to acceptance and commitment therapy* (pp. 185-208). New York: Springer.

Bach, P., Gaudiano, B. A., Hayes, S. C., & Herbert, J. D. (2012). Acceptance and commitment therapy for psychosis: Intent to treat, hospitalization outcome and mediation by believability. *Psychosis, 5*, 166-174.

Bach, P., & Hayes, S. C. (2002). The use of acceptance and commitment therapy to prevent the rehospitalization of psychotic patients: A randomized controlled trial.

Journal of Consulting and Clinical Psychology, 70, 1129-1139.

Bach, P., Hayes, S. C., & Gallop, R. (2012). Long-term effects of brief acceptance and commitment therapy for psychosis. *Behavior Modification, 36,* 165-181.

Bacon, T., Farhall, J., & Fossey, E. (2014). The active therapeutic processes of acceptance and commitment therapy for persistent symptoms of psychosis: Clients' perspectives. *Behavioural and Cognitive Psychotherapy, 42,* 402-420.

Baer, R. A., Smith, G. T., & Allen, K. B. (2004). Assessment of mindfulness by report: The Kentucky inventory of mindfulness skills. *Assessment, 11,* 191-206.

Barkham, M., Bewick, B., Mullin, T., Gilbody, S., Connell, J., Cahill, J., et al. (2013). The CORE-10: A short measure of psychological distress for routine use in the psychological therapies. *Counselling and Psychotherapy Research, 13,* 3-13.

Barton, K., & Jackson, C. (2008). Reducing symptoms of trauma among carers of people with psychosis: Pilot study examining the impact of writing about caregiving experiences. *Australian and New Zealand Journal of Psychiatry, 42,* 693-701.

Bates, A., Kemp, V., & Isaac, M. (2008). Peer support shows promise in helping persons living with mental illness address their physical health needs. *Canadian Journal of Community Mental Health, 27,* 21-36.

Bebbington, P., & Kuipers, L. (1994). The predictive utility of expressed emotion in schizophrenia: An aggregate analysis. *Psychological Medicine, 24,* 707-718.

Bentall, R. P. (2004). *Madness explained: Psychosis and human nature.* London: Penguin.

Berry, K., & Haddock, G. (2008). The implementation of the NICE guidelines for schizophrenia: Barriers to the implementation of psychological interventions and recommendations for the future. *Psychology and Psychotherapy: Theory, Research, and Practice, 81,* 419-436.

Birchwood, M. (2003). Pathways to emotional dysfunction in first-episode psychosis. *British Journal of Psychiatry, 182,* 373-375.

Birchwood, M., & Chadwick, P. (1997). The omnipotence of voices: Testing the validity of a cognitive model. *Psychological Medicine, 27,* 1345-1353.

Blackledge, J. T., Ciarrochi, J., & Deane, F. P. (2009). *Acceptance and commitment therapy: Contemporary theory, research and practice.* Bowen Hills: Australian

Academic Press.

Blackledge, J. T., & Hayes, S. C. (2006). Using acceptance and commitment training in the support of parents of children diagnosed with autism. *Child and Family Behavior Therapy, 28,* 1-18.

Bond, F. W., Hayes, S. C., Baer, R. A., Carpenter, K. M., Guenole, N., Orcutt, H. K., et al. (2011). Preliminary psychometric properties of the Acceptance and Action Questionnaire-II: A revised measure of psychological inflexibility and experiential avoidance. *Behavior Therapy, 42,* 676-688.

Braham, L. G., Trower, P., & Birchwood, M. (2004). Acting on command hallucinations and dangerous behavior: A critique of the major findings in the last decade. *Clinical Psychology Review, 24,* 513-528.

Brassell, A. A., Rosenberg, E., Parent, J., Rough, J. N., Fondacaro, K., & Seehuus, M. (2016). Parent's psychological flexibility: Associations with parenting and child psychosocial well-being. *Journal of Contextual Behavioral Science, 5,* 111-120.

Brett, C. M. C., Peters, E. R., & McGuire P. K. (2015). Which psychotic experiences are associated with a need for clinical care? *European Psychiatry, 30,* 648-654.

British Psychological Society, Division of Clinical Psychology, & Cooke, A. (Ed.). (2014). *Understanding psychosis and schizophrenia: Why people sometimes hear voices, believe things that others find strange, or appear out of touch with reality, and what can help.* Leicester, UK: British Psychological Society.

Brown, K. W., & Ryan, R. M. (2003). The benefits of being present: Mindfulness and its role in psychological well-being. *Journal of Personality and Social Psychology, 84,* 822-848.

Brown, S., & Birtwistle, J. (1998). People with schizophrenia and their families: Fifteen-year outcome. *British Journal of Psychiatry, 173,* 139-144.

Butler, L., Johns, L. C., Byrne, M., Joseph, C., O'Donoghue, E., Jolley, S., et al. (2016). Running acceptance and commitment therapy groups for psychosis in community settings. *Journal of Contextual Behavioral Science, 5,* 33-38.

Butzlaff, R. L., & Hooley, J. M. (1998). Expressed emotion and psychiatric relapse: A metaanalysis. *Archives of General Psychiatry, 55,* 547-552.

Carers Trust. (2015). What is a carer? https://carers.org.

Cechnicki, A., Bielańska, A., Hanuszkiewicz, I., & Daren, A. (2013). The predictive validity of expressed emotions (EE) in schizophrenia: A 20-year prospective study. *Journal of Psychiatric Research, 47*, 208-214.

Chadwick, P. (2006). *Person-based cognitive therapy for distressing psychosis.* Chichester, UK: J. Wiley and Sons.

Chadwick, P., & Birchwood, M. (1994). The omnipotence of voices: A cognitive approach to auditory hallucinations. *British Journal of Psychiatry, 164*, 190-201.

Chadwick, P., & Birchwood, M. (1995). The omnipotence of voices II: The Beliefs About Voices Questionnaire (BAVQ). *British Journal of Psychiatry, 166*, 773-776.

Chadwick, P., Hember, M., Symes, J., Peters, E., Kuipers, E., & Dagnan, D. (2008). Responding mindfully to unpleasant thoughts and images: Reliability and validity of the Southampton Mindfulness Questionnaire (SMQ). *British Journal of Clinical Psychology, 47*, 451-455.

Chadwick, P., Newman-Taylor, K., & Abba, N. (2005). Mindfulness groups for people with sychosis. *Behavioural and Cognitive Psychotherapy, 33*, 351-359.

Chadwick, P., Strauss, C., Jones, A. M., Kingdon, D., Ellett, L., Dannahy, L., et al. (2016). Group mindfulness-based intervention for distressing voices: A pragmatic randomised controlled trial. *Schizophrenia Research, 175*, 168-173.

Clarke, S., Kingston, J., James, K., Bolderston, H., & Remington, B. (2014). Acceptance and commitment therapy group for treatment-resistant participants: A randomized controlled ttrial. *Journal of Contextual Behavioral Science, 3*, 179-188.

Cohen, C. I., & Berk, L. A. (1985). Personal coping styles of schizophrenic outpatients. *Hospital and Community Psychiatry, 36*, 407-410.

Corstens, D., Longden, E., & May, R. (2012). Talking with voices: Exploring what is expressed by the voices people hear. *Psychosis: Psychological, Social and Integrative Approaches, 4*, 95-104.

Cramer, H., Lauche, R., Haller, H., Langhorst, J., & Dobos, G. (2016). Mindfulness- and acceptance-based interventions for psychosis: A systematic review and meta-analysis. *Global Advances in Health and Medicine, 5*, 30-43.

Crawford, P., Gilbert, P., Gilbert, J., Gale, C., & Harvey, K. (2016). The language of compassion in acute mental health care. *Qualitative Health Research, 23,* 719-727.

Crepaz Keay, D., & Cyhlarova, E. (2012). A new self-management intervention for people with severe psychiatric diagnoses. *Journal of Mental Health Training, Education and Practice, 7,* 89-94.

Csipke, E., Flach, C., McCrone, P., Rose, D., Tilley, J., Wykes, T., et al. (2014). Inpatient care 50 years after the process of deinstitutionalisation. *Social Psychiatry and Psychiatric Epidemiology, 49,* 665-671.

Dannahy, L., Hayward, M., Strauss, C., Turton, W., Harding, E., & Chadwick, P. (2011). Group person-based cognitive therapy for distressing voices: Pilot data from nine groups. *Journal of Behavior Therapy and Experimental Psychiatry, 42,* 111-116.

Davidson, L., Bellamy, C., Guy, K., & Miller, R. (2012). Peer support among persons with severe mental illnesses: A review of evidence and experience. *World Psychiatry, 11,* 23-128.

Deegan, P. E. (1988). Recovery: The lived experience of rehabilitation. *Psychosocial Rehabilitation Journal, 11,* 11-19.

Dimsdale, J. E., Klerman, G., & Shershow, J. G. (1979). Conflict in treatment goals between patients and staff. *Social Psychiatry, 14,* 1-4.

Dixon, L. B., Dickerson, F., Bellack, A. S., Bennett, M., Dickinson, D., Goldberg, R. W., et al. (2010). The 2009 schizophrenia PORT psychosocial treatment recommendations and summary statements. *Schizophrenia Bulletin, 36,* 48-70.

Dudley, D., Taylor, P., Wickham, S., & Hutton, P. (2015). Psychosis, delusions and the "jumping to conclusions" reasoning bias: A systematic review and meta-analysis. *Schizophrenia Bulletin, 42,* 652-665.

Escher, S., Delespaul, P., Romme, M., Buiks, A., & van Os, J. (2003). Coping defence and depression in adolescents hearing voices. *Journal of Mental Health, 12,* 91-99.

Farhall, J., & Gehrke, M. (1997). Coping with hallucinations: Exploring stress and coping framework. *British Journal of Clinical Psychology, 36,* 259-261.

Farhall, J., Shawyer, F., Thomas, N., & Morris, E. M. J. (2013). Clinical assessment and assessment measures. In E. M. J. Morris, L. C. Johns, & J. E. Oliver (Eds.), *Acceptance and commitment therapy and mindfulness for psychosis* (pp. 47-63). Chichester, UK: Wiley-Blackwell.

Faulkner, A., & Basset, T. (2012). A long and honourable history. *Journal of Mental Health Education and Training, 7,* 53-59.

Fletcher, L., & Hayes, S. C. (2005). Relational frame theory, acceptance and commitment therapy, and a functional analytic definition of mindfulness. *Journal of Rational-Emotive and Cognitive-Behavior Therapy, 23,* 315-336.

Forchuk, C., Reynolds, W., Sharkey, S., Martin, M., & Jensen, E. (2007). Transitional discharge based on therapeutic relationships: State of the art. *Archives of Psychiatric Nursing, 21,* 80-86.

Frederick, J., & Cotanch, P. (1995). Self-help strategies for auditory hallucinations in schizophrenia. *Issues in Mental Health Nursing, 16,* 213-224.

Freeman, D., Dunn, G., Startup, H., Pugh, K., Cordwell, J., Mander, H., et al. (2015). Effects of cognitive behaviour therapy for worry on persecutory delusions in patients with psychosis (WIT): A parallel, single-blind, randomised controlled trial with a mediation analysis. *Lancet Psychiatry, 2,* 305-313.

Freeman, D., Garety, P. A., Fowler, D., Kuipers, E., Bebbington, P. E., & Dunn, G. (2004). Why do people with delusions fail to choose more realistic explanations for their experiences? An empirical investigation. *Journal of Consulting and Clinical Psychology, 72,* 671-680.

Furukawa, T. A., Levine, S. Z., Tanaka, S., Goldberg, Y., Samara, M., Davis, J. M., et al. (2015). Initial severity of schizophrenia and efficacy of antipsychotics: Participant-level meta-analysis of 6 placebo-controlled studies. *JAMA Psychiatry, 72,* 14-21.

Gaebel, W., Riesbeck, M., & Wobrock, T. (2011). Schizophrenia guidelines across the world: A selective review and comparison. *International Review of Psychiatry, 23,* 379-387.

Galletly, C., Castle, D., Dark, F., Humberstone, V., Jablensky, A., Killackey, E., et al. (2016). Royal Australian and New Zealand College of Psychiatrists clinical practice guidelines for the management of schizophrenia and related disorders. *Australian and New Zealand Journal of Psychiatry, 50,* 410-472.

García-Montes, J. M., Luciano Soriano, M. C., Hernández-López, M., & Zaldívar, F. (2004). Aplicación de la terapia de aceptación y compromiso (ACT) a sintomatología delirante: Un studio de caso [Application of acceptance and commitment therapy (ACT) in delusional symptomathology: A case study]. *Psicothema, 16*, 117-124.

García-Montes, J. M., Pérez-Álvarez, M., & Perona-Garcelán, S. (2013). Acceptance and commitment therapy for delusions. In E. Morris, L. Johns, & J. Oliver (Eds.), *Acceptance and commitment therapy and mindfulness for psychosis.* Chichester, UK: Wiley-Blackwell.

Garety, P. A., Fowler, D. G., Freeman, D., Bebbington, P., Dunn, G., & Kuipers, E. (2008). Cognitive-behavioural therapy and family intervention for relapse prevention and symptom reduction in psychosis: Randomised controlled trial. *British Journal of Psychiatry, 192*, 412-423.

Garety, P., Fowler, D., & Kuipers, E. (2000). Cognitive-behavioral therapy for medication-resistant symptoms. *Schizophrenia Bulletin, 26*, 73-86.

Gaudiano, B. A., & Herbert, J. D. (2006). Acute treatment of inpatients with psychotic symptoms using acceptance and commitment therapy: Pilot results. *Behaviour Research and Therapy, 44*, 415-437.

Gaudiano, B. A., Herbert, J. D., & Hayes, S. C. (2010). Is it the symptom or the relation to it? Investigating potential mediators of change in acceptance and commitment therapy for psychosis. *Behavior Therapy, 41*, 543-554.

Gilbert, H. (2015). *Mental health under pressure.* London: King's Fund.

Gilbert, P., Birchwood, M., Gilbert, J., Trower, P., Hay, J., Murray, B., et al. (2001). An exploration of evolved mental mechanisms for dominant and subordinate behaviour in relation to auditory hallucinations in schizophrenia and critical thoughts in depression. *Psychological Medicine, 31*, 1117-1127.

Gillanders, D. T., Bolderston, H., Bond, F. W., Dempster, M., Flaxman, P. E., Campbell, L., et al. (2014). The development and initial validation of the Cognitive Fusion Questionnaire. *Behavior Therapy, 45*, 83-101.

Giron, M., Fernandez-Yanez, A., Mana-Alvarenga, S., Molina-Habas, A., Nolasco, A., & Gomez-Beneyto, M. (2010). Efficacy and effectiveness of individual family intervention on social and clinical functioning and family burden in severe schizophrenia: A 2-year randomized controlled study. *Psychological Medicine, 40,* 73-84.

Glynn, S. M. (2012). Family interventions in schizophrenia: Promise and pitfalls over 30 years. *Current Psychiatry Reports, 14,* 237-243.

Goldsmith, L. P., Lewis, S. W., Dunn, G., & Bentall, R. P. (2015). Psychological treatments for early psychosis can be beneficial or harmful, depending on the therapeutic alliance: An instrumental variable analysis. *Psychological Medicine, 45,* 2365-2673.

Great Britain Department of Health. (2006). *Reward and recognition: The principles and practice of service user payment and reimbursement in health and social care, a guide for service providers, service users and carers.* London: Great Britain, Department of Health.

Gumley, A., White, R., Briggs, A., Ford, I., Barry, S., Stewart, C., et al. (2016). A parallel group randomised open blinded evaluation of acceptance and commitment therapy for depression after psychosis: A pilot trial protocol (ADAPT). *Psychosis, 8,* 143-155.

Hacker, D., Birchwood, M., Tudway, J., Meaden, A., & Amphlett, C. (2008). Acting on voices: Omnipotence, sources of threat, and safety-seeking behaviours. *British Journal of Clinical Psychology, 47,* 201-213.

Haddock, G., Slade, P. D., Bentall, R. P., Reid, D., & Faragher, E. B. (1998). A comparison of the long-term effectiveness of distraction and focusing in the treatment of auditory Hallucinations. *British Journal of Medical Psychology, 71,* 339-349.

Harris, R. (2014). The happiness trap: Values, goals and barriers cards. https://www.actmindfully.com.au/bookshop_detail.asp?id=1100&catid=97.

Hayes, S. C. (2004). Acceptance and commitment therapy, relational frame theory, and the third wave of behavioral and cognitive therapies. *Behavior Therapy, 35,* 639-665.

Hayes, S. C., Luoma, J. B., Bond, F. W., Masuda, A., & Lillis, J. (2006). Acceptance and commitment therapy: Model, processes and outcomes. *Behaviour Research and Therapy, 44,* 1-25.

Hayes, S. C., & Shenk, C. (2004). Operationalizing mindfulness without unnecessary attachments. *Clinical Psychology: Science and Practice, 11,* 249-254.

Hayes, S. C., Strosahl, K., & Wilson, K. G. (1999). *Acceptance and commitment therapy: An experiential approach to behavior change.* New York: Guilford Press.

Hayes, S. C., Strosahl, K., & Wilson, K. G. (2012). *Acceptance and commitment therapy: The process and practice of mindful change.* New York: Guilford Press.

Hayes, S. C., Villatte, M., Levin, M., & Hildebrandt, M. (2011). Open, aware and active: Contextual approaches as an emerging trend in the behavioral and cognitive therapies. *Annual Review of Clinical Psychology, 7,* 141-168.

Hileman, J. W., Lackey, N. R., & Hassanein, R. S. (1992). Identifying the needs of home caregivers of patients with cancer. *Oncology Nursing Forum, 19,* 771-777.

Hjorthøj, C., Stürup, A. E., McGrath, J. J., & Nordentoft, M. (2017). Years of potential life lost and life expectancy in schizophrenia: A systematic review and meta-analysis. *Lancet Psychiatry, 4,* 295-301.

Hsiao, C. Y., & Tsai, Y. F. (2014). Caregiver burden and satisfaction in families of individuals with schizophrenia. *Nursing Research, 63,* 260-269.

Ince, P., Haddock, G., & Tai, S. (2015). A systematic review of the implementation of recommended psychological interventions for schizophrenia: Rates, barriers, and improvement strategies. *Psychology and Psychotherapy: Theory, Research and Practice, 89,* 324-350.

Ingham, B., Riley, J., Nevin, H., Evans, G., & Gair, E. (2013). An initial evaluation of direct care staff resilience workshops in intellectual disabilities services. *Journal of Intellectual Disabilities, 17,* 214-222.

Jääskeläinen, A. E., Juola, P., Hirvonen, N., McGrath, J. J., Saha, S., Isohanni, M., et al. (2013). Systematic review and meta-analysis of recovery in schizophrenia. *Schizophrenia Bulletin, 39,* 1296-1306.

Jacobsen, P., Morris, E., Johns, L., & Hodkinson, K. (2011). Mindfulness groups for psychosis; key issues for implementation on an inpatient unit. *Behavioural and Cognitive Psychotherapy, 39,* 349-353.

Jauhar, S., McKenna, P. J., Radua, J., Fung, E., Salvador, R., & Laws, K. R. (2014). Cognitive-behavioural therapy for the symptoms of schizophrenia: Systematic review and meta-analysis with examination of potential bias. *British Journal of Psychiatry,*

204, 20-29.

Johns, L. C., Jolley, S., Keen, N., & Peters, E. (2014). CBT with people with psychosis. In A. Whittington & N. Grey (Eds.), *How to become a more effective CBT therapist: Mastering metacompetence in clinical practice* (pp. 191-207). Chichester, UK: Wiley-Blackwell.

Johns, L. C., Oliver, J. E., Khondoker, M., Byrne, M., Jolley, S., Wykes, T., et al. (2015). The feasibility and acceptability of a brief acceptance and commitment therapy (ACT) group intervention for people with psychosis: The "ACT for Life" study. *Journal of Behavior Therapy and Experimental Psychiatry, 50*, 257-263.

Jolley, S., Garety, P. A., Ellett, L., Kuipers, E., Freeman, D., Bebbington, P. E., et al. (2006). A validation of a new measure of activity in psychosis. *Schizophrenia Research, 85*, 288-295.

Jolley, S., Garety, P., Peters, E., Fornells-Ambrojo, M., Onwumere, J., Harris, V., et al. (2015). Opportunities and challenges in Improving Access to Psychological Therapies for people with Severe Mental Illness (IAPT-SMI): Evaluating the first operational year of the South London and Maudsley (SLaM) demonstration site for psychosis. *Behaviour Research and Therapy, 64*, 24-30.

Jolley, S., Johns, L. C., O'Donoghue, E., Oliver, J., Khondoker, M., Byrne, M., et al. (in press). Acceptance and commitment therapy for patients and caregivers in psychosis services: A randomised controlled trial. *Journal of Behavior Therapy and Experimental Psychiatry.*

Jolley, S., Onwumere, J., Bissoli, S., Bhayani, P., Singh, G., Kuipers, E., et al. (2015). A pilot evaluation of therapist training in cognitive therapy for psychosis: Therapy quality and clinical outcomes. *Behavioural and Cognitive Psychotherapy, 43*, 478-489.

Kabat-Zinn, J. (1994). *Wherever you go, there you are: Mindfulness meditation in everyday life.* New York: Hyperion.

Kabat-Zinn, J. (2003). Mindfulness-based interventions in context: Past, present, and future. *Clinical Psychology Science and Practice, 10*, 144-156.

Kashdan, T. B., & Rottenberg, J. (2010). Psychological flexibility as a fundamental aspect of health. *Clinical Psychology Review, 30,* 865–878.

Kelleher, I., & DeVylder, J. E. (2017). Hallucinations in borderline personality disorder and common mental disorders. *British Journal of Psychiatry, 210,* 230–231.

Khoury, B., Lecomte, T., Fortin, G., Masse, M., Therien, P., Bouchard, V., et al. (2013). Mindfulness-based therapy: A comprehensive meta-analysis. *Clinical Psychology Review, 33,* 763–771.

Kingdon, D. G., & Turkington, D. (1994). *Cognitive-behavioral therapy of schizophrenia.* New York: Guilford Press.

Knapp, M., Andrew, A., McDaid, D., Iemmi, V., McCrone, P., Park, A-La, et al. (2014). *Investing in recovery: Making the business case for effective interventions for people with Schizophrenia and psychosis.* London: PSSRU, The London School of Economics and Political Science, and Centre for Mental Health.

Kroeker, G. (2009). Reservoir metaphor. *Garth Kroeker* (blog), January 25. http:// garthkroeker.blogspot.co.uk/2009_01_01_archive.html.

Kuipers, E., Onwumere, J., & Bebbington, P. (2010). Cognitive model of caregiving in psychosis. *British Journal of Psychiatry, 196,* 259–265.

Kulhara, P., Chakrabarti, S., Avasthi, A., Sharma, A., & Sharma, S. (2009). Psychoeducational intervention for caregivers of Indian patients with schizophrenia: A randomised-controlled trial. *Acta Psychiatrica Scandinavica, 119,* 472–483.

Laidlaw, T. M., Coverdale, J. H., Falloon, I. R., & Kydd, R. R. (2002). Caregivers' stresses when living together or apart from patients with chronic schizophrenia. *Community Mental Health Journal, 38,* 303–310.

Lamb, H. R., & Bachrach, L. L. (2001). Some perspectives on deinstitutionalization. *Psychiatric Services, 52,* 1039–1045.

Larsen, D. L., Attkisson, C. C., Hargreaves, W. A., & Nguyen, T. D. (1979). Assessment of client/patient satisfaction: Development of a general scale. *Evaluation and Program Planning, 2,* 197–207.

Lauber, C., Eichenberger, A., Luginbühl, P., Keller, C., & Rössler, W. (2003). Determinants of burden in caregivers of patients with exacerbating schizophrenia. *European Psychiatry, 18,* 285–289.

Lavis, A. (2015). Careful starving: Reflections on (not) eating, caring and anorexia. In E.-J. Abbots, A. Lavis, & L. Attala (Eds.), *Careful eating: Bodies, food and care* (pp. 91-108). Surrey, UK: Ashgate.

Lawn, S., Smith, A., & Hunter, K. (2008). Mental health peer support for hospital avoidance and early discharge: An Australian example of consumer driven and operated service. *Journal of Mental Health, 17,* 498-508.

Leamy, M., Bird, V., Le Boutillier, C., Williams, J., & Slade, M. (2011). Conceptual framework for personal recovery in mental health: Systematic review and narrative synthesis. *British Journal of Psychiatry, 199,* 445-452.

Lee, G., Barrowclough, C., & Lobban, F. (2014). Positive affect in the family environment protects against relapse in first-episode psychosis. *Social Psychiatry and Psychiatric Epidemiology, 49,* 367-376.

Lester, P., Leskin, G., Woodward, K., Saltzman, W., Nash, W., Mogil, C., et al. (2011). Wartime deployment and military children: Applying prevention science to enhance family resilience. In S. M. Wadsworth & D. Riggs (Eds.), *Risk and resilience in US military families* (pp. 149-173). New York: Springer.

Levin, M. E., Hildebrandt, M. J., Lillis, J., & Hayes, S. C. (2012). The impact of treatment components suggested by the psychological flexibility model: A meta-analysis of laboratory-based component studies. *Behavior Therapy, 43,* 741-756.

Lieberman, J. A., Stroup, T. S., McEvoy, J. P., Swartz, M. S., Rosenheck, R. A., Perkins, D. O., et al. (2005). Effectiveness of antipsychotic drugs in patients with chronic schizophrenia. *New England Journal of Medicine, 353,* 1209-1223.

Linehan, M. (1993). *Cognitive-behavioral treatment of borderline personality disorder.* New York: Guilford Press.

Linscott, R. J., & van Os, J. (2013). An updated and conservative systematic review and meta-analysis of epidemiological evidence on psychotic experiences in children and adults: On the pathway from proneness to persistence to dimensional expression across mental disorders. *Psychological Medicine, 1,* 1-17.

Longden, E., Corstens, D., Escher, S., & Romme, M. (2012). Voice hearing in biographical context: A model for formulating the relationship between voices and life history.

Psychosis: Psychological, Social and Integrative Approaches, 4, 224–234.

Losada, A., Márquez-González, M., Romero-Moreno, R., Mausbach, B. T., López, J., Fernández-Fernández, V., et al. (2015). Cognitive-behavioral therapy (CBT) versus acceptance and commitment therapy (ACT) for dementia family caregivers with significant depressive symptoms: Results of a randomized clinical trial. *Journal of Consulting and Clinical Psychology, 83,* 760–772.

Luoma, J. B., Hayes, S. C., & Walser, R. D. (2007). *Learning ACT: An acceptance and commitment therapy skills-training manual for therapists.* Oakland, CA: Context Press.

Martin, J. A., & Penn, D. L. (2002). Attributional style in schizophrenia: An investigation in outpatients with and without persecutory delusions. *Schizophrenia Bulletin, 28,* 131–141.

McAndrew, S., Chambers, M., Nolan, F., Thomas, B., & Watts, P. (2014). Measuring the evidence: Reviewing the literature of the measurement of therapeutic engagement in acute mental health inpatient wards. *International Journal of Mental Health Nursing, 23,* 212–220.

McArthur, A., Mitchell, G., & Johns, L. C. (2013). Developing acceptance and commitment therapy for psychosis as a group-based intervention. In E. M. J. Morris., L. C. Johns., & J. E. Oliver (Eds.), *Acceptance and commitment therapy and mindfulness for psychosis* (pp. 219–239). Chichester, UK: Wiley-Blackwell.

McCrone, P., Craig, T. K., Power, P., & Garety, P. A. (2010). Cost-effectiveness of an early intervention service for people with psychosis. *British Journal of Psychiatry, 196,* 377–382.

McGrath, J. J., Saha, S., Al-Hamzawi, A., Alonso, J., Bromet, E. J., Bruffaerts, R., et al. (2015). Psychotic experiences in the general population: A cross-national analysis based on 31,261 respondents from 18 countries. *JAMA Psychiatry, 72,* 697–705.

Merwin, R. M., Zucker, N. L., & Timko, C. A. (2013). A pilot study of an acceptance-based separated family treatment for adolescent anorexia nervosa. *Cognitive and Behavioral Practice, 20,* 485–500.

Mistry, H., Levack, W. M. M., & Johnson, S. (2015). Enabling people, not completing tasks: Patient perspectives on relationships and staff morale in mental health wards in England. *BMC Psychiatry, 15,* 307-316.

Mitchell, G., & McArthur, A. (2013). Acceptance and commitment therapy for psychosis in acute psychiatric admission settings. In E. M. J. Morris, L. C. Johns, & J. E. Oliver (Eds.), *Acceptance and commitment therapy and mindfulness for psychosis* (pp. 206-218). Chichester, UK: Wiley-Blackwell.

Morgan, C., Lappin, J., Heslin, M., Donoghue, K., Lomas, B., Reininghaus, U., et al. (2014). Reappraising the long-term course and outcome of psychotic disorders: The AESOP-10 study. *Psychological Medicine, 44,* 2713-2726.

Morris, E. M. J., & Bilich-Eric, L. (2017). A framework to support experiential learning and psychological flexibility in supervision: SHAPE. *Australian Psychologist, 52,* 104-113.

Morris, E. M. J., Garety, P., & Peters, E. (2014). Psychological flexibility and non-judgemental acceptance in voice-hearers: Relationships with omnipotence and distress. *Australian and New Zealand Journal of Psychiatry, 48,* 1150-1156.

Morris, E. M. J., Johns, L. C., & Oliver, J. E. (Eds.). (2013). *Acceptance and commitment therapy and mindfulness for psychosis.* Chichester, UK: John Wiley and Sons.

Morrison, A. P., & Haddock, G. (1997). Cognitive factors in source monitoring and auditory hallucinations. *Psychological Medicine, 27,* 669-679.

National Institute for Health and Care Excellence (2014). *Psychosis and schizophrenia in adults: Treatment and management* (CG178). London: National Institute for Health and Care Excellence.

Nayani, T., & David, A. S. (1996). The auditory hallucination: A phenomenological survey. *Psychological Medicine, 26,* 177-189.

Neil, S. T., Kilbride, M., Pitt, L., Nothard, S., Welford, M., Sellwood, W., et al. (2009). The Questionnaire about the Process of Recovery (QPR): A measurement tool developed in collaboration with service users. *Psychosis, 1,* 145-155.

Newell, S. E., Harries, P., & Ayers, S. (2012). Boredom proneness in a psychiatric inpatient population. *International Journal of Social Psychiatry, 58,* 488-495.

NHS England. (2013). Introduction to the Friends and Family Test. https://www.england.nhs.uk/ourwork/pe/fft.

Noone, S. J., & Hastings, R. P. (2010). Using acceptance and mindfulness-based workshops with support staff caring for adults with intellectual disabilities. *Mindfulness, 1*, 67-73.

Nordentoft, M., Madsen, T., & Fedyszyn, I. (2015). Suicidal behavior and mortality in firstepisode psychosis. *Journal of Nervous and Mental Disease, 203*, 387-392.

Norman, R. M., Malla, A. K., Manchanda, R., Harricharan, R., Takhar, J., & Northcott, S. (2005). Social support and three-year symptom and admission outcomes for first episode psychosis. *Schizophrenia Research, 80*, 227-234.

Novella, E. J. (2010). Mental health care and the politics of inclusion: A social systems account of psychiatric deinstitutionalization. *Theoretical Medicine and Bioethics, 31*, 411-427.

Oliver, J. E., Hayward, M., McGuiness, H. B., & Strauss, C. (2013). The service user experience of acceptance and commitment therapy and person-based cognitive therapy. In E. M. J. Morris., L. C. Johns., & J. E. Oliver (Eds.), *Acceptance and commitment therapy and mindfulness for psychosis* (pp. 172-189). Chichester, UK: Wiley-Blackwell.

Oliver, J. E., O'Connor, J. A., Jose, P. E., McLachlan, K., & Peters, E. R. (2012). The impact of negative schemas, mood and psychological flexibility on delusional ideation: Mediating and moderating effects. *Psychosis, 4*, 6-18.

Oliver, J. E., Venter, J. H., & Lloyd, L. (2014). An evaluation of a training workshop for delivering group-based interventions for NHS staff. *Clinical Psychology Forum, 257*, 40-44.

Onwumere, J., Grice, S., & Kuipers, E. (2016). Delivering cognitive-behavioural family interventions for schizophrenia. *Australian Psychologist, 51*, 52-61.

Onwumere, J., Lotey, G., Schulz, J., James, G., Afsharzadegan, R., Harvey, R., et al. (2015). Burnout in early course psychosis caregivers: The role of illness beliefs and coping styles. *Early Intervention in Psychiatry*, DOI: 10.1111/eip.12227.

Onwumere, J., Shiers, D., & Chew-Graham, C. (2016). Understanding the needs of carers of people with psychosis in primary care. *British Journal of General Practice, 66*, 400-401.

Ost, L. G. (2014). The efficacy of acceptance and commitment therapy: An updated systematic review and meta-analysis. *Behaviour Research and Therapy, 61,* 105-121.

Owen, M., Sellwood, W., Kan, S., Murray, J., & Sarsam, M. (2015). Group CBT for psychosis: A longitudinal, controlled trial with inpatients. *Behaviour Research and Therapy, 65,* 76-85.

Pankey, J., & Hayes, S. (2003). Acceptance and commitment therapy for psychosis. *International Journal of Psychology and Psychological Therapy, 3,* 311-328.

Patterson, P., Birchwood, M., & Cochrane, R. (2005). Expressed emotion as an adaptation to loss. *British Journal of Psychiatry, 187,* s59-s64.

Pérez-Álvarez, M., García-Montes, J. M., Perona-Garcelán, S., & Vallina-Fernández, O. (2008). Changing relationship with voices: New therapeutic perspectives for treating hallucinations. *Clinical Psychology and Psychotherapy, 15,* 75-85.

Perkins, R. (2001). What constitutes success? The relative priority of service users' and clinicians' views of mental health services. *British Journal of Psychiatry, 179,* 9-10.

Pharoah, F., Mari, J., Rathbone, J., & Wong, W. (2010). Family intervention for schizophrenia. *Cochrane Database of Systematic Reviews, 12,* CD000088.

Poon, A. W., Harvey, C., Mackinnon, A., & Joubert, L. (2016). A longitudinal population-based study of carers of people with psychosis. *Epidemiology and Psychiatric Sciences,* DOI: 10.1017/S2045796015001195.

Price, L. M. (2007). Transition to community: A program to help clients with schizophrenia move from inpatient to community care; a pilot study. *Archives of Psychiatric Nursing, 21,* 336-344.

Priebe, S., Huxley, P., Knight, S., & Evans, S. (1999). Application and results of the Manchester Short Assessment of Quality of Life (MANSA). *International Journal of Social Psychiatry, 45,* 7-12.

Prytys, M., Garety, P. A., Jolley, S., Onwumere, J., & Craig, T. (2011). Implementing the NICE guideline for schizophrenia recommendations for psychological therapies: A qualitative analysis of the attitudes of CMHT staff. *Clinical Psychology and Psychotherapy, 18,* 48-59.

Radcliffe, J., & Smith, R. (2007). Acute in-patient psychiatry: How patients spend their time on acute psychiatric wards. *Psychiatric Bulletin, 31*, 167-170.

Reynolds, W., Lauder, W., Sharkey, S., Maciver, S., Veitch, T., & Cameron, D. (2004). The effects of a transitional discharge model for psychiatric patients. *Journal of Psychiatric and Mental Health Nursing, 11*, 82-88.

Romme, M., & Escher, A. (1989). Hearing voices. *Schizophrenia Bulletin, 15*, 209-216.

Romme, M., & Escher, S. (1993). *Accepting voices*. London: Mind Publications.

Romme, M., Honig, A., Noorthoorn, E. O., & Escher, A. D. (1992). Coping with hearing voices: An emancipatory approach. *British Journal of Psychiatry, 161*, 99-103.

Rosen, A. (2006). The Australian experience of the deinstitutionalization: Interaction of Australian culture with the development and reform of its mental health services. *Acta Psychiatrica Scandinavica, 113*, 81-89.

Ruddle, A., Mason, O., & Wykes, T. (2011). A review of hearing voices groups: Evidence and mechanisms of change. *Clinical Psychology Review, 31*, 757-766.

Schene, A. H., van Wijngaarden, B., & Koeter, M. W. (1998). Family caregiving in schizophrenia: Domains and distress. *Schizophrenia Bulletin, 24*, 609-618.

Schizophrenia Commission. (2012). *The abandoned illness: A report from the Schizophrenia Commission*. London: Rethink Mental Illness.

Schofield, N., Quinn, J., Haddock, G., & Barrowclough, C. (2001). Schizophrenia and substance misuse problems: A comparison between patients with and without significant carer contact. *Social Psychiatry and Psychiatric Epidemiology, 36*, 523-528.

Sealy, P., & Whitehead, P. C. (2004). Forty years of deinstitutionalization of psychiatric services in Canada: An empirical assessment. *Canadian Journal of Psychiatry, 49*, 249-257.

Segal, Z. V., Williams, J. M. G., & Teasdale, J. D. (2002). *Mindfulness-based cognitive therapy or depression*. New York: Guildford Press.

Shawyer, F., Farhall, J., Mackinnon, A., Trauer, T., Sims, E., Ratcliff, K., et al. (2012). A randomised controlled trial of acceptance-based cognitive behavioural therapy for command hallucinations in psychotic disorders. *Behaviour Research and Therapy, 50*, 110-121.

Shawyer, F., Farhall, J., Thomas, N., Hayes, S. C., Gallop, R., Copolov, D., et al. (2017).

Acceptance and commitment therapy for psychosis: Randomised controlled trial. *British Journal of Psychiatry, 210,* 140-148.

Shawyer, F., Mackinnon, A., Farhall, J., Sims, E., Blaney, S., Yardley, P., et al. (2008). Acting on harmful command hallucinations in psychotic disorders: An integrative approach. *Journal of Nervous and Mental Disease, 196,* 390-398.

Sheehan, D. V. (1983). *The anxiety disease.* New York: Charles Scribner and Sons.

Sheehan, D. V., Harnett-Sheehan, K., & Raj, B. A. (1996). The measurement of disability. *International Clinical Psychopharmacology, 11,* 89-95.

Sheehan, K. H., & Sheehan, D. V. (2008). Assessing treatment effects in clinical trials with the discan metric of the Sheehan Disability Scale. *International Clinical Psychopharmacology, 23,* 70-83.

Simpson, E. L., & House, A. O. (2002). Involving users in the delivery and evaluation of mental health services: Systematic review. *British Medical Journal, 325,* 1265-1267.

Sin, J., & Norman, I. (2013). Psychoeducational interventions for family members of people with schizophrenia: A mixed-method systematic review. *Journal of Clinical Psychiatry, 74,* 1145-1162.

Slade, M. (2009). *Personal recovery and mental illness: A guide for mental health professionals.* Cambridge: Cambridge University Press.

Smout, M., Davies, M., Burns, N., & Christie, A. (2014). Development of the Valuing Questionnaire (VQ). *Journal of Contextual Behavioral Science, 3,* 164-172.

Stewart-Brown, S. L., Platt, S., Tennant, A., Maheswaran, H., Parkinson, J., Weich, S., et al. (2011). The Warwick-Edinburgh Mental Well-Being Scale (WEMWBS): A valid and reliable tool for measuring mental well-being in diverse populations and projects. *Journal of Epidemiology and Community Health, 65,* A38-A39.

Strauss, C., Thomas, N., & Hayward, M. (2015). Can we respond mindfully to distressing voices? A systematic review of evidence for engagement, acceptability, effectiveness and mechanisms of change for mindfulness-based interventions for people distressed by hearing voices. *Frontiers in Psychology, 6,* Article 1154.

Tait, L., & Lester, H. (2005). Encouraging user involvement in mental health services. *Advances in Psychiatric Treatment, 11,* 168-175.

Taylor Salisbury, T., Killaspy, H., & King, M. (2016). An international comparison of the deinstitutionalisation of mental health care: Development and findings of the Mental Health Services Denationalisation Measure (MENDit). *BMC Psychiatry, 16*, DOI: 10.1186/s12888-016-0762-4.

Teasdale, J. D. (1999). Emotional processing, three modes of mind and the prevention of relapse in depression. *Behaviour Research and Therapy, 37*, S53-S77.

Tennant, R., Hiller, L., Fishwick, R., Platt, S., Joseph, S., Weich, S., et al. (2007). The Warwick-Edinburgh Mental Well-Being Scale (WEMWBS): Development and UK validation. *Health and Quality of Life Outcomes, 5*, DOI: 10.1186/1477-7525-5-63.

Theodore, K., Johnson, S., Chalmers-Brown, A., Doherty, R., Harrop, C., & Ellett, L. (2012). Quality of life and illness beliefs in individuals with early psychosis. *Social Psychiatry and Psychiatric Epidemiology, 47*, 545-551.

Thomas, N., Morris, E. M. J., Shawyer, F., & Farhall, J. (2013). Acceptance and commitment therapy for voices. In E. M. J. Morris., L. C. Johns., & J. E. Oliver (Eds.), *Acceptance and commitment therapy and mindfulness for psychosis* (pp. 95-111). Chichester, UK: Wiley-Blackwell.

Thomas, N., Shawyer, F., Castle, D., Copolov, D., Hayes, S., & Farhall, J. (2014). A randomised controlled trial of acceptance and commitment therapy (ACT) for psychosis: Study protocol. *BMC Psychiatry, 14*, DOI:10.1186/1471-244X-14-198.

van der Gaag, M. (2006). A neuropsychiatric model of biological and psychological processes in the remission of delusions and auditory hallucinations. *Schizophrenia Bulletin, 32*, S113-S122.

van der Gaag, M., Valmaggia, L. R., & Smit, F. (2014). The effects of individually tailored formulation-based cognitive behavioural therapy in auditory hallucinations and delusions: A meta-analysis. *Schizophrenia Research, 156*, 30-37.

Waller, H., Freeman, D., Jolley, S., Dunn, G., & Garety, P. (2011). Targeting reasoning biases in delusions: A pilot study of the Maudsley Review Training Programme for individuals with persistent, high conviction delusions. *Journal of Behavior Therapy and Experimental Psychiatry, 42*, 414-421.

Waller, H., Garety, P. A., Jolley, S., Fornells-Ambrojo, M., Kuipers, E., Onwumere, J., et al. (2013). Low intensity cognitive behavioural therapy for psychosis: A pilot study. *Journal of Behavior Therapy and Experimental Psychiatry, 44*, 98-104.

Walser, R. D., & Pistorello, J. (2004). ACT in group format. In S. C. Hayes & K. D. Strosahl (Eds.), *A practical guide to acceptance and commitment therapy* (pp. 347-372). New York: Springer.

Walsh, J., & Boyle, J. (2009). Improving acute psychiatric hospital services according to inpatient experiences: A user-led piece of research as a means to empowerment. *Issues in Mental Health Nursing, 30*, 31-38.

Westrup, D. (2014). *Advanced acceptance and commitment therapy: The experienced practitioner's guide to optimizing delivery.* Oakland, CA: New Harbinger Publications.

White, R. G. (2015). Treating depression in psychosis: Self-compassion as a valued life direction. In B. A. Guadiano (Ed.), *Incorporating acceptance and mindfulness into the treatment of psychosis: Current trends and future directions* (pp. 81-107). Oxford: Oxford University Press.

White, R. G., Gumley, A. I., McTaggart, J., Rattrie, L., McConville, D., Cleare, S., et al. (2011). A feasibility study of acceptance and commitment therapy for emotional dysfunction following psychosis. *Behaviour Research and Therapy, 49*, 901-907.

Williams, J., Leamy, M., Pesola, F., Bird, V., Le Boutillier, C., & Slade, M. (2015). Psychometric evaluation of the Questionnaire about the Process of Recovery (QPR). *British Journal of Psychiatry, 207*, 551-555.

Williams, J., Vaughan, F., Huws, J., & Hastings, R. (2014). Brain injury spousal caregivers' experiences of an acceptance and commitment therapy (ACT) group. *Social Care and Neurodisability, 5*, 29-40.

Williams, K. E., Ciarrochi, J., & Heaven, P. C. (2012). Inflexible parents, inflexible kids: A 6-year longitudinal study of parenting style and the development of psychological flexibility in adolescents. *Journal of Youth and Adolescence, 41*, 1053-1066.

World Health Organization. (1993). *The ICD-10 classification of mental and behavioural disorders: Clinical descriptions and diagnostic guidelines.* Geneva: World Health Organization.

Wykes, T., Hayward, P., Thomas, N., Green, N., Surguladze, S., Fannon, D., et al. (2005).

What are the effects of group cognitive behaviour therapy for voices? A randomised control trial. *Schizophrenia Research, 77*, 201-210.

Zettle, R. D., Rains, J. C., & Hayes, S. C. (2011). Processes of change in acceptance and commitment therapy and cognitive therapy for depression: A mediational reanalysis of Zettle and Rains (1989). *Behavior Modification, 35*, 265-283.

찾아보기

저자 소개

Emma K. O'Donoghue

영국 런던 남부의 국립건강서비스사업의 지역사회 정신증 장면에서 일하는 선임 임상심리학자이다. 양극성 정동장애뿐 아니라 초발 및 만성화된 정신증을 경험하는 내담자를 위한 수용전념치료(ACT)에 오랫동안 관심을 가져 왔다. 그녀는 지역사회 정신증 장면에 있는 내담자와 보호자 그리고 양극성 문제를 겪고 있는 내담자를 위한 두 번의 ACT 워크숍을 무선화된 통제 시행으로 조직화하였다. 또한 ACT 개입을 용이하게 하기 위해 서비스 이용자와 함께 작업하는 데 관여하고 있다. Emma는 정신증 개입을 위한 ACT로 심리학자들을 훈련시키고, ACT 접근으로 석사 및 박사 과정을 지도하고 있다.

Eric M. J. Morris

임상심리학자이자 호주 멜버른에 있는 La Trobe 대학교의 심리클리닉 소장이다. 이전에는 런던 남부 및 모즐리 지역의 NHS 재단 사업에서 정신증에 대한 조기개입을 위해 심리전문가 역할을 하였다. 그는 정신증이 있는 사람들과 그 가족들을 대상으로 20년간 심리치료를 해 왔다. Eric은 정신증에서 회복 중인 사람들을 대상으로 한 개인 및 집단 기반 ACT와 정신건강 작업자들을 위한 직장 내 적응유연성 훈련을 연구하여, King's College London에서 박사학위를 받았다. 『정신증을 위한 수용전념치료와 마음챙김(Acceptance and Commitment Therapy and Mindfulness for Psychosis)』의 공동 편집자이자, 『삶을 액티브하게(ACTivate Your Life)』라는 자조 안내서의 공동 저자이다.

Joseph E. Oliver

상담 및 임상심리학자이자 영국 London 대학교의 정신증을 위한 인지행동치료의 준석사 프로그램(Post Graduate Diploma)의 공동 책임자이다. 또한 정신증이 있는 사람들에게 개입하고 훈련을 개발하는 런던 북부 국립건강서비스사업 분야에서 일하고 있으며, ACT를 중점으로 한 훈련, 지도감독, 심리치료를 하는 런던 기반의 상담소인 맥락적 상담(Contextual Consulting)의 책임자이기도 하다. Joseph은 맥락적 행동과학연합(ACBS)의 동료평가(peer-reviewed) ACT 훈련자이며, 전 세계에서 정기적으로 ACT를 교육 · 훈련하고 있다. 『정신증을 위한 수용전념치료와 마음챙김』의 공동 편집자이자, 『삶을 액티브하게』라는 자조 안내서의 공동 저자이다.

Louise C. Johns

상담 및 임상심리학자이자 영국 행동 및 인지 심리치료자협회(British Association for Behavioural and Cognitive Psychotherapies: BABCP)가 인정한 인지행동치료자이다. 옥스퍼드 정신증 조기개입 서비스에서 일하고 있으며, 치료진을 훈련하고 지도감독하는 것을 포함해 내담자와 보호자를 위한 심리적 개입과 평가를 감독한다. 또한 Oxford 대학교 정신의학과의 명예 선임연구원이며, 옥스퍼드 인지치료센터의 준회원이다. 그녀는 최초로 영국의 재정지원을 받아 집단 환경에서 정신증을 위한 ACT를 평가하는 연구를 주도했고, 『정신증을 위한 수용전념치료와 마음챙김』의 공동 편집자이다.

김은정(Kim Eunjung)
서울대학교 영어영문학과 학사
서울대학교 대학원 심리학과 석사 (임상심리학 전공)
서울대학교 대학원 심리학과 박사 (임상심리학 전공)
임상심리전문가 및 정신건강임상심리사 1급
전 서울대학교병원 정신건강의학과 수련과정 수료
　　삼성 사회정신건강연구소 선임연구원
　　한국 임상심리학회 부회장
　　아주대학교 심리상담센터 소장
현 아주대학교 심리학과 교수

정나래(Jeong Narae)

아주대학교 심리학과 학사

아주대학교 대학원 심리학과 석사 (임상심리학 전공)

아주대학교 대학원 심리학과 박사 (임상심리학 전공)

임상심리전문가 및 정신건강임상심리사 1급

전 삼성서울병원 신경과 수련과정 수료

　　용인정신병원 임상심리과 수련과정 수료

　　아주대학교 심리학과 연구원 및 시간강사

현 용인정신병원 임상심리과장

박혜연(Park Haeyeon)

성균관대학교 심리학과 학사

성균관대학교 대학원 심리학과 석사 (임상심리학 전공)

임상심리전문가 및 정신건강임상심리사 1급

전 용인정신병원 임상심리과 수련과정 수료

현 강남구 청소년심리지원센터 사이쉼 임상심리전문가

김지영(Kim Jiyoung)

아주대학교 경영학과 학사

아주대학교 대학원 심리학과 석사 (임상심리학 전공)

임상심리전문가 및 정신건강임상심리사 1급

전 용인정신병원 임상심리과 수련과정 수료

현 경기남부해바라기센터(거점) 임상심리전문가

전민정(Jeon MinJeong)

덕성여자대학교 심리학과 학사

중앙대학교 대학원 심리학과 석사 (임상심리학 전공)

전 분당서울대학교병원 정신건강의학과 수련과정 수료

현 용인정신병원 임상심리과 수련과정

정신증의 회복을 위한 수용전념치료
집단 기반 수용전념치료 실무지침서

ACT for Psychosis Recovery:
A Practical Manual for Group–Based Interventions Using
Acceptance and Commitment Therapy

2021년 12월 20일 1판 1쇄 인쇄
2021년 12월 27일 1판 1쇄 발행

지은이 • Emma K. O'Donoghue · Eric M. J. Morris ·
　　　　Joseph E. Oliver · Louise C. Johns
옮긴이 • 김은정 · 정나래 · 박혜연 · 김지영 · 전민정
펴낸이 • 김진환
펴낸곳 • ㈜ 학지사

　　　　04031 서울특별시 마포구 양화로 15길 20 마인드월드빌딩
대표전화 • 02-330-5114　　팩스 • 02-324-2345
등록번호 • 제313-2006-000265호

홈페이지 • http://www.hakjisa.co.kr
페이스북 • https://www.facebook.com/hakjisabook

ISBN 978-89-997-2558-6　93180

정가 22,000원

출판 · 교육 · 미디어기업 **학지사**
간호보건의학출판 **학지사메디컬** www.hakjisamd.co.kr
심리검사연구소 **인싸이트** www.inpsyt.co.kr
학술논문서비스 **뉴논문** www.newnonmun.com
교육연수원 **카운피아** www.counpia.com